초등 사회 사전

초등 사회 사전

배성호 · 주수원 글 **김영화** 그림

머리말

'어린이 생활 세계'와 만나는 놀이판에 초대합니다!

　'사회' 하면 여러분은 무엇이 가장 먼저 떠오르나요? 정치, 법, 문화, 경제, 지리… 왠지 어렵고 멀게만 느껴지는 단어들이 머리에 떠오르는 친구들이 많을 거예요. 그런데 알고 보면 사회만큼 재미있는 과목이 없어요. 지금 여러분이 발 딛고 살아가는 세계의 모든 이야기가 다 사회거든요.

　급식의 재료들은 어디서 왔을까요? 여러분이 좋아하는 과자의 값은 어떻게 정해질까요? 편의점에서 살 수 있는 초콜릿은 어느 나라에서 온 걸까요? 엉뚱한 궁금증이 많아질수록 여러분이 만나는 사회는 더욱 풍부하고 재미있어져요.

　『개념연결 초등 사회 사전』은 여러분 또래 친구들이 평소 궁금해하는 질문들을 바탕으로 만들어졌어요. 전국 방방곡곡에서 전해져 온 어린이 친구들의 질문을 전국초등사회교과모임 선생님들이 모았답니다. 질문에 대한 궁금증은 '30초 해결사'와 '그것이 알고 싶다'를 보면 시원하게 해결할 수 있어요. 호기심 가득한 각각의 질문에 대한 답들을 읽다 보면 우리 사회가 어떻게 구성되어 있고, 어떻게 더불어 살아가고 있는지를 자연스럽게 배울 수 있어요.

처음 이 책과 마주하면 두꺼워서 조금 놀랄 수도 있지만, 움츠러들 필요는 없답니다. 이 책은 궁금한 것이 생길 때마다 펼쳐 찾아보는 책이에요. 차례에 있는 질문을 살피다 보면, 궁금했지만 부모님이나 선생님에게는 묻지 못한 질문들을 발견할 수 있을 거예요. 처음부터 공부하듯이 읽지 말고, 수업을 들었는데 이해가 되지 않았을 때 혹은 텔레비전을 보다가 궁금한 것이 생겼을 때 이 책을 펼쳐 보세요. 뒤에 실린 부록 '찾아보기'를 통해 궁금한 내용을 손쉽게 찾을 수 있답니다.

이 책의 가장 큰 특징은 초등학교 사회의 중요한 개념들을 학년으로 구분하지 않고 주제별로 모았다는 것이에요. 대신 질문마다 관련이 있는 교과 단원을 표시하여 필요할 때 손쉽게 찾아 볼 수 있도록 구성했어요. 예전에 배웠지만 기억이 나지 않는 개념도, 아직 배우지 않았지만 궁금한 개념도 주제별로 살펴 볼 수 있지요.

마치 말판 놀이를 하듯이 한 칸, 한 칸씩 이 책을 읽다 보면 자연스럽게 초등 사회 교과서의 내용을 완벽하게 정리할 수 있어요. 초등 사회 교과서 집필 위원을 맡은 배성호 선생님과, 경제와 정치·법 분야의 전문가인 주수원 선생님이 어렵게만 느껴지던 교과서 속 개념들에 얽힌 재미난 이야기를 쉽고 알차게 정리해 주거든요. 세계 여러 나라의 문화와 음식, 우리나라의 법, 정치의 역사, 최첨단 인공 지능에 이르기까지 여러분이 꼭 알아야 하는 사회 전반의 이야기를 두루 모아 한 칸, 한 칸을 꽉꽉 채워 두었어요.

책을 읽으면서 친구들과 'VS 사회 토론'을 해 보는 것도 추천합니다. 정답이 정해져 있는 것이 아니므로, 토론의 주제를 놓고 여러분이라면 어떤 선택을 할지 이야기를 나누어 보세요. 우리가 살고 있는 사회와 세계를 바라보는 시야를 한층 더 넓히고, 생각을 키워 갈 수 있답니다.

그럼 사회 박사인 고릴라 선생님과 친구들과 함께 신나게 주사위를 굴려 볼까요?

초판 2023년 4월
개정판 2024년 7월
배성호, 주수원

초등 사회 사전 차례

머리말 • 4
사용 설명서 • 14
들어가며 – 사회 연구소에 어서 오세요! • 17

정치·법

| 사회 4-2 | 사회 6-1 | 소풍 장소를 정하는 것도 정치라고요? • 26
| 사회 4-2 | 사회 5-1 | 시민들이 모여서 단체를 만드는 이유는 무엇인가요? • 28
| 사회 4-2 | 사회 6-1 | 어린이들이 박물관을 바꾼 일이 있었다면서요? • 30
| 사회 4-2 | 사회 6-1 | 지방 선거는 왜 할까요? • 32
| 사회 3-2 | 사회 6-1 | 유리 천장은 무엇인가요? • 34
| 사회 5-1 | 크레파스에 살색이 있었다고요? • 36
| 사회 5-1 | 왜 옛날 사진 속 흑인들은 버스 뒷좌석에만 앉아 있나요? • 38
| 사회 5-1 | 일기장 검사는 학생들의 인권을 침해하는 행위일까요? • 40
| 사회 3-2 | 사회 5-1 | 지하철 타는 것과 인권이 무슨 관련이 있나요? • 42
| VS 사회 토론 | 키오스크를 늘려도 괜찮을까? • 44
| 사회 5-1 | 사회 6-1 | 왜 판사들은 까만 옷을 입을까요? • 46
| 사회 5-1 | 정의의 여신상은 왜 저울을 들고 있나요? • 48
| 사회 5-1 | 왜 집회를 할 때 도로를 막나요? • 50
| 사회 5-1 | 헌법은 그냥 법과 무엇이 다른가요? • 52
| 사회 5-1 | 소크라테스는 '악법도 법이다'라고 말한 적이 없다면서요? • 54
| 사회 5-1 | 법이 잘못된 경우 어떻게 해야 하나요? • 56
| 사회 5-1 | 사회 6-1 | 국민은 아는데 난민은 무엇인가요? • 58
| 사회 5-1 | 행복도 권리라고요? • 60
| 사회 5-1 | 사회 6-2 | 강이 사람처럼 권리를 가질 수도 있다고요? • 62
| 사회 5-1 | 사회 6-2 | 안전하지 않은 나라에는 왜 내 마음대로 갈 수 없어요? • 64

| 사회 5-1 | 담배를 피울 권리와 담배 냄새를 맡지 않을 권리 중 어느 것을 우선해야 하나요? • 66
| 사회 5-1 | 교육이 의무라고요? • 68
| 사회 5-1 | 영화를 보면 형사들이 범인을 체포할 때 늘 하는 말이 있던데요? • 70
| 사회 5-1 | 왜 뉴스에서는 범죄자들이 얼굴을 가리고 나오나요? • 72
| 사회 5-1 | 영화 다운로드가 불법일 수도 있다고요? • 74
| 사회 5-1 | 햇볕을 쬘 권리가 법에 있다고요? • 76
| 사회 6-1 | 다수결로 정하는 것이 가장 공정하지 않나요? • 78
| 사회 6-1 | '민주주의는 피를 먹고 자란다'는 말이 무슨 뜻이에요? • 80
| 사회 6-1 | 남자들만 투표할 수 있는 나라가 있었다고요? • 82
| 사회 6-1 | 독재 정치가 무엇인가요? • 84
| 사회 6-1 | 똑똑한 사람은 투표권을 2개 가져도 될까요? • 86
| VS 사회 토론 | 의무 투표제를 도입해야 할까? • 88
| 사회 6-1 | 국회에서는 무엇을 하나요? • 90
| 사회 6-1 | 여당은 여성들이 만든 당인가요? • 92
| 사회 6-1 | 대통령과 왕은 무엇이 다른가요? • 94
| 사회 6-1 | 정부에서는 무엇을 하나요? • 96
| 사회 6-1 | 국가의 일을 왜 나눠서 할까요? • 98

사회 문화

사회 3-2		핵가족은 핵폭탄처럼 무서운 것인가요? 102
사회 4-1	사회 5-1	박스에 있는 구멍이 착한 손잡이라고요? 104
사회 3-2		우리나라 인구 포스터가 시대마다 달라지고 있다고요? 106
사회 3-2		애완동물은 잘못된 이름이라고요? 108
사회 3-2	사회 5-1	사람을 위험에 빠뜨리는 인공 지능이 있다고요? 110
VS 사회 토론		'챗지피티'를 학교에서 활용해도 괜찮을까? 112
사회 3-2		올빼미 버스는 어떤 버스인가요? 114
사회 3-2	사회 5-1	가짜 뉴스로 목숨을 잃을 수도 있다고요? 116
사회 3-2	사회 6-2	침을 뱉으며 인사하는 나라가 있다고요? 118
사회 3-2		장애인 마크가 바뀐 까닭이 있다고요? 120
사회 3-2	사회 5-1	계단이 있는데 왜 경사로를 만들까요? 122
사회 3-2	사회 5-1	모두를 위한 화장실이 있다고요? 124
사회 3-2		'남자는 파란색, 여자는 분홍색'이 당연한 것인가요? 126
사회 3-2	사회 5-1	왼손잡이의 날을 왜 만들었을까요? 128
사회 3-2	사회 5-1	마녀재판에 비밀이 있다고요? 130
	사회 5-1	동물원 돌고래를 왜 바다로 보냈을까요? 132
사회 4-2	사회 5-1	야생 동물들을 위한 길을 왜 만들었나요? 134
사회 5-1	사회 6-2	초등학생들이 왜 학교 재활용장을 바꾸자고 제안했을까요? 136
사회 5-1	사회 6-2	국제 연합에서는 왜 세계 목표를 만들었을까요? 138
	사회 5-1	인간 동물원이 있었다고요? 140
	사회 5-1	어린이날이 원래는 5월 1일이었다고요? 142
사회 5-1	사회 6-2	세계적으로 국경을 넘는 사람들이 많다고요? 144
사회 5-1	사회 6-1	차별 못지않게 방관도 문제라고요? 146
	사회 6-2	방탄소년단이 기증한 '타임캡슐'은 어디에 있을까요? 148
	사회 6-2	총을 왜 매듭지어서 전시한 것일까요? 150
	사회 6-2	장벽을 쌓아 평화를 가로막은 곳이 있다고요? 152

| 사회 6-2 | 지구를 왜 한마을이라고 할까요? • 154
| 사회 6-2 | 국제 연합은 무슨 일을 하는 곳일까요? • 156
| 사회 6-2 | 지구를 지키기 위해 학교 가는 것을 거부했다고요? • 158
| VS 사회 토론 | '미래를 위한 금요일' 시위를 위해 수업을 거부해도 괜찮을까? • 160

경제

| 사회 4-1 | '경제'가 줄임말이라고요? • 164
| 사회 4-1 | 일을 서로 나눠서 하면 더 많이 할 수 있어요? • 166
| 사회 4-1 | 물건을 여러 개 사면 한 개 사는 것보다 무조건 더 싼가요? • 168
| 사회 4-1 | 백화점에는 왜 창문이 없을까요? • 170
| VS 사회 토론 | 개인 맞춤 광고를 규제해야 할까? • 172
| 사회 4-1 | 돈을 많이 벌수록 행복해질까요? • 174
| 사회 4-1 | 사회 6-1 | 1억 6,000만 원짜리 튤립이 있다고요? • 176
| 사회 4-1 | 사회 6-1 | 나쁜 물건을 팔아도 살 수밖에 없는 이유가 있다고요? • 178
| 사회 3-2 | 사회 4-1 | 레몬 시장은 레몬을 파는 시장이에요? • 180
| 사회 4-1 | 사회 6-2 | 물건은 쌀수록 좋은 것 아니에요? • 182

| 사회 4-1 | 사회 6-2 | 일자리를 만들기 위해 쿠키를 만드는 기업이 있다고요? • 184
| 사회 4-1 | 사회 6-1 | 누구든 회사의 주인이 될 수 있다고요? • 186
| 사회 4-1 | 사회 6-1 | 왜 최고 임금은 없고 최저 임금만 있나요? • 188
| 사회 4-1 | 사회 6-1 | 드라마 주인공들은 왜 늘 같은 카페에서 만나나요? • 190
| 사회 4-1 | 사회 6-1 | 과자를 먹을 때 세금을 내야 한다고요? • 192
| 사회 4-1 | 사회 6-1 | 저축을 하는데 이자를 받기는커녕 돈을 내야 한다고요? • 194
| 사회 4-1 | 사회 6-1 | 정말 카드만 있으면 마음껏 물건을 살 수 있나요? • 196
| 사회 4-1 | 사회 6-2 | 착한 초콜릿은 가격이 싼 초콜릿인가요? • 198
| 사회 4-1 | 메타버스는 뭐 하는 버스예요? • 200
| 사회 4-1 | 결혼식장에서 왜 축하의 의미로 돈을 주나요? • 202
| 사회 4-1 | 유리보다 다이아몬드가 비싼 이유는 무엇일까요? • 204
| 사회 3-2 | 사회 4-1 | 고속 도로에는 왜 화물차가 많을까요? • 206
| 사회 3-2 | 사회 6-2 | 비트코인은 코인 노래방에서 쓰는 것인가요? • 208
| 사회 3-2 | 사회 6-1 | 우리 집이 호텔이 될 수 있다고요? • 210
| VS 사회 토론 | 배달 플랫폼을 규제해야 할까? • 212
| 사회 5-1 | 사회 6-1 | 일하지 않는 사람은 밥을 먹지 말라고요? • 214
| 사회 6-1 | 물건의 값은 어떻게 정해질까요? • 216
| 사회 6-1 | 경쟁은 무슨 장점이 있어요? • 218
| 사회 6-1 | 우리나라가 굶었던 시절이 있었다고요? • 220
| 사회 6-1 | 런던 대화재가 보험을 만들었다고요? • 222
| 사회 6-1 | 사회 6-2 | 내가 먹은 과자로 세계 여행을 할 수 있다고요? • 224
| 사회 6-2 | 6차 산업이 무엇인가요? • 226

지리

사회 3-1		교가를 보면 지역의 유명한 곳을 알 수 있다고요? • 230	
사회 4-1		놀이동산을 잘 이용하는 비법이 있다고요? • 232	
사회 4-1	사회 6-2	말하는 지도가 있다고요? • 234	
사회 4-1	사회 4-2	지도가 동네를 안전하게 바꿀 수 있다고요? • 236	
사회 4-1		지도에 비밀 약속이 있다고요? • 238	
사회 4-1		지도 속 막대 모양 자는 무엇일까요? • 240	
사회 4-1	사회 5-1	사회 6-2	지도 한 장으로 감염병을 막았다고요? • 242
사회 4-1	사회 6-2	거짓말을 하는 세계 지도가 있다고요? • 244	
사회 4-2	사회 5-1	우리나라 사람들이 많이 모여 사는 곳이 바뀌었다고요? • 246	
사회 4-2		왜 버스가 도로 한가운데로 다니나요? • 248	
사회 4-2		급식 재료는 어디에서 오나요? • 250	
사회 5-1	사회 5-2	한반도 지도의 모습이 왜 토끼에서 호랑이로 바뀌었을까요? • 252	
사회 5-1	사회 6-2	한반도의 비무장 지대는 어떤 곳인가요? • 254	
사회 5-1	사회 6-2	우리나라 지역마다 집 모양이 달랐다고요? • 256	
사회 5-1		김치가 지역마다 특징이 있다고요? • 258	
사회 5-1	사회 6-2	우리나라 갯벌이 유네스코 세계 유산이라고요? • 260	
사회 5-1		제주도가 유네스코 3관왕이 되었다고요? • 262	
사회 6-2		에스키모가 아니라 이누이트라고요? • 264	
VS 사회 토론		'콜럼버스 데이'는 없어져야 할까? • 266	
사회 6-2		비행기 길은 지구본을 통해 봐야 정확하다고요? • 268	
사회 6-2		우리나라와 북한이 시차가 있었다고요? • 270	
사회 6-2		스리랑카는 어떻게 세계적인 차 생산지가 되었을까요? • 272	
사회 6-2		사막화 현상으로 전쟁이 일어났다고요? • 274	
사회 6-2		식량이나 석유가 무기가 될 수 있다고요? • 276	
사회 6-2		뜨거운 태양 때문에 땋은 머리를 하게 되었다고요? • 278	
사회 6-2		아프리카의 국경선은 왜 반듯한가요? • 280	

| 사회 6-2 | 국기를 보면 그 나라의 특징을 알 수 있다고요? • 282
| 사회 6-2 | 크리스마스에 해수욕장에서 수영을 하는 나라들이 있다고요? • 284
| 사회 6-2 | 세계의 기후는 왜 지역마다 다를까요? • 286
| 사회 6-2 | 그리스에는 왜 하얀 집이 많을까요? • 288
| 사회 6-2 | 태풍 이름을 짓는 데 원칙이 있다고요? • 290
| 사회 6-2 | 세계에 불의 고리가 있다고요? • 292
| 사회 6-2 | 한국, 중국, 일본의 젓가락이 다 다르다고요? • 294
| 사회 6-2 | 짜장면이 우리나라 대표 상징으로 뽑혔다고요? • 296
| 사회 6-2 | 아직도 해적이 있다고요? • 298
| 사회 6-2 | 지역마다 축제가 조금씩 다른 이유는 무엇인가요? • 300
| 사회 6-2 | 중앙아시아에는 왜 우리 동포들이 많이 살고 있을까요? • 302
| 사회 6-2 | 라틴 아메리카는 영화 제목인가요? • 304
| 사회 6-2 | 고릴라는 왜 핸드폰을 미워할까요? • 306
| 사회 6-2 | 바이오 에너지가 사람들을 굶주리게 한다고요? • 308
| 사회 6-2 | 유럽이 하나의 나라처럼 지내고 있다고요? • 310
| 사회 6-2 | 한국에서 유럽까지 차로 갈 수 있다고요? • 312
| 사회 6-2 | 일본의 헌법에 세계 평화와 관련된 조항이 있다고요? • 314
| 사회 6-2 | 태극기에 숨겨진 뜻이 있다고요? • 316
| 사회 5-1 | 사회 6-2 | 독도의 날이 있다고요? • 318
| 사회 6-2 | 미얀마 민주화 운동에서는 왜 세 손가락을 드나요? • 320
| 사회 6-2 | 꿀벌이 사라지면 벌벌 떨어야 한다고요? • 322
| 사회 6-2 | 투발루와 섬나라들은 왜 가라앉고 있나요? • 324
| VS 사회 토론 | 채식 급식을 늘려야 할까? 326

찾아보기 • 328

초등 사회 사전 사용 설명서

대표 질문

초등학생들이 사회를 공부할 때 가장 궁금해하는 질문 140개를 모았어요. 암기 위주로 사회를 공부하면 지루하고 먼 이야기처럼 느껴지지요. 그럴 때 『개념연결 초등 사회 사전』을 펼쳐 궁금한 내용과 관련이 있는 질문을 찾아 읽어 보세요. 구체적인 질문과 답변을 통해 궁금증을 빠르게 해결하고, 재미있는 이야기로 어려운 개념도 쏙쏙 이해할 수 있어요. 대표 질문 위에는 '교과 연계'를 표시해서 학교 공부와의 연계성을 높였어요.

30초 해결사

대표 질문에 대한 명쾌한 답이에요. 질문에 대한 답이 궁금하다면 '30초 해결사'만 읽어도 충분해요. '해시태그 키워드'에는 사건과 관련이 있는 주요 키워드를 모았어요. 부록 '찾아보기'에서 해시태그 키워드를 찾아 관련 페이지를 모두 모아 볼 수 있어요.

그것이 알고 싶다

'30초 해결사'를 읽고 해당 개념이 더 알고 싶어졌다면 '그것이 알고 싶다'를 읽어 보세요. 알면 더 재미있는 관련 개념들을 설명하고, 놓치기 쉬운 맥락을 짚어 줍니다. 교과서에서 배우는 내용은 물론, 풍부한 읽을거리를 담았어요.

그리스 신화에 나오는 번개의 신 제우스와 이치의 신 테미스 사이에서 태어난 신 디케(Dike)는 정의를 상징해요. 이후 그리스 신화가 로마 신화로 넘어오면서 디케는 유스티치아(Justitia)로 이름이 바뀌었어요. 정의를 뜻하는 영어 단어 '저스티스(justice)'는 유스티치아의 이름에서 유래했답니다.

우리나라 대법원의 대법정 출입문 앞에도 정의의 여신상이 세워져 있어요. 그런데 우리나라에 있는 정의의 여신상과 다른 나라의 정의의 여신상을 비교해 보면 흥미로운 차이점을 발견할 수 있어요.

저울과 칼을 들고 눈을 가린 일반적인 정의의 여신상과 달리 우리나라의 정의의 여신상은 칼 대신 한 손에 법전을 들고 있고, 눈가리개도 하지 않았어요. 그리고 우리 고유의 전통 의상인 한복을 입고 자리에 앉아 있지요. 정의의 여신을 한국적인 느낌으로 새롭게 탄생시킨 것이랍니다.

손에 든 법전은 법에 따라 공명정대하게 정의가 실현될 것이라는 의미를 담고 있어요. 가리지 않은 눈은 정의가 올바르게 잘 실행되는지 똑바로 지켜보겠다는 의지를 나타낸 것이에요. 동시에 사회적 약자들을 잘 살펴보고 보호하겠다는 의미도 있어요.

여러분은 어떤 정의의 여신상이 마음에 드나요?

우리나라 대법원 대법정 앞에 세워져 있는 정의의 여신상

유전무죄, 무전유죄?

유전무죄 무전유죄(有錢無罪 無錢有罪)란 '돈 있는 사람은 죄가 없고, 돈 없는 사람은 죄가 있다'라는 뜻이다. 즉, 똑같은 죄를 짓고도 돈이 많고 적음에 따라 다른 처벌을 받는다는 의미이다.

법적 분쟁이 발생하면 법률 전문가인 변호사를 선임하게 되는데 유능한 변호사일수록 수임료가 높다. 이와 같은 격차에서 오는 불평등을 완화하고, 돈이 없다는 이유로 제대로 변호받지 못하는 일을 막기 위해 변호사를 선임하기 어려운 사람에게는 국가에서 비용을 부담하여 선정해 주는 국선 변호인 선정 제도가 시행되고 있다.

정치·법 49

연결 박스

해당 개념과 함께 읽어 보면 좋은 읽을거리예요. 세계사 또는 우리 역사 속 관련 사건, 함께 생각해 볼 만한 이야기 등을 담았어요. 사고를 다양한 방향으로 확장하여 개념을 연결하고, 세상을 넓게 바라보는 시야를 길러 줍니다.

'챗지피티'를 학교에서 활용해도 괜찮을까?

대화형 인공 지능인 챗지피티(Generative Pre-trained Transformer)가 전 세계적으로 큰 인기를 끌고 있다. 챗지피티에게 질문을 던지면 마치 사람이 쓴 것같이 느껴지는 상세한 답변을 해 준다. 챗지피티를 활용할 수 있는 일이 무궁무진하고, 누구나 쉽게 접근할 수 있다는 장점 덕분에 많은 사람들이 사용하고 있다. 그런데 챗지피티를 이용해 과제를 제출하는 등의 일이 자주 벌어지면서 학교에서 챗지피티를 사용하는 일에 대해 찬성과 반대 의견이 엇갈리고 있다.

챗지피티는 효과적인 공부 도구가 될 수 있어!

V S

학생 스스로 공부하는 능력을 키울 수 없어!

"챗지피티를 계기로 앞으로는 검색 방법이 바뀌게 될 거야. 무조건 학생에게 사용을 금지하기보다는 챗지피티와 같은 뛰어난 인공 지능을 사용하는 방법을 가르칠 필요가 있다고 생각해. 잘 활용하면 큰 교육 효과를 얻을 수 있는데, 무작정 비판할 필요는 없을 것 같아."

"챗지피티는 흥미로운 기술이지만, 학생들이 스스로 자료를 찾고 취합해 의견을 정리하는 능력을 기르려면 혼자 힘으로 해야 하는 과정들이 있어. 또 챗지피티의 답변이 항상 옳은 것은 아니야. 오히려 틀린 정보를 가려낼 수 없는 상황에서 잘못된 지식을 습득하게 될 수 있어. 학교에서는 챗지피티 사용을 규제해야 한다고 생각해."

VS 사회 토론

우리 사회의 뜨거운 쟁점을 골라 토론하는 코너예요. 서로 다른 두 입장을 번갈아 읽으면서 각각의 근거를 찾고 상대를 설득할 논지를 궁리해 보세요. 우리가 발 딛고 살아가는 사회의 여러 면을 입체적으로 이해하고, 논리적 사고력을 기를 수 있답니다.

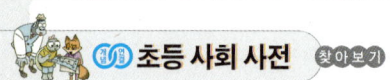

찾아보기

부록 '찾아보기'에 우리 책에서 다룬 모든 사건의 핵심 키워드를 모았어요. 관심 있는 키워드가 있을 때 관련 페이지를 찾아 이동할 수 있어요.

들어가며

사회 연구소에 어서 오세요!

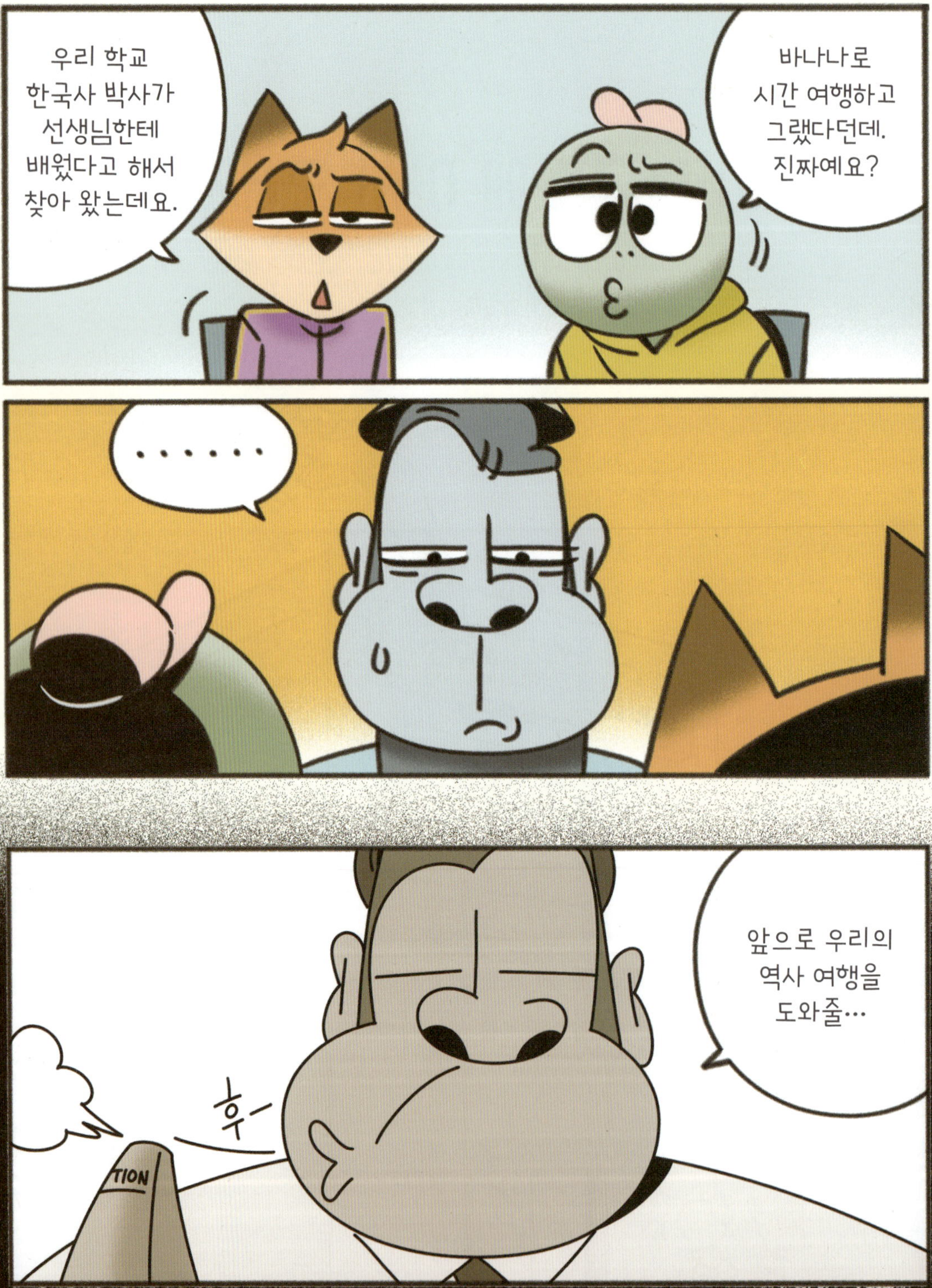

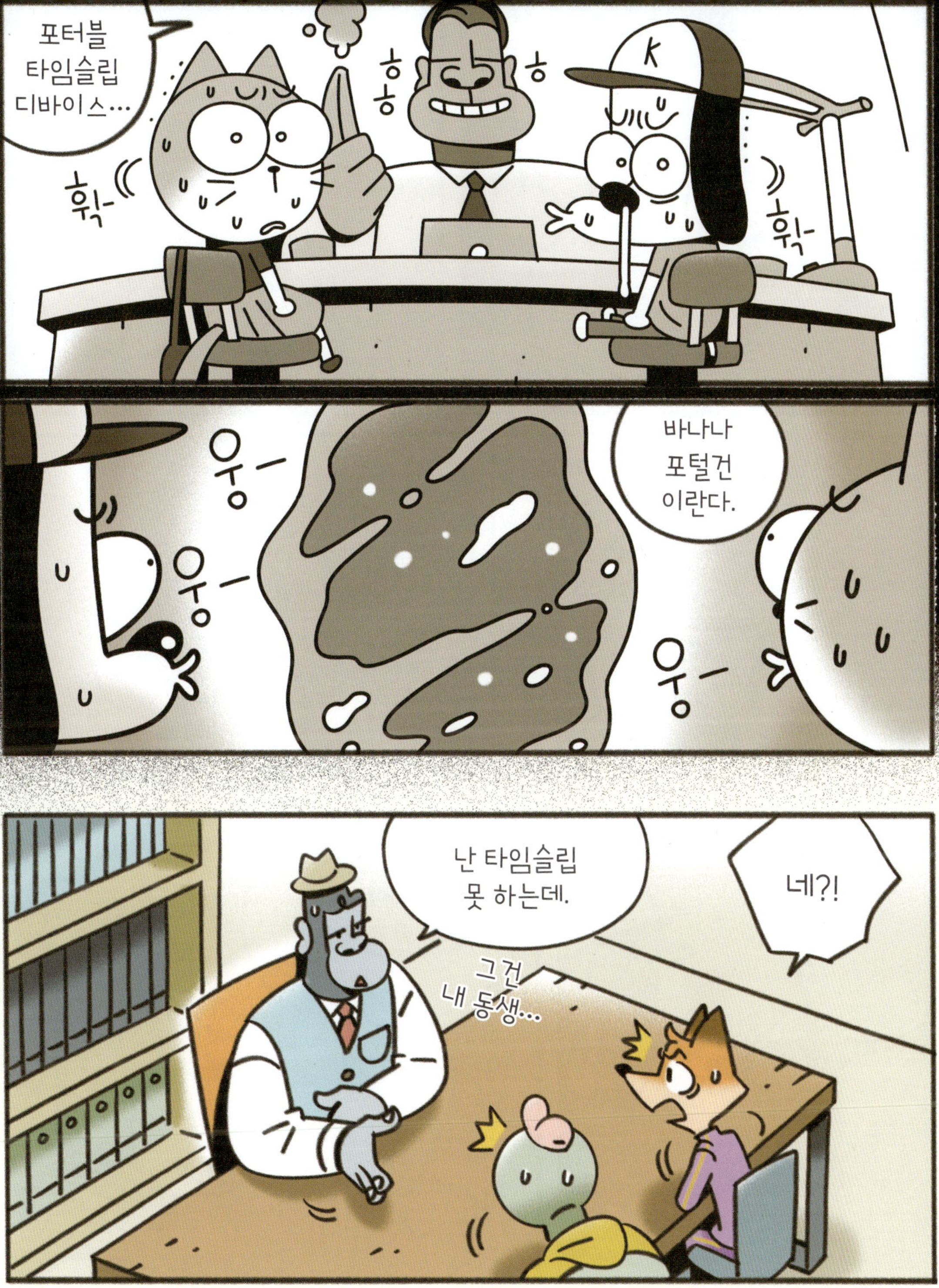

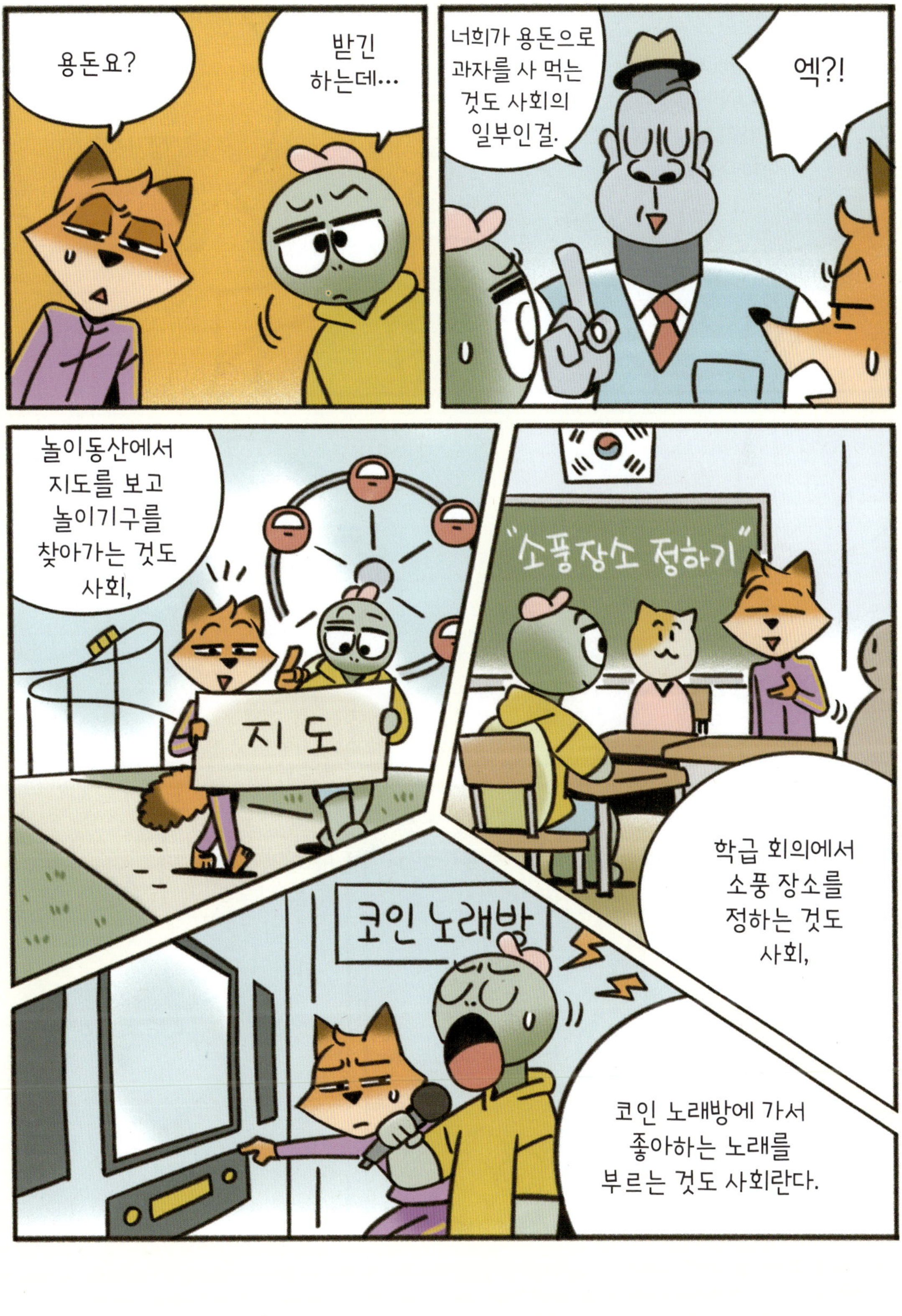

정치·법

정치와 법의 핵심은
우리가 국가의 주인이라는 것이에요.
선거를 통해 국민의 뜻을 나타낼 대표를 선출하고,
그렇게 뽑힌 대표가 국민을 위해 법을 제정하고
정치를 실천해요. 헌법과 인권을 바탕으로
국민이 주인 되는 나라를 만들어 가기 위해서는
무엇보다 국민의 적극적인 참여가 중요해요.

#민주주의
#시민 단체
#참여
#여론
#청소년 정치
#인권
#기본권
#자유권
#집회
#헌법
#난민
#동물권
#다수결
#참정권
#4·19 혁명
#5·18 민주화 운동
#6월 민주 항쟁
#행정부
#국회
#법원
#삼권 분립

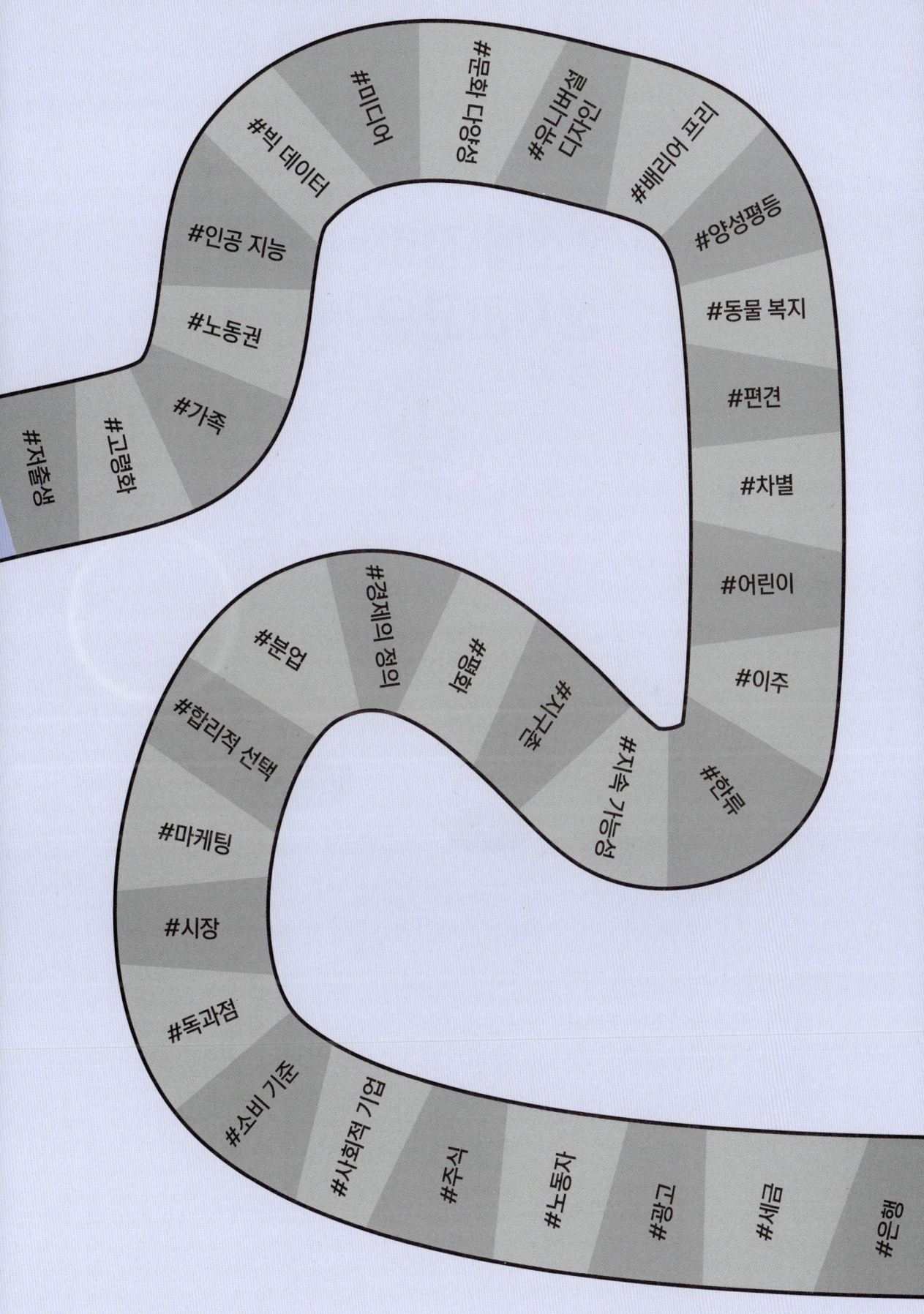

사회 4-2 — 1. 민주주의와 자치 — 1) 학교 자치와 민주주의
사회 6-1 — 1. 우리나라의 정치 발전 — 2) 일상생활과 민주주의

#정치의 의미

소풍 장소를 정하는 것도 정치라고요?

30초 해결사

소풍 장소는 선생님이 정하는 것이 좋은가요, 학생들이 상의해서 정하는 것이 좋은가요? 소풍 장소를 정할 때 거리를 최우선으로 고려해야 할까요, 비용을 최우선으로 고려해야 할까요? 아니면 즐거움을 최우선으로 고려하는 것이 좋을까요? 이렇게 정해진 소풍 장소는 반 전체, 혹은 학교 전체의 일정에 커다란 영향을 끼치지요. 정치는 공동체 안의 여러 사람이 영향을 받는 일을 정하는 데서 시작된답니다.

#아리스토텔레스 #폴리스 #민주주의

"인간은 정치적 동물이다."

고대 그리스의 철학자 아리스토텔레스는 자신의 책 『정치학』에서 이렇게 말했어요. 그러면서 '날마다 되풀이되는 필요를 충족하기 위해 자연적으로 형성된 공동체'가 '가정'이고, '여러 가정이 모여 구성된 최초의 공동체'가 '마을'이라고 정의했지요. 그리고 이 마을들이 모여 '국가'라는 공동체를 형성한다고 보았어요. 따라서 인간은 반드시 정치 공동체를 이루며 살아갈 수밖에 없는 존재라는 것이에요. 그럼 정치란 무엇일까요?

영어로 '정치'를 뜻하는 단어, 폴리틱스(politics)는 고대 그리스의 도시 국가인 '폴리스'에서 유래했어요. 폴리스는 하나하나가 독립적인 도시 국가였으며, 그리스의 정치, 경제, 사회 생활의 기본 단위였어요. 폴리틱스라는 단어에는 나라의 일을 곧 정치라고 보는 서양의 시각이 담겨 있어요.

한편 한자 문화권에서는 정치를 '政治'라고 써요. '정'에는 바르게 하기 위해 일을 한다는 의미가 담겨 있고 '치'에는 사람 간의 조화를 이루기 위해 돕는다는 의미가 담겨 있어요. 즉, 정치란 여러 사람이 더불어 살아가게 하고 사회 질서를 바로잡는 일이에요.

정치라는 단어를 들으면 대통령이나 국회 의원 등이 먼저 떠오를 수도 있겠지만, 넓은 의미에서 정치란 공동체 안에서 함께 내리는 모든 결정을 의미해요. 소풍 장소를 정하는 학급 회의나, 마을의 일을 결정하는 주민 회의도 모두 정치라고 할 수 있어요. 안건을 정하고, 논의를 통해 갈등을 해소하고 해결책을 찾는 것이 바로 정치의 핵심 역할이에요.

개념연결 스파르타 교육

우리에게도 익숙한 폴리스로는 '아테네'와 '스파르타'가 있다. 특히 스파르타는 '스파르타 교육'으로도 잘 알려져 있는데, 고대 스파르타의 남성 시민들은 국가 주도하에 혹독한 극기 훈련을 받았다고 전해진다. 오늘날에도 그 의미가 남아 강압적인 교육을 칭할 때 흔히 '스파르타 교육'이라고 부른다. 2007년 개봉한 영화 「300」은 페르시아 대군에 맞서는 스파르타 용사들의 이야기를 그린 작품으로, 여기에 스파르타 군인들이 얼마나 혹독한 훈련을 받았는지 실감 나게 묘사되어 있다.

| 사회 4-2 | 2. 지역문제를 해결하고 지역을 알리려는 노력 | 1) 지역문제를 해결하려는 노력 |
| 사회 5-1 | 1. 우리나라의 정치 발전 | 2) 일상생활과 민주주의 |

#시민 단체

시민들이 모여서 단체를 만드는 이유는 무엇인가요?

30초 해결사

시민들이 자신의 권리 향상 등 공공선을 위해 자발적으로 만든 단체를 시민 단체라고 해요. 시민 단체는 공론장에서 의견을 제시하고, 시민의 영향력을 행사하는 것이 목적이에요. 국회 의원 등 대표자가 미처 대변하지 못하는 여러 쟁점에 주목하여 여론을 조성하지요. 시민 단체는 실제 권력을 갖고 있는 것은 아니지만, 시민의 목소리를 직접 전달하는 역할을 한다는 점에서 민주주의 사회에서 매우 중요해요.

#여론 #비정부 조직 #NGO

시민 단체는 시민의 자발적인 참여로 운영되는 조직이에요. 성숙한 시민 사회에서 시민 단체는 권력에 대한 견제와 감시 역할을 수행하고, 시민들의 권리를 옹호하며, 삶의 질과 평화를 위해 대안적인 가치를 제시할 수 있어요.

시민 단체의 중요한 역할 중 하나는 여론을 형성한다는 것이에요. 여론이란 사회의 구성원이 해당 사회의 문제에 갖는 공통적인 의견을 뜻해요. 여론은 해당 사회가 해결해야 하는 정치적, 사회적 문제가 있을 때 형성돼요.

활발히 활동하는 시민 단체 중 하나인 '녹색연합'이 2019년부터 진행한 '새:친구' 활동을 살펴볼까요? 환경부와 국립 생태원이 2017년 12월부터 2018년 8월까지 진행한 조사에 따르면 우리나라에서만 연간 800만 마리의 새가 투명한 유리창에 부딪혀 목숨을 잃는 것으로 나타났어요. 녹색연합은 시민들을 대상으로 '새:친구'를 모집해 새 충돌 문제를 교육하고, 투명한 유리 방음벽에 새 충돌 방지 스티커를 붙이는 활동을 진행했어요. 녹색연합의 '새:친구' 활동 등을 통해 많은 새가 투명한 유리에 부딪혀 죽는다는 사실이 널리 알려지자, 이를 해결하려는 움직임이 커졌어요. 그 결과 2021년 환경부는 투명 방음벽을 설치할 때 새 충돌 방지 시설을 의무적으로 갖추도록 했지요. 시민의 관심이 정책에도 뜻깊은 변화를 이끌어 낸 사례예요.

학생과 밀접한 관련이 있는 시민 단체도 있어요. '사교육걱정없는세상'이라는 교육 시민 단체는 지나친 입시 경쟁과 사교육비 문제를 해결하기 위해 여러 활동을 벌이고 있어요. 그 결과 학교 수업과 시험에서 교육과정을 벗어난 내용을 다루지 못하게 한 '선행 교육 규제법'이 제정되기도 했어요.

 **여론을 알아보자, 여론 조사**

여론은 사회 구성원이 어떤 사회 쟁점에 갖는 공통적인 의견을 말한다. 어떤 사회에 해결해야 하는 정치적, 사회적 문제가 있을 때 여론이 형성된다. 여론 조사란 여론을 알아보기 위해 실시하는 통계 조사로, 무작위로 추출된 일정 수의 사람을 대상으로 설문을 실시해 여론을 파악하는 일을 말한다. 여러 변수가 있기 때문에 여론 조사 결과가 100퍼센트 현실과 같다고 볼 수는 없지만, 사회 구성원들의 생각과 의견을 살펴보는 좋은 지표가 된다.

사회 4-2 2. 지역문제를 해결하고 지역을 알리려는 노력 1) 지역문제를 해결하려는 노력
사회 6-1 1. 우리나라의 정치 발전 2) 일상생활과 민주주의

#정치 참여

어린이들이 박물관을 바꾼 일이 있었다면서요?

30초 해결사

2012년 서울수송초등학교 6학년 학생들은 다른 박물관과 달리 국립 중앙 박물관에는 편하게 도시락을 먹을 수 있는 실내 공간이 없다는 문제점을 깨닫고, '박물관에서 도시락 편하게 먹기' 프로젝트를 진행했어요. 박물관장에게 직접 편지를 쓰고, 전자 민원을 올리고, 학생들을 대상으로 서명을 받았지요. 그 결과 국립 중앙 박물관은 '도란도란 도시락 쉼터'라는 이름의 장소를 만들었어요. 생활 속 작은 불편함에 주목하고 행동해서 세상을 바꾼 것이에요.

#민주주의 #청소년 정치 #국립 중앙 박물관

우리 주변의 작은 불의와 불편함을 바꿔 나가는 것 역시 정치예요. 어린이와 청소년도 정치에 참여하여 세상을 바꿀 수 있어요.

1919년, 3·1 운동이 전국적으로 일어났을 때 어린이와 청소년 들이 적극적으로 만세 시위에 참여했다는 사실을 알고 있나요? 행렬의 선두에 섰던 유관순 열사의 나이는 16세였지요. 4·19 혁명 때는 서울수송초등학교 학생들이 거리로 나와 "부모 형제에게 총부리를 들이대지 말라!"라고 외치며 행진하기도 했어요. 이처럼 세상을 바꿔 나가는 과정에는 언제나 어린이의 목소리가 있었어요.

4·19 혁명 때 시위에 나선 서울수송초등학교 학생들

2018년, 스웨덴의 청소년 툰베리는 기후 위기에 제대로 대처할 것을 요구하면서 휴학에 나섰어요. 툰베리가 붙인 불은 곧 전 세계로 퍼져 나갔고, 각국의 청소년들이 동맹 휴학에 참여하며 기후 위기 대처에 목소리를 높이는 계기가 되었어요. 이후 툰베리는 계속해서 기후 변화 운동의 아이콘으로 맹렬히 활약하고 있어요. 그 공로를 인정받아 2019년에는 노벨 평화상 후보에 오르기도 했지요.

여러분도 주변의 작은 불의와 불편함에 눈을 돌려 보세요. 세상을 바꾸는 일의 시작이 될 것이랍니다.

프랑스의 어린이 의회

프랑스에서는 1994년부터 매년 어린이 의회가 열린다. 전국 지역구에서 뽑힌 577명의 어린이 의원이 치열한 토론을 거쳐 최우수 법안을 선정하면, 국회에서 법안을 검토해 법률로 제정한다. '어린이 권리를 존중하지 않는 나라에서 어린이 노동에 의해 만들어진 학용품에 대한 구매 금지 관련 법률', '고아의 권리와 가족 위원회 관련 법률' 등이 어린이 의회를 통해 제정된 법률이다. 프랑스 외에도 벨기에, 독일, 동티모르, 필리핀, 요르단 등 여러 나라에서 청소년 의회 또는 어린이 의회를 구성해 운영하고 있다. 투표권이 아직 없는 어린이와 청소년도 정치에 적극적으로 참여할 수 있도록 창구를 열어 주는 것이다.

| 사회 4-2 | 2. 지역문제를 해결하고 지역을 알리려는 노력 | 1) 지역문제를 해결하려는 노력 |
| 사회 6-1 | 1. 우리나라의 정치 발전 | 3) 민주 정치의 원리와 국가 기관의 역할 |

#지방 자치

지방 선거는 왜 할까요?

30초 해결사

지방 자치는 지역의 주민이 선거를 통해 뽑은 기관이 직접 그 지방의 행정을 처리하는 제도예요. 지방 자치를 시행하는 이유는 중앙 정부에 집중되어 있는 권력을 지방 자치 단체와 지방의 주민에게 나누기 위해서예요. 또 각 지방의 실정에 맞는 행정을 시행할 수 있다는 점에서 효율적이기도 해요.
광역 지방 자치 단체로는 광역시, 특별자치시, 도, 특별자치도 등이 있고 기초 지방 자치 단체는 시, 군, 구가 있어요.

#지방   #권력 분립   #지방 분권

우리나라는 1948년 정부 수립과 함께 제헌 헌법을 만들면서 지방 자치를 헌법으로 보장했어요. 이후 1961년 5·16 군사 정변과 함께 약 30년간 시행이 중단되었다가 1991년 다시 부활해 지금까지 시행되고 있어요.

지방 자치를 통해 중앙 정부가 아닌 각 지역에서 상황에 맞게 예산을 집행하고 시설을 운영하는 등 정치적 의사 결정을 할 수 있어요. 그에 따라 주민의 참여를 늘리고, 각 지역 맞춤 행정을 집행할 수 있어요.

성공적인 지방 자치를 위해서는 주민들의 적극적인 참여가 아주 중요해요. 주민들이 자신이 사는 지역의 지방 자치에 무관심하면 행정이 제대로 이루어지지 않을 뿐만 아니라 일부 지방 자치 단체장과 지방 의원의 비리와 부패가 발생할 수 있어요.

주민이 직접 지방 자치에 참여하는 방안으로는 크게 주민 발안, 주민 투표, 주민 소환이 있어요.

주민 발안	주민들이 조례의 제정, 개정, 폐지를 청구할 수 있는 권리
주민 투표	지방 자치 단체의 주요 사항에 대해 주민들이 투표로 의사 결정을 하는 제도
주민 소환	주민들이 지방의 선출직 지방 공직자에 대한 소환 투표를 실시하고 그 결과에 따라 해당 공직자를 임기 종료 전에 해직시키는 제도

주민들이 적극적으로 참여해 살고 있는 고장을 더욱 살기 좋게 만든다면 지방 자치가 활성화되어 민주주의가 한층 생기 있게 꽃피겠지요?

 **시민들이 결정한 무상 급식**

2010년 12월 무상 급식 조례안이 서울시 의회를 통과하자 당시 오세훈 서울시장과 이에 반대하는 약 55만 명의 시민들이 무상 급식 조례 유효에 대해 주민 투표를 요청했다.

주민 투표는 투표율이 33.3퍼센트를 넘어야 결과를 확인할 수 있고, 이에 미달하면 투표 자체가 무효 처리된다. 무상 급식 조례에 찬성하는 시민들은 투표에 참여하지 않는 방법으로 의견을 나타냈고, 그 결과 2011년 실시된 무상 급식 주민 투표는 25.7퍼센트의 투표율을 기록하면서 무효 처리되었다. 그렇게 시행된 무상 급식 조례는 2021년 서울시 의회가 진행한 온라인 투표에서 '시민의 삶을 바꾼 최고의 조례' 1위로 꼽히기도 했다.

| 사회 3-2 | 1. 사회 변화와 다양한 문화 | 1) 사회 변화와 달라진 생활 모습 |
| 사회 6-1 | 1. 우리나라의 정치 발전 | 2) 일상생활과 민주주의 |

#유리 천장

유리 천장이 무엇인가요?

30초 해결사

유리 천장은 '충분한 능력을 갖춘 사람이 직장 내 성차별이나 인종 차별 등의 이유로 고위직을 맡지 못하는 상황'을 비유적으로 표현하는 단어예요. 마치 투명한 유리 천장이 머리 위를 막고 있는 것처럼 도저히 위로 올라갈 수 없다는 의미랍니다. 유리 천장에 착안하여 여성의 노동 환경을 종합적으로 평가해 점수를 매긴 '유리 천장 지수'도 있어요. 유리 천장 지수가 낮을수록 일하는 여성의 환경이 전반적으로 열악하다는 뜻이에요.

#평등권 #유리 천장 지수 #핑크 칼라 게토 #세계 여성의 날 #양성평등

'핑크 칼라 게토(pink-collar ghetto)'라는 말이 있어요. '게토'란 소수 인종이나 소수 민족, 또는 소수 종교 집단이 거주하는 도시 안의 한 구역을 가리키는 말이에요. 핑크 칼라 게토란 여성이 특정한 직업 영역에 고립되는 현상을 말해요. 여성이 주로 종사하는 서비스 분야, 교육 분야 등이 여기에 해당되는데, 업무의 중요도가 떨어지고 처우가 좋지 않으며 승진이 어렵다는 특징이 있어요.

우리나라는 아직도 성별에 따른 임금 격차가 심각한 나라예요. 영국의 경제 주간지 『이코노미스트』는 2013년부터 매년 경제 협력 개발 기구(OECD) 회원국을 대상으로 유리 천장 지수를 조사해 발표하고 있는데, 우리나라는 2022년 29위를 기록하면서 10년째 최하위를 기록했어요. 또 고위직에 진출한 여성의 비율도 현저히 낮아요.

이를 해소하기 위해 나라에서는 경력 단절 여성의 취업을 지원하고, 남녀 고용 평등 정책을 추진하는 등의 노력을 하고 있어요. 또 매년 양성평등 주간과 양성평등 임금의 날을 정해 성별에 따른 임금 통계 등을 조사, 발표하고 있어요.

그럼 유리 천장 지수가 높은 나라는 어떻게 하고 있을까요? 스웨덴은 2022년 유리 천장 지수 1위를 기록한 나라예요. 스웨덴의 정책을 살펴보면 남녀 모두에게 육아 휴직을 보장해 육아 부담을 줄이고, 모든 기업이 반드시 여성 경영진을 포함하게끔 법으로 정했어요. 또 어린이집 등 공공 보육 기관을 대폭 늘린 것도 성별 임금 격차를 줄이는 데 큰 영향을 미쳤어요.

세계 여성의 날

"우리에게 빵과 장미를 달라!" 1908년 2월 28일, 미국의 여성 노동자 15,000여 명이 노동 환경 개선과 여성 투표권을 외치며 뉴욕 거리에 나섰다. 전례 없던 대규모 시위였다. '빵'은 남성과 비교해 낮은 임금으로 위협받던 여성의 생존권을, '장미'는 참정권을 상징했다. 이후 국제 연합UN은 1975년을 '세계 여성의 해'로 지정하고 1977년 3월 8일을 세계 여성의 날로 공식 지정했다. 이날이 되면 세계 곳곳의 여성들은 지금까지 여성들이 이뤄 낸 결과를 돌아보며 자축하고 기념한다.

사회 5-1 · 2. 인권 존중과 정의로운 사회 · 1) 인권을 존중하는 삶

#인권

크레파스에 살색이 있었다고요?

30초 해결사

옛날에는 크레파스에 '살색'이라고 표시된 색이 있었답니다. 2002년 국가 인권 위원회는 특정 색을 '살색'이라고 명명한 것이 인종 차별이며, 평등권을 침해한다고 보았어요. 지구 상에는 다양한 피부색이 있고, 이 모든 색이 살색이기 때문이에요. 그 결과 2005년 국가 기술 표준원은 살색이라는 표기를 모두 '살구색'으로 바꾸었답니다.

#인종 차별   #마그나 카르타

겨울에 손이 시리면 장갑을 끼지요? 장갑 중에는 손가락이 5개 달린 손가락장갑 말고도 엄지손가락만 따로 가르고 네 손가락은 함께 끼도록 되어 있는 장갑이 있어요. 이런 장갑을 흔히 '벙어리장갑'이라고 부르지요. 그런데 벙어리는 언어 장애인을 낮잡아 이르는 말이에요. 그래서 최근에는 '손모아장갑'이나 '엄지장갑'이라고 부르는 사람들이 늘고 있어요.

이처럼 우리가 무심코 얘기하는 단어들이 차별적인 뜻을 품고 있는 경우가 많아요. 한 가지 더 예를 들어 볼까요? 장애인이 아닌 사람을 '정상인'이라고 쓰는 경우가 많지요. 그런데 정상인의 반대말은 비정상인이므로, 장애인이 아닌 사람을 정상인이라고 부르면 자연스럽게 장애인을 비정상인이라고 부르는 것과 같아요. 그래서 장애인이 아닌 사람을 부를 때는 '비장애인'이라는 표현을 쓰는 것이 맞아요. 이런 단어 하나하나가 우리의 인식을 만들고, 이는 곧 인권과 연결된답니다.

인권은 인간으로서 마땅히 누려야 하는 가장 기본적인 권리를 말해요. 모든 사람이 태어날 때부터 가지고 있는 권리이며, 인종, 국적, 성별, 종교, 정치적 견해, 신분이나 지위 등 그 어떤 것과도 관계없이 모든 인간이 누려야 하는 권리예요.

인권의 개념이 처음 등장한 것은 1215년 영국의 대헌장 마그나 카르타였어요. 이후 1776년 미국의 독립 선언, 1789년 프랑스의 인권 선언 등을 거치며 점차 확대되고 강화되었어요. 끔찍했던 제2차 세계 대전이 끝난 이후, 1948년 유엔 총회에서 세계 인권 선언이 채택되면서 오늘날의 인권 개념이 정립되었어요. 이 선언문에는 인간이라면 반드시 누려야 할 30가지의 권리와 자유가 명시되어 있답니다.

대헌장, 마그나 카르타

1215년 영국에서는 존 왕의 횡포를 견디다 못한 귀족들이 시민의 지지를 얻어 왕에게 몇 가지 조항에 승인할 것을 요구했다. 이 조항을 문서로 정리한 것이 바로 대헌장, 마그나 카르타다. 마그나 카르타에는 국왕이 마음대로 권리를 남용할 수 없도록 국왕의 권한을 제한하는 조항과 법적 절차를 존중하며 왕의 권리가 법에 의해 제한될 수 있음을 인정하는 내용이 담겼다.

마그나 카르타가 승인되면서 왕은 세금을 함부로 부과할 수 없게 되었고, 일부나마 국민의 자유권을 보장하게 되었다. 마그나 카르타 자체는 고위 귀족의 권리를 위한 문서였으나, 마침내 전제 군주의 절대 권력에 제동을 걸었다는 점에서 역사적 의의가 있다. 또 이후 1688년에 일어난 영국의 명예혁명에도 큰 영향을 끼쳤다.

사회 5-1 — 2. 인권 존중과 정의로운 사회 — 1) 인권을 존중하는 삶

#평등권

왜 옛날 사진 속 흑인들은 버스 뒷좌석에만 앉아 있나요?

어! 흑인들은 왜 버스 뒷좌석에만 앉을까?

버스 뒷좌석이 넓어서 편한가?

1956년 전까지만 해도 미국 버스 좌석은 앞은 백인석, 뒤는 흑인석으로 나뉘어 있었단다.

30초 해결사

1950년대 미국 남부 지역에는 '짐 크로 법'이라고 하는 인종 차별법이 존재했어요. 짐 크로 법에 따르면 흑인은 백인과 같은 학교나 교회에 다닐 수 없었고, 버스에서는 반드시 지정 좌석에 앉아야 했어요. 1955년 미국 앨라배마주 몽고메리시에서 로자 파크스라는 여성이 백인에게 버스 자리를 비켜 주지 않아 체포되는 사건이 발생했어요. 이 일을 계기로 몽고메리 전역에서 '버스 보이콧' 운동이 시작되었고, 결국 1956년 11월 연방 대법원은 버스에서 인종에 따라 자리를 나누는 것이 위헌이라고 인정했어요.

#인종 차별 #몽고메리 버스 보이콧 운동 #상대적 평등

모든 사람이 평등하다는 말은 당연하게만 들려요. 그런데 불과 100년 전만 해도 당연하지 않은 말이었어요. 미국의 남북 전쟁에서 북부가 승리하며 노예 제도는 사라졌지만, 여전히 흑인에 대한 차별은 존재했어요. 백인들이 정치적, 사회적, 경제적 주도권을 쥐고 있었고 흑인들은 백인 사회에 접근할 수 없도록 격리되어 있었지요. 1954년이 되어서야 미국 연방 대법원은 흑백 분리 정책이 평등권에 위배된다는 판결을 내렸어요.

우리나라의 헌법 제11조를 보면 다음과 같이 평등권을 보장하고 있어요.

> 헌법 제11조
> ① 모든 국민은 법 앞에 평등하다. 누구든지 성별, 종교 또는 사회적 신분에 의하여 정치적, 경제적, 사회적, 문화적 생활의 모든 영역에 있어서 차별을 받지 아니한다.

직원을 채용할 때 여성 또는 남성이라는 이유로 배제하는 경우, 경비원의 나이를 만 65세 이하로 제한하는 경우, 신체 조건을 이유로 결혼 정보 회사 가입을 거절하는 경우 등은 모두 차별에 해당해요.

오늘날 우리나라는 빠른 속도로 다인종 사회를 향해 나아가고 있어요. 그러나 아직 인권 의식은 그에 못 미치는 상황이에요. 2020년 국가 인권 위원회가 실시한 조사에 따르면 이주민 10명 중 7명은 한국에서 한국말이 능숙하지 않거나, 피부색이 다르다는 이유로 인종 차별을 경험했다고 대답했어요. 그 누구도 부당하게 인권을 침해받는 일이 없도록 언제나 관심을 가져야겠죠?

 **절대적 평등과 상대적 평등**

평등에는 절대적 평등과 상대적 평등이 있다. 절대적 평등은 어떠한 이유라도 절대 차별을 해서는 안 된다는 뜻이다. 상대적 평등은 평등한 것에는 평등하게, 본질적으로 불평등한 것에는 불평등하게 대우한다는 뜻이다. 즉, 상대적 평등은 상황에 따라 합리적 차별이 필요하다는 의미다.

생활 수준이 미달되는 국민을 더 지원해 주고, 신체적 능력 등 여러 이유에서 상대적으로 기회가 부족한 사람에게도 균등한 기회가 돌아가도록 제도를 마련해 결과적으로 전체 국민이 모두 안정적으로 생활할 수 있도록 하는 것이 상대적 평등이다. 우리나라 헌법에서 보장하는 평등권은 절대적 평등이 아니라 상대적 평등을 지향하고 있다.

사회 5-1 | 2. 인권 존중과 정의로운 사회 | 1) 인권을 존중하는 삶

#학생 인권

일기장 검사는 학생들의 인권을 침해하는 행위일까요?

30초 해결사

2005년 국가 인권 위원회는 초등학교에서 강제로 일기를 쓰게 하고, 또 일기를 검사 및 평가하는 것이 어린이의 사생활과 양심의 자유를 침해할 소지가 크다고 판단했어요. 일기를 쓸 때 선생님이 읽어 볼 것을 예상하기 때문에 자유롭고 솔직하게 쓸 수 없다는 것이지요. 꼭 일기 쓰기가 아니어도 다른 방법으로 글쓰기나 글씨 공부를 할 수 있으므로, 국가 인권 위원회는 일기 쓰기를 숙제로 낼 때 어린이의 인권을 해치지 않는 방향으로 개선할 것을 권고했어요.

#아동 인권   #국가 인권 위원회   #학생 인권 조례

학생 인권 조례에 대해 들어 보았나요? 조례란 지방 자치 단체의 의회가 만드는 법이에요. 즉, 학생 인권 조례란 각 지역별로 학생 인권에 대해 규정하고 있는 법이라고 할 수 있어요.

우리나라에서 처음 학생 인권 조례를 제정한 것은 2010년 경기도였어요. 이어서 서울, 광주광역시, 전라북도, 충청남도, 제주특별자치도, 인천광역시 등에서도 학생 인권 조례가 제정되어 공포, 시행되고 있어요.

지역별로 약간씩 차이가 있지만, 학생 인권 조례에는 아래와 같은 내용이 담겨 있어요.

- 학교에서 체벌은 금지된다.
- 학교는 학생에게 야간 자율 학습, 보충 수업 등을 강제해서는 안 된다.
- 학생은 복장, 두발 등 용모에 대해 자기의 개성을 실현할 권리를 가진다.
- 학교는 두발의 길이를 규제해서는 안 된다.
- 학교는 학생의 휴대 전화 자체를 금지해서는 안 된다.
- 학교는 학생에게 양심에 반하는 내용의 반성문, 서약 등의 진술을 강요해서는 안 된다.
- 교직원은 학생과 교직원의 안전을 위해 긴급히 필요한 경우가 아니면 학생의 동의 없이 소지품 검사를 하여서는 안 된다.

도움이 필요할 때는 국가 인권 위원회!

국가 인권 위원회는 2001년에 만들어진 국가 기관이다. 인권의 실태를 조사하고, 인권 교육 및 홍보 활동을 하며, 인권 침해 피해자를 돕는 역할을 한다. 예를 들어, 기업 채용 시 직무 능력과 관련 없는 혼인 여부나 신체 조건 등을 묻는 고용 차별을 비롯해 일상에서 겪는 인권 침해를 국가 인권 위원회에 진정하여 판단을 요청할 수 있다. 국가 인권 위원회는 입법부, 사법부, 행정부에 속하지 않고 독립적으로 존재하는 국가 기관이다. 국가 인권 위원회 로고의 원은 '다양성과 긍정', '해와 밝음', '조화와 포용', '공명정대'를 뜻하고, 비둘기 모양의 손은 '평화와 포용'을 의미한다.

사회 3-2 1. 사회 변화와 다양한 문화 2) 다양한 문화에 대한 이해와 존중
사회 5-1 2. 인권 존중과 정의로운 사회 1) 인권을 존중하는 삶

#장애인 인권

지하철 타는 것과 인권이 무슨 관련이 있나요?

30초 해결사

장애인은 우리 사회에서 살아가는 데 있어 많은 제약과 인권 침해를 겪고 있어요. 장애인이 침해받고 있는 대표적인 권리로는 장애인 이동권이 있어요. 장애인 이동권이란 장애인이 차별 없이, 안전하고 편리하게 비장애인이 이용하는 모든 교통수단과 시설을 이용할 수 있는 권리예요. 하지만 아직까지 우리나라에서 장애인 이동권이 잘 보장된다고 보기는 힘들어요.

#인권 #장애인 이동권 #유니버설 디자인 #배리어 프리

(출처: 이제석 광고연구소 www.jeski.org)

"누군가에게 이 계단은 에베레스트산입니다."

미국 장애인 재단에서 설치한 장애인 시설 확충을 위한 광고의 문구랍니다. 휠체어를 탄 장애인에게는 높고 가파른 계단이 마치 에베레스트산과 같다는 의미예요.

계단을 이용할 수 없는 장애인도 에스컬레이터나 엘리베이터 등의 수단을 통해 자유롭게 시설을 이용할 수 있을 때 장애인 이동권이 보장된다고 할 수 있어요. 그 밖에도 출입구의 계단을 없앤 저상 버스를 늘리고, 휠체어가 오를 수 있게 경사로를 설치하는 등 다양한 방법으로 장애인 이동권을 위해 노력해야 해요.

시각 장애인은 일상에서 어떤 불편을 겪을까요? 비장애인은 노트북과 스마트폰 등 전자 기기를 통해 수많은 정보를 편리하게 접하지요. 시각 장애인 역시 '화면 낭독기'를 통해 인터넷의 정보를 접할 수 있어요. 이미지에 문자로 된 정보를 함께 입력해 놓으면 온라인 쇼핑도 문제가 없어요. 하지만 아직 공공 기관에서 제공하는 홈페이지에도 시각 장애인을 위한 문자 정보가 제대로 입력되어 있지 않은 경우가 많아요.

청각 장애인의 경우는 2020년 9월에야 지상파 방송 3사가 저녁 종합 뉴스에 청각 장애인을 위한 수어 통역을 제공하기 시작했어요. 그 전까지는 아주 예외적인 상황에서만 수어 통역을 지원했기 때문에 일상에서 겪는 불편함이 아주 컸어요.

누구나 어떤 상황에서든 동등한 사회의 구성원으로 살아갈 수 있도록 함께 환경을 바꿔 나가야겠죠?

개념 연결 | 유니버설 디자인

엘리베이터에 타면 세로로 된 버튼과 가로로 된 버튼이 함께 설치되어 있는 경우를 많이 볼 수 있다. 가로로 된 버튼은 낮은 위치에 있어 키가 작은 어린이나 휠체어를 탄 장애인도 쉽게 누를 수 있다. 이런 디자인을 '유니버설 디자인'이라고 부른다. '보편적인 디자인'이라는 뜻으로, 장애 여부, 나이, 국적, 성별에 상관없이 모든 사람이 편하게 이용할 수 있도록 설계한 디자인을 말한다. 장애인이 일상생활에서 만나는 장애물을 없애기 위해 설계된 디자인인 '배리어 프리 디자인'과 달리 유니버설 디자인은 모든 사람이 사용할 수 있는 보편적 디자인이라는 점이 특징이다.

키오스크를 늘려도 괜찮을까?

모두에게 편리한 기기야!

" 키오스크가 도입되면서 가게 직원도, 소비자도 모두 편해졌어. 소비자는 편하고 신속하게 주문할 수 있고, 직원 입장에서도 손님을 직접 상대하지 않게 되어 감정 노동이 크게 줄어들었어. 사업주도 인건비를 아낄 수 있어. 모두에게 편리한 기계를 늘리는 것이니 문제될 것이 없다고 생각해. "

최근 패스트푸드점, 카페, 음식점, 슈퍼 등 많은 상점에서 무인 계산기인 '키오스크'를 볼 수 있다. 계산하는 직원의 수고를 덜고, 신속하게 일을 처리할 수 있기 때문에 키오스크를 사용하는 가게가 점점 느는 추세다. 하지만 키오스크 이용이 쉽지 않은 사람들이 배제된다고 지적하는 의견도 있다.

키오스크를 사용하기 힘든 사람도 있어!

> 대부분의 키오스크는 성인의 키와 시선에 맞춰져 있어서 어린이나 휠체어를 탄 장애인은 사용하기 힘들어. 터치 화면을 조작하는 것에 익숙하지 않은 노인들도 주문할 때마다 어려움을 겪고 있어. 이렇게 키오스크 사용이 쉽지 않은 사람들이 있는데 무작정 키오스크를 늘리면 안 된다고 생각해. 그리고 키오스크가 보급되면 일자리가 줄어드는 것도 문제야.

사회 5-1 — 2. 인권 존중과 정의로운 사회 — 2) 법의 의미와 역할
사회 6-1 — 1. 우리나라의 정치 발전 — 3) 민주 정치의 원리와 국가 기관의 역할

#사법부

왜 판사들은 까만 옷을 입을까요?

30초 해결사

검은색은 어떤 색을 더해도 색이 변하지 않지요. 판사의 검은색 법복은 어떠한 외부 상황에도 변하지 않는 독립성과 공정함을 상징한답니다. 또 옷의 양옆에 잡힌 수직 주름은 강직함을 나타내요. 법을 해석하고 적용하여 올바른 판결을 내려야 하는 판사가 갖춰야 할 덕목들이지요.

판사는 전직, 퇴직 또는 사망 시에 대여한 법복을 다시 나라에 반납해야 해요. 이는 판사의 권한이 개인의 것이 아니라 국민으로부터 받은 것이며, 언젠가 반납해야 하는 임시적인 권한임을 뜻해요.

#판사   #법복   #3심제

이 건물은 1928년 경성 재판소로 지어졌단다. 광복 이후 1995년까지 대법원 청사로 쓰였지. 서울시 서초구로 대법원 청사가 옮겨가면서, 이 건물은 현재 서울 시립 박물관으로 쓰이고 있어.

서울 중구에 있는 옛 대법원 건물(현 서울 시립 박물관)

우리나라의 국가 기관은 법을 만드는 입법부, 법을 해석하고 적용하는 사법부, 법을 집행하는 행정부로 구성되어 있어요.

입법부가 법률을 제정하고, 행정부가 법률에 근거해 행정 업무를 수행한다면 사법부는 법률이 제대로 적용되고 있는지를 판단하는 기관이에요. 억울한 일을 겪는 사람이 생기는 것을 막고, 사회의 질서를 유지하지요. 사법부에는 최고 법원인 대법원과 고등 법원, 특허 법원, 지방 법원 등이 속해 있어요.

법원의 수장은 대법원장이에요. 대법원장은 판사를 임명할 수 있지만, 다른 법관의 판결에는 일체 관여할 수 없어요. 법관 한 명, 한 명에게 독립적인 집행권을 줌으로써 외압에서 자유로운 상태로 공정한 판결을 내릴 수 있도록 하는 것이랍니다.

이때 중요한 것은 법관마다 법을 해석하는 방식이 다를 수 있다는 점이에요. 법관들이 다루는 사건들은 무척 다양하고, 다방면에서 생각해 보아야 하는 경우가 많기 때문에 담당 법관이 본인 재량으로 법률을 적용해 판결을 내리도록 하는 것이지요.

남성용 법복(출처: 대한민국 법원)

3심제가 뭐야?

법원의 판결에 승복할 수 없을 때 다시 재판을 청구할 수 있다. 우리나라의 경우 한 사건에 대해 세 번 재판을 받을 수 있는데, 이를 3심제라고 한다. 제1심 법원은 지방 법원으로, 지방 법원에서 내린 판결에 불만이 있는 경우 제2심 법원인 고등 법원에 다시 재판해 줄 것을 요청할 수 있다. 제2심의 결과에 불만이 있는 경우 제3심 법원인 대법원에 다시 재판해 줄 것을 요청할 수 있다. 3심제는 혹시라도 억울한 판결을 받는 일을 방지하고 더욱 공정한 재판이 이루어지도록 하기 위해 생겨난 제도다.

사회 5-1 | 2. 인권 존중과 정의로운 사회 | 2) 법의 의미와 역할

#정의의 여신상

정의의 여신상은 왜 저울을 들고 있나요?

30초 해결사

세계 여러 나라에는 한 손에는 칼을, 다른 한 손에는 저울을 들고 눈을 가린 모습의 정의의 여신상이 세워져 있어요. 저울은 사안을 정확하게 판단하여 모두에게 평등하게 법을 적용하겠다는 의미예요. 칼은 잘못을 제대로 처벌하고, 정의를 이뤄내기 위해서는 강한 힘이 필요하다는 의미예요. 또 눈을 가린 눈가리개는 눈에 보이는 대로 믿어 편견이나 감정에 휘둘리는 일을 막고, 공정한 판결을 내리겠다는 의지를 나타내요.

#대법원 #디케

그리스 신화에 나오는 번개의 신 제우스와 이치의 신 테미스 사이에서 태어난 신 디케(Dike)는 정의를 상징해요. 이후 그리스 신화가 로마 신화로 넘어오면서 디케는 유스티치아(Justitia)로 이름이 바뀌었어요. 정의를 뜻하는 영어 단어 '저스티스(justice)'는 유스티치아의 이름에서 유래했답니다.

우리나라 대법원의 대법정 출입문 앞에도 정의의 여신상이 세워져 있어요. 그런데 우리나라에 있는 정의의 여신상과 다른 나라의 정의의 여신상을 비교해 보면 흥미로운 차이점을 발견할 수 있어요.

저울과 칼을 들고 눈을 가린 일반적인 정의의 여신상과 달리 우리나라의 정의의 여신상은 칼 대신 한 손에 법전을 들고 있고, 눈가리개도 하지 않았어요. 그리고 우리 고유의 전통 의상인 한복을 입고 자리에 앉아 있지요. 정의의 여신을 한국적인 느낌으로 새롭게 탄생시킨 것이랍니다.

손에 든 법전은 법에 따라 공명정대하게 정의가 실현될 것이라는 의미를 담고 있어요. 가리지 않은 눈은 정의가 올바르게 잘 실행되는지 똑바로 지켜보겠다는 의지를 나타낸 것이에요. 동시에 사회적 약자들을 잘 살펴보고 보호하겠다는 의미도 있어요.

여러분은 어떤 정의의 여신상이 마음에 드나요?

우리나라 대법원 대법정 앞에 세워져 있는 정의의 여신상

유전무죄, 무전유죄?

유전무죄 무전유죄有錢無罪 無錢有罪란 '돈 있는 사람은 죄가 없고, 돈 없는 사람은 죄가 있다'라는 뜻이다. 즉, 똑같은 죄를 짓고도 돈이 많고 적음에 따라 다른 처벌을 받는다는 의미다.

법적 분쟁이 발생하면 법률 전문가인 변호사를 선임하게 되는데 유능한 변호사일수록 수임료가 높다. 이와 같은 격차에서 오는 불평등을 완화하고, 돈이 없다는 이유로 제대로 변호받지 못하는 일을 막기 위해 변호사를 선임하기 어려운 사람에게는 국가에서 비용을 부담하여 선정해 주는 국선 변호인 선정 제도가 시행되고 있다.

사회 5-1 — 2. 인권 존중과 정의로운 사회 — 3) 헌법과 인권 보장

#집회

왜 집회를 할 때 도로를 막나요?

30초 해결사

집회는 여러 사람이 어떤 목적을 가지고 특정 장소에 일시적으로 모여 의사를 밝히는 행위예요. 집회를 위해 모인 사람들은 의견을 전달하기 위해 피켓을 들고, 구호를 외치고, 행진을 하고, 농성을 하기도 해요. 모든 시민은 집회에 참여할 자유가 있고, 이는 우리나라 헌법에도 보장되어 있는 기본 권리예요.

• 농성: 어떤 목적을 이루기 위해 한자리에 계속 머물면서 시위를 하는 것을 뜻해요.

#기본권 #헌법 #톨레랑스

촛불 집회가 열린 서울 광화문 일대의 모습(박찬희 촬영)

2016년 10월, 박근혜 대통령의 국정 농단 사실이 드러나자 분노한 국민들은 거리로 나와 대규모 집회를 열었어요. 서울 광화문 광장을 비롯해 전국 곳곳의 광장에 모인 사람들은 헌법을 위배한 대통령의 탄핵을 외치며 행진하고, 촛불을 들었어요. 2016년 10월 29일 열린 첫 촛불 집회에는 약 3만 명이 모였고, 2017년 4월 29일까지 총 23차례에 걸쳐 1,689만 명에 달하는 사람들이 모였어요. 그 결과 박근혜 대통령은 탄핵되었고, 대한민국 역사상 최초로 대통령직에서 파면되었어요. 집회를 통해 국민들이 직접 목소리를 높이고, 민주주의를 이뤄 낸 것이에요.

집회가 열리면 참가자들은 통행을 방해하는 등 작은 불편을 끼치게 돼요. 그렇더라도 꼭 하고 싶은 말이 있기 때문에 집회를 열지요. 집회에 대한 자유를 보장하는 헌법 조항을 살펴볼까요?

대한민국 헌법 제21조 1항
모든 국민은 언론·출판의 자유와 집회·결사의 자유를 가진다.

 **톨레랑스**

톨레랑스tolerance는 프랑스어로 관용이라는 뜻의 단어인데, 실제로는 좀 더 넓은 의미로 쓰인다. '견디다, 참아 내다'라는 뜻의 라틴어에서 파생된 단어인 만큼, 자연스러운 본능으로 받아들일 수 없는 면을 받아들이는 미덕을 뜻한다. 나와 다른 생각, 행동, 종교를 배척하지 않고 이해하고, 용인하고, 인정하는 태도인 톨레랑스 정신은 프랑스인들이 가장 중요하게 생각하는 덕목 중 하나다.

사회 5-1 — 2. 인권 존중과 정의로운 사회 — 3) 헌법과 인권 보장

#헌법

헌법은 그냥 법과 무엇이 다른가요?

30초 해결사

헌법은 국가의 기본 원칙, 기본 질서로, 국가의 뼈대를 이루는 법이에요. 국민의 기본적인 인권을 보장하고 국가의 정치 조직 구성 원칙을 규정하는 법으로, 우리나라 법 체계에서 가장 높은 권위를 지니지요.

- 헌법의 헌憲은 '법'을 뜻하는 한자인데, 잘 살펴보면 '해로울 해害', '눈 목目', '마음 심心'으로 이루어진 것을 알 수 있어요. 그 누구도 사회 구성원에게 해로운 일을 하지 못하도록 철저히 감시한다는 의미를 지니고 있어요.

#홍범 14조   #개헌

헌법에는 국가의 원리와 이념이 반영되어 있으므로, 헌법을 살펴보면 그 나라를 알 수 있어요. 대통령이 속해 있는 행정부와 법을 만드는 입법부, 법을 적용하는 사법부 등 우리나라의 기본적인 정치 조직과 그 역할은 모두 헌법에 규정되어 있어요. 그리고 모든 법률도 헌법을 바탕으로 만들어진답니다.

헌법은 한번 정해지면 영원히 바꿀 수 없는 것이 아니에요. 지금의 헌법은 무수히 많은 사람들의 논의와 토론, 때로는 피나는 투쟁을 거쳐 만들어졌고, 지금 이 순간에도 새로 해석되고 있어요. 헌법을 고치는 것을 '개헌'이라고 해요. 가장 최근의 개헌은 1987년에 수정된 제9차 개헌으로, 이때 대통령 직선제와 5년 단임제가 정해졌지요.

헌법 전문前文의 일부를 살펴볼까요?

> "유구한 역사와 전통에 빛나는 우리 대한민국은 3·1 운동으로 건립된 대한민국 임시 정부의 법통과 불의에 항거한 4·19 민주 이념을 계승하고, 조국의 민주개혁과 평화적 통일의 사명에 입각하여 정의, 인도와 동포애로써 민족의 단결을 공고히 하고, (…) 안으로는 국민의 생활의 균등한 향상을 기하고 밖으로는 항구적인 세계 평화와 인류 공영에 이바지함으로써 우리들과 우리들의 자손의 안전과 자유와 행복을 영원히 확보할 것을 다짐하면서 1948년 7월 12일에 제정되고 8차에 거쳐 개정된 헌법을 이제 국회의 의결을 거쳐 국민 투표에 의하여 개정한다."
>
> 1987년 10월 29일

우리나라 헌법의 역사

우리나라 최초의 근대적 헌법은 1895년에 만들어진 '홍범 14조'다. 1894년 갑오개혁을 단행한 개화파는 개혁을 제도화하기 위해 홍범 14조를 정해 선포했다. 홍범 14조에는 근대적인 내각 제도의 도입, 지방 제도 개편, 국민의 생명과 재산권에 대한 보호, 능력에 따른 인재 등용 등의 내용이 담겨 있었다. 일제 침략 이후 1919년 상하이에서는 대한민국 임시 정부가 수립되면서 '임시 헌장 10개조'를 정해 임시 정부의 첫 헌법으로 삼았다. 이 헌장을 바탕으로 같은 해 9월 11일 '대한민국 임시 헌법'이 만들어졌는데, 우리나라 헌법 역사상 최초로 '대통령제'를 채택한 헌법이었다. 오늘날 시행되고 있는 헌법은 1948년 7월 17일 제헌 국회에서 제정한 '제헌 헌법'이다. 제헌 헌법은 제정 이후 9차례에 걸쳐 개헌되었다.

사회 5-1 | 2. 인권 존중과 정의로운 사회 | 3) 헌법과 인권 보장

#준법정신

소크라테스는 '악법도 법이다'라고 말한 적이 없다면서요?

30초 해결사

소크라테스가 죽기 전 마지막으로 "악법도 법이다!"라고 말했다는 이야기가 유명하지요. 하지만 소크라테스는 실제로 그런 말을 한 적이 없답니다. 소크라테스의 제자인 플라톤의 기록에 따르면, "결코 정의롭지 못한 짓을 해서는 안 되네. 정의롭지 못한 일을 당하더라도, 보복으로 정의롭지 못한 일을 해서도 안 되네"라는 말을 했다고 해요. 이 말이 잘못 전해졌을 확률이 높아요.

• 소크라테스: 기원전 469년에 태어난 고대 그리스의 철학자예요.

#소크라테스　#호주제 폐지　#시민 불복종 운동　#개헌

사회의 구성원이 법을 지킬 때 사회가 유지될 수 있어요. 이런 정신을 준법정신이라고 해요. 그렇지만 준법정신은 정당한 법 집행을 전제로 했을 때 의미가 있어요. 불합리하고 잘못된 법이 있다면, 그대로 따르는 것이 아니라 사회적 논의를 거쳐 바꿔 가야 해요.

사회적 논의를 거쳐 바뀌거나 없어진 법들 중 하나인 '호주제'를 살펴볼까요? 호주제란 호주를 중심으로 가족 구성원들의 출생, 혼인, 사망 등을 기록하는 제도예요. 그런데 호주가 부계 혈통을 바탕으로 하고 있다는 점에서 논란이 되었어요. 결혼을 하면 아내는 아버지 아래에 있던 호적을 남편의 호적 아래로 옮겨야 했는데, 이는 여자가 아버지에 종속되어 있다가 결혼 후에는 남편에 종속된다는 의미를 담고 있어요. 또 아들이 어머니보다, 손자가 할머니보다 호주 승계 순위가 앞서는 바람에 성차별적인 법이라는 비판을 받았어요. 호주제는 점점 늘어나는 이혼 가정이나 재혼 가정, 한 부모 가정 등 다양한 가족 형태를 반영하지 못한다는 문제점도 있었어요. 이런 이유로 2005년 호주제가 마침내 폐지되고, 대신 개인별로 가족 관계의 발생 및 변동 사항을 등록하는 가족 관계 등록 제도가 시행되었어요. 그와 함께 자녀가 무조건 아버지의 성을 따르는 것이 아니라, 어머니의 성을 따를 수도 있게 되었지요.

이처럼 법은 시대정신에 따라 계속 바뀔 수 있답니다.

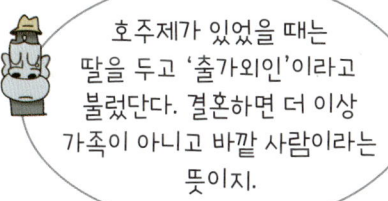

간디의 '소금 행진'과 시민 불복종 운동

인도가 영국의 지배를 받던 17~18세기 무렵, 영국은 인도 사람들이 마음대로 소금을 만들거나 팔지 못하게 하는 법을 만들었다. 그리고 소금에 엄청난 세금을 붙여 인도에 되팔았다. 이 법 때문에 인도 사람들은 직접 소금을 만들 수 없었고, 억지로 비싼 소금을 구매해야 했다. 인도의 독립 운동가 마하트마 간디는 이 소금법이 잘못되었다고 판단하여 1930년, '소금 행진'을 시작했다. 소금 행진 대열이 전국으로 퍼져 나가면서 인도 독립의 근간이 다져졌다.

이처럼 국민 대다수가 국가의 정책이나 법률이 잘못되었다고 판단하여 공개적으로 법을 거부하거나 위반하는 행동을 '시민 불복종 운동'이라고 한다. 시민 불복종 운동은 그 목적이 정당해야 하고, 비폭력적이어야 하며, 최후의 수단이어야 하고, 개인의 이익이 아닌 공공의 이익을 위해 진행되어야 한다는 조건이 있다.

사회 5-1 | 2. 인권 존중과 정의로운 사회 | 3) 헌법과 인권 보장

#헌법 재판소

법이 잘못된 경우 어떻게 해야 하나요?

30초 해결사

어떤 법이 부당하거나 불필요할 경우, 헌법 재판소에서 재판을 통해 해당 법이 위헌인지 아닌지를 판결해요. 헌법 재판소는 헌법 재판을 전담하는 최고 법원이에요. 국가가 헌법에서 보장하고 있는 국민의 기본적인 권리를 침해하거나, 어떤 법이 헌법과 어긋날 경우 이를 판단해서 국민이 억울한 피해를 입지 않도록 하는 기관이지요.

• 위헌: 어떤 법령이 헌법에 어긋나므로 해당 법을 무효로 한다는 뜻이에요.

#헌법 #위헌 #개헌

헌법 재판소는 추상적인 헌법을 구체화하고 현실에 적용하는 과정에서 헌법의 진정한 의미를 밝히고 헌법을 수호해야 하는 현실적인 필요성을 보여 주는 기관이에요. 헌법 재판소는 입법부, 사법부, 행정부 중 어디에도 속해 있지 않고, 독립적인 지위를 가져요.

헌법 재판소가 하는 일은 크게 5가지예요. 하나씩 살펴볼까요?

① 법률이 헌법에 위배되지 않는지 심판해요.
② 행정부의 고위 공직자나 법관 등이 위헌이나 위법 행위를 했을 때 탄핵 여부를 심판해요.
③ 어떤 정당의 활동이 민주적 기본 질서에 위배될 경우 해산시킬 수 있어요.
④ 국가 기관이나 지방 자치 단체 사이에 분쟁이 있을 때 이를 심사해요.
⑤ 공권력이 국민의 기본권을 침해했을 경우 헌법에 위배되는지 심사해요.

대표적인 위헌 사례로는 1997년 위헌 판결이 난 동성동본 결혼 금지법이 있어요. 이 법에 따르면 본적과 성씨가 같은 남녀는 결혼을 할 수 없었어요. 그러나 시대가 변하면서 많은 사회적 변화가 생겨났고, 헌법 재판소는 동성동본 결혼 금지법이 '인간으로서의 존엄과 가치 및 행복 추구권' 및 '개인의 존엄과 양성의 평등'이라는 헌법 가치를 위배한다고 판단하여 위헌 판결을 내렸어요.

헌법 재판소의 판결에 따라 대통령이 강제로 물러나기도 해요. 2017년 3월 10일, 헌법 재판소는 우리나라 헌정사 최초로 대통령에 대해 탄핵을 결정했어요. 박근혜 전 대통령은 국민의 투표로 선출되지 않은 이들이 대통령의 권한을 행사할 수 있게 하여 사적인 이익을 추구했어요. 헌법 재판소는 이러한 행위를 국민의 신임을 배반한 중대한 헌법 위배 행위로 보고, 헌법 수호의 관점에서 용납할 수 없다고 판단하여 탄핵 판결을 내렸지요.

개념연결 헌법 재판소와 대법원의 역할

헌법 재판소는 헌법 재판을 담당하고, 대법원은 법률 재판을 담당한다. 법원은 법률을 잣대로 재판을 통해 판결을 내리고, 헌법 재판소는 판결의 근거가 되는 법률을 헌법에 비추어 혹시 어긋나지는 않는지 판단하여 결정을 내린다. 헌법 재판소와 대법원은 상호 보완적으로 국민의 기본권과 권리를 보호하는 셈이다.

사회 5-1 — 2. 인권 존중과 정의로운 사회 — 3) 헌법과 인권 보장
사회 6-1 — 2. 통일 한국의 미래와 지구촌의 평화 — 3) 지속 가능한 지구촌

#난민

국민은 아는데 난민은 무엇인가요?

30초 해결사

난민은 전쟁, 테러, 박해 등을 피해 다른 나라로 탈출한 사람들이에요. 인종, 종교, 민족, 신분, 정치적 의견 등을 이유로 박해받을 우려가 있어 국경을 넘은 사람이나, 자국의 분쟁과 폭력 사태로 인해 자국의 보호를 기대할 수 없어 고국을 떠난 사람들을 모두 난민이라고 하지요. 따라서 다른 나라에서 이들을 받아 주지 않으면 목숨이 위험한 경우도 있어요.

#지구촌   #유엔 난민 기구   #인권

2015년 그리스 레스보스섬에 도착한 시리아, 이라크 난민들의 모습
(출처: wikimedia commons)

2015년 그리스 레스보스섬 해안가에 사람을 가득 태운 보트가 상륙했어요. 오랜 내전을 견디다 못해 떠나온 시리아 난민들이었지요. 2015년 한 해 동안 100만 명이 넘는 시리아 난민이 보트를 타고 지중해를 건너거나 육로를 따라 유럽으로 향했어요. 그 길에서 수많은 사람이 목숨을 잃었지요.

전쟁은 지금도 곳곳에서 벌어지고 있어요. 아프리카와 중동 등지에서는 내전과 정치적 박해를 피해 목숨을 걸고 탈출을 시도하는 난민이 점점 늘고 있어요. 유엔 난민 기구(UNHCR)가 2022년 6월 발표한 내용에 따르면 전 세계 난민이 1억 명을 넘어섰다고 해요. 전 세계 인구 80명 중 한 명은 난민인 셈이에요. 식량 부족과 기아, 기후 변화 등으로 난민은 앞으로 더욱 늘어날 것으로 전망되고 있어요.

우리나라는 1992년 난민 협약에 가입하고 난민법을 제정했지만 아직 사회에 난민을 받아들일 준비는 잘 되어 있지 않아요. 이 문제를 해결하기 위해서는 제도를 보완하고, 국민의 부정적인 인식을 바꾸기 위해 노력해야 해요.

난민 문제는 어떤 한 국가의 노력만으로는 해결할 수 없어요. 전 세계 정부들과 국제 기구, 기업을 비롯한 여러 주체가 함께 책임을 지고 노력해야 하는 일이에요. 무엇보다 난민이 발생하지 않도록, 국제 사회의 분쟁을 막고 기아 문제와 기후 위기를 해결해 나가기 위해 힘을 합쳐야 해요.

 **189개국 중 139위?**

유엔 난민 기구UNHCR에 따르면 2017년 우리나라 인구 만 명당 난민 수용 인원은 0.04명으로, 이는 전 세계 모든 난민 수용국 중 139위에 해당하는 수치다. 우리나라는 1992년 유엔 난민 협약에 가입했지만 그로부터 10년이 흐른 2001년이 되어서야 최초의 난민 인정자가 나왔다. 현재까지도 우리나라의 난민 인정률은 1퍼센트대에 불과하다.

사회 5-1 | 2. 인권 존중과 정의로운 사회 | 3) 헌법과 인권 보장

#행복 추구권

행복도 권리라고요?

30초 해결사

우리나라 헌법 제10조를 보면 "모든 국민은 인간으로서의 존엄과 가치를 가지며, 행복을 추구할 권리를 가진다"라고 되어 있어요. 인간다운 삶은 행복을 추구하는 과정에서 이루어 나갈 수 있다는 생각에서 나온 조항이지요. 행복 추구권에서 말하는 행복에는 물질적인 요소뿐만 아니라 정신적인 만족이 모두 포함돼요.

#천부 인권 #자연권 #기본권 #미국 독립 선언문

여러분은 행복이 무엇이라고 생각하나요? 저마다 행복을 느끼는 상황은 다를 수 있지만, 누구나 행복을 추구할 권리가 있어요. 이것을 헌법에 명시한 것이 행복 추구권이에요.

모든 사람은 누구에게도 넘길 수 없고, 빼앗길 수 없는 권리를 가지고 태어나요. 이를 천부 인권 또는 자연권이라고 해요. 자연권에는 국가가 보장하는 기본권을 포함해 인간의 본성이 추구하는 가치까지 모두 포함돼요. 자연권은 시간과 장소를 초월해 누구나 보장받아야 하는 보편적인 권리예요. 행복 추구권은 자연권에 포함되지요.

천부 인권이 처음 선포된 것은 1776년 미국 독립 선언문을 통해서였어요. 당시 영국의 식민지였던 미국은 1775년에서 1783년까지 영국을 상대로 독립 전쟁을 벌였어요. 미국 13개 주의 대표가 모여 독립 선언문을 발표했는데, 그중 다음과 같은 내용이 있었어요.

> 우리는 다음과 같은 진리를 당연한 것으로 받아들인다. 즉, 모든 사람은 평등하게 태어났고, 창조주는 몇 개의 양도할 수 없는 권리를 부여했으며, 그 권리 중에는 생명과 자유와 행복의 추구가 있다.

우리나라는 1980년 헌법을 개정하면서 행복 추구권을 규정했어요. 행복 추구권은 국민이 행복을 추구하기 위한 활동을 할 때 국가 권력의 간섭 없이 자유로울 권리가 있다는 뜻이에요. 이때 중요한 것은, 헌법 질서나 도덕률을 위반하지 않아야 하고 타인의 행복 추구권을 방해하지 않아야 한다는 점이랍니다.

개념연결 기본권은 뭐고 자연권은 뭐야?

기본권은 헌법으로 보장되는 국민의 기본적인 권리다. 모든 인간이 태어남과 동시에 반드시 보장받아야 하는 권리가 자연권, 이 자연권을 헌법에서 실제로 보장한 것이 기본권이다. 우리나라 헌법이 보장하는 기본권은 아래와 같다.

- 평등권: 부당하게 차별받지 않고 법을 공평하게 적용받을 권리
- 자유권: 자유롭게 생각하고 행동할 수 있는 권리
- 참정권: 국가의 정치에 참여할 수 있는 권리
- 청구권: 기본권이 침해되었거나 침해될 위험이 있을 때 국가에 기본권 보장을 요구할 수 있는 권리
- 사회권: 인간답게 살 수 있도록 국가에 요구할 수 있는 권리

사회 5-1 — 2. 인권 존중과 정의로운 사회 — 3) 헌법과 인권 보장
사회 6-2 — 2. 통일 한국의 미래와 지구촌의 평화 — 3) 지속 가능한 지구촌

#권리 주체

강이 사람처럼 권리를 가질 수도 있다고요?

30초 해결사

2017년 뉴질랜드는 세계 최초로 강에게 법적 권리를 부여했어요. 자연물 중 최초로 사람과 같은 법적 권리를 인정받은 왕거누이강은 뉴질랜드 원주민인 마오리족이 신성시하는 강이에요. 마오리족은 왕거누이강을 자신의 조상으로 인정받기 위해 160여 년간 분투해 왔어요. 뉴질랜드 정부는 왕거누이강을 보호하고, 마오리족과 왕거누이강의 깊은 유대를 반영해 이와 같은 법안을 만들었다고 발표했어요.

#왕거누이강 #동물권

모든 인간은 태어나면서부터 권리를 부여받아요. 이를 천부 인권이라 하지요. 그렇다면 동물은 어떨까요?

1978년, 유네스코는 파리 유네스코 본부에서 '세계 동물 권리 선언'을 발표했어요. 이 선언에는 생명을 가진 모든 종이 동등한 기본권을 가지며, 인간 또한 동물의 한 종으로서 다른 동물을 멸종시키거나 비윤리적으로 착취하는 등 다른 동물의 권리를 침해해서는 안 된다는 내용이 담겼어요.

동물의 생명도 사람만큼 중요하다는 말은 무척 당연하게 들려요. 하지만 현실에서 동물권을 지키려면 부단한 노력이 필요해요. 재미있는 사례를 살펴볼까요? 2006년, 우리나라 경상남도 양산시에 있는 천성산의 도롱뇽이 소송을 제기한 일이 있어요. 도롱뇽이 어떻게 소송을 제기했을까요? 사실은 천성산 화엄사의 지율 스님 등 천성산을 관통하는 터널 공사에 반대하는 사람들이 도롱뇽을 원고로 세워 소송을 제기한 것이었어요. 터널 공사를 할 경우 천성산 도롱뇽이 서식하는 화엄늪이 훼손될 가능성이 있다고 생각했지요. 그러나 당시 재판부는 자연물인 도롱뇽이 소송의 당사자가 될 수 없다고 판단하여 소송을 기각했어요.

한편 2014년 아르헨티나에서는 역사적인 재판이 열렸어요. 평생을 부에노스아이레스 동물원의 좁은 우리에 갇혀 지내던 오랑우탄 산드라를 대신해 동물 보호 단체가 소송을 제기한 것이었지요. 아르헨티나 법원은 산드라가 '비인간 인격체'로서 더 나은 환경에서 살 권리가 있다고 판단하고, 산드라의 손을 들어 주었어요.

여러분은 어떻게 생각하나요? 동물을 비롯한 자연물이 권리를 가질 수 있을까요? 만약 동물이 직접 소송을 할 수 있다면 우리 사회에는 어떤 변화가 생길까요?

동물권과 헌법

독일은 2002년 세계 최초로 동물에게 헌법상 권리를 부여했다. 헌법에 "국가는 자연적 생활 기반과 동물을 보호한다"라고 명시한 것이다. 또 인도의 헌법 21조에는 이런 내용이 있다. "인간의 권리를 보호하면서 생명을 보호해야 한다." 이때 생명에는 동물이 포함된다. 이 밖에 브라질, 룩셈부르크, 오스트리아, 이집트 등의 국가들도 동물 보호와 관련된 내용을 헌법에서 규정하고 있다. 한편 에콰도르는 동물권에서 더 나아가 강이나 나무 등의 자연물이 살아갈 권리까지 함께 헌법에서 인정하고 있다.

사회 5-1 — 2. 인권 존중과 정의로운 사회 — 3) 헌법과 인권 보장
사회 6-2 — 2. 통일 한국의 미래와 지구촌의 평화 — 2) 지구촌의 평화와 발전

#권리의 한계

안전하지 않은 나라에는 왜 내 마음대로 갈 수 없어요?

저렇게 위험한 곳에 가는데, 국가가 말려야 하는 거 아냐?

가고 싶은 곳에 갈 권리도 있지 않을까?

권리에도 한계가 있단다.

30초 해결사

우리나라 외교부는 테러 위험 등의 이유에서 특정한 나라 몇 군데로의 출국을 금지하고 있어요. 국가는 국민의 생명과 신체, 그리고 재산을 보호할 의무가 있기 때문이에요. 비록 거주·이전의 자유는 일부 제한되지만, 국가가 국민을 보호할 의무가 더 크다고 본 것이지요. 이렇게 상황에 따라 국민의 기본적인 권리라도 제한이 될 수 있어요.

#기본권 #헌법 재판소

자동차나 비행기, 고속버스 등을 탈 때 좌석 안전띠를 꼭 착용해야 한다는 사실을 알고 있나요? 좌석 안전띠를 착용하면 운전자와 동승자의 사망률을 낮출 수 있어요. 우리나라는 1990년대부터 좌석 안전띠 착용을 의무화했어요. 이때는 차량 운전자와 앞 좌석 동승자가 좌석 안전띠를 하지 않으면 범칙금을 내야 했어요. 2018년에는 뒷좌석 탑승자까지 전 좌석 안전띠 착용이 의무화되었지요.

2002년, 한 운전자는 좌석 안전띠를 착용하지 않을 권리를 주장하며 헌법 재판소에 심판을 청구했어요. 개인이 좌석 안전띠를 착용하지 않을 경우, 본인에게 위험할지언정 다른 사람에게 피해를 입히는 것은 아니기 때문에 좌석 안전띠를 착용하고 말고는 오롯이 개인의 자유라는 주장이었어요.

이 주장에 대해 헌법 재판소는 어떤 판단을 내렸을까요? 헌법 재판소는 좌석 안전띠 착용을 통해 얻는 공공의 이익이 개인의 불편함보다 훨씬 크다고 봤어요. 안전띠를 착용함으로써 교통사고로부터 국민의 생명을 지키고 이로 인해 발생할 사회적 비용을 줄일 수 있는 데 비해 운전자는 그저 약간의 답답함만 참으면 되므로 특별히 자유권을 침해했다고 볼 수 없다는 것이었지요. 또 도로는 국가와 지방 자치 단체가 관리하는 공공의 영역이며, 수많은 운전자와 보행자가 이용하는 구역이므로 자동차를 운전하는 것이 오로지 개인의 영역이라고 보기는 힘들다고 판단했어요.

이처럼 개인의 자유에도 상황에 따라 한계가 있어요. 여러분은 이런 판결에 대해 어떻게 생각하나요?

기본권 한계 정당성 판단 방법

우리나라 헌법은 국민의 기본권을 제한하는 법률을 정당화하려면 다음 4가지 조건을 충족해야 한다고 규정하고 있다.

① 목적의 정당성: 이 법률이 정당한 목적으로 만들어졌는지를 판단한다.
② 방법의 적절성: 이 법률을 통해 목적을 적절하게 달성할 수 있는지를 판단한다.
③ 피해의 최소성: 목적을 달성하기 위한 여러 방법 중 이러한 제한이 국민의 기본권 침해를 최소화하는 방법인지를 판단한다.
④ 법적 이익의 균형성: 입법을 통해 보호하려는 공익과 침해되는 개인의 권리를 비교했을 때 어떤 것이 더 중요한지를 판단한다.

사회 5-1 | 2. 인권 존중과 정의로운 사회 | 3) 헌법과 인권 보장

#권리의 충돌

담배를 피울 권리와 담배 냄새를 맡지 않을 권리 중 어느 것을 우선해야 하나요?

30초 해결사

우리나라의 공중 이용 시설은 대부분 금연 구역이에요. 이에 대해 흡연자들이 흡연권을 주장하자 헌법 재판소는 자유롭게 흡연할 권리보다 흡연으로부터 자유로울 권리가 더 우선한다는 판결을 내렸어요. 이처럼 두 가지 이상의 권리가 충돌할 때는 헌법 재판소가 헌법을 기준으로 여러 조건을 살펴서 어떤 권리가 우선하는지를 결정해요.

• 혐연권: '혐'은 '혐오하다'라는 뜻이에요. 담배 연기를 거부할 권리를 뜻해요.

#흡연권 #혐연권 #헌법 재판소 #생명권 #사형 제도

2004년 8월, 몇몇 흡연자들이 공중 이용 시설을 금연 구역으로 지정하는 법이 헌법에서 보장하고 있는 행복 추구권, 신체의 자유, 사생활의 자유 등 국민의 기본권을 침해한다며 헌법 재판소에 소송을 제기했어요. 헌법 재판소는 담배를 피울 권리와 담배로부터 자유로울 권리 중 어느 것을 더 우선할지 판결을 내려야 했어요.

헌법 재판소는 각각의 권리가 상대의 어떤 권리를 침해하는지 살펴보았어요. 먼저 담배를 피울 권리를 두고, 모든 인간은 인간으로서의 존엄과 가치를 실현하고 행복을 추구하기 위해 누구나 자유롭게 의사 결정을 내릴 수 있다고 인정했어요. 그러나 이는 담배로부터 자유로울 권리도 마찬가지였어요.

헌법 재판소는 담배로부터 자유로울 권리가 침해되는 경우는 사생활의 자유뿐만 아니라 생명권과도 연관이 있으므로 이를 더 우선해야 한다고 판단했어요. 또 흡연은 흡연자 본인을 포함한 국민의 건강을 해치고, 공기를 오염시켜 환경을 해치므로 이를 제한할 수 있다고 보았어요. 게다가 금연 구역으로 지정된 공중 이용 시설 중에는 담배로 인해 큰 피해를 입을 수 있는 어린이와 청소년 들이 주로 이용하는 보육 시설과 학교, 또 치료를 위해 절대적인 안정과 건강한 환경이 필요한 의료 기관 등이 포함되어 있다는 점을 고려해야 한다고 보았지요.

위와 같은 이유로 헌법 재판소는 담배를 피울 권리는 담배로부터 자유로울 권리를 침해하지 않는 한에서만 인정될 수 있고, 공중 이용 시설을 금연 구역으로 정하는 것이 위헌이 아니라는 최종 판결을 내렸어요.

여러분은 어떻게 생각하나요? 담배를 피울 권리와 담배로부터 자유로울 권리 중 어느 권리가 더 중요할까요? 또, 이렇게 권리가 충돌할 때는 어떻게 판단을 내리는 것이 현명할까요?

개념 연결 생명권과 사형 제도

우리나라는 아직 사형 제도가 폐지되지 않은 국가 중 하나이지만, 20년 이상 사형이 집행되지 않아 사실상 사형 폐지국에 가깝다. 그러나 아직 제도가 법에 남아 있기 때문에 사형 제도의 위헌 여부를 가리려는 공방이 치열하다. 사형 제도가 위헌이라고 주장하는 근거는 뚜렷하다. 기본권 중의 기본권이라고 할 수 있는 생명권을 침해하기 때문이다. 사형 제도의 폐지를 반대하는 쪽에서는 공공의 이익을 위해서는 생명권을 제한할 수 있다고 주장한다.

한편 우리나라의 국가 인권 위원회, 유엔 자유권 규약 위원회 등 국제 사회는 지속적으로 우리나라에서 사형 제도를 폐지할 것을 권고하고 있다.

사회 5-1 | 2. 인권 존중과 정의로운 사회 | 3) 헌법과 인권 보장

#국민의 의무

교육이 의무라고요?

30초 해결사

"모든 국민은 능력에 따라 균등하게 교육받을 권리를 가진다." 헌법에서는 이와 같이 교육받을 권리를 규정하고 있어요. 또, "모든 국민은 그 보호하는 자녀에게 적어도 초등 교육과 법률이 정하는 교육을 받게 할 의무를 진다"라는 규정으로 보호자에게 교육의 의무를 지게 해요. 즉, 교육의 의무는 여러분이 아니라 여러분의 보호자가 지는 것이랍니다.

#교육의 의무   #근로의 의무   #납세의 의무   #국방의 의무
#공공복리에 적합한 재산권 행사의 의무   #환경 보전의 의무

헌법은 국가를 유지하고 발전시키기 위해 우리나라 국민이라면 누구나 지켜야 하는 6대 의무를 규정하고 있어요.

- 교육의 의무: 모든 국민은 보호하는 자녀에게 적어도 초등 교육과 법률이 정하는 교육을 받게 할 의무가 있다.
- 근로의 의무: 모든 국민은 개인과 나라의 발전을 위해 일해야 할 의무가 있다.
- 납세의 의무: 모든 국민은 세금을 낼 의무가 있다.
- 국방의 의무: 모든 국민은 자신의 가족과 국민 모두의 안전을 위해 나라를 지킬 의무가 있다.
- 공공복리에 적합한 재산권 행사의 의무: 모든 국민은 재산에 대한 권리를 행사할 때 공공복리에 적합하도록 행사해야 할 의무가 있다.
- 환경 보전의 의무: 국가와 모든 국민은 환경 보전을 위해 노력할 의무가 있다.

국민의 의무는 국민의 권리와 밀접한 관련이 있어요. 예를 들어, 국민은 근로할 의무가 있지만 동시에 근로할 권리가 있기도 해요. 이 권리를 보장하기 위해 국가는 국민이 바람직한 환경에서 적정한 임금을 받을 수 있도록 노력해야 해요. 또, 국민은 세금을 낼 의무가 있지만 그렇게 걷은 세금으로 모든 국민이 인간다운 생활을 할 수 있도록 하는 것은 국가의 의무랍니다. 이를 위해 국가는 사회 복지를 늘리고, 재해를 예방하는 등 국민을 보호하기 위한 여러 제도를 마련하지요.

병역의 의무와 기본권

병역의 의무는 국방의 의무에 포함되는 의무로, 헌법에 따르면 대한민국의 국민인 남성은 법이 정하는 기간 동안 병역을 성실히 수행할 의무가 있다. 그런데 병역의 의무를 수행하는 동안 열악한 환경 속에서 가혹 행위에 노출되거나, 외출과 소통이 제한되는 등 국민 기본권을 크게 침해받는다는 목소리가 높아지고 있다. 또 최저 임금에 못 미치는 군인 월급도 문제로 제기되고 있다. 이러한 문제를 보완하기 위한 제도의 개선이 필요하다.

사회 5-1 | 2. 인권 존중과 정의로운 사회 | 3) 헌법과 인권 보장

#자유권

영화를 보면 형사들이 범인을 체포할 때 늘 하는 말이 있던데요?

30초 해결사

"당신을 현 시각부로 ○○법 위반 혐의로 체포합니다. 당신은 묵비권을 행사할 권리가 있고, 당신이 하는 말은 재판에서 당신에게 불리한 증거가 될 수 있습니다. 당신은 변호사를 선임할 권리가 있습니다. 만약 변호사를 선임할 수 없다면 국선 변호인이 선임될 것입니다."

미란다 원칙은 체포된 사람의 권리를 보호하는 안전장치예요. 우리나라의 경우, 어떠한 상황에서도 피의자를 체포할 때 반드시 미란다 원칙을 고지하도록 되어 있어요.

#미란다 원칙 #묵비권 #신체의 자유 #표현의 자유

자유권은 국가 권력으로부터 개인의 자유를 보장하는 권리예요. 개인의 자유로운 생활에 대해 국가가 함부로 간섭, 침해하지 못하도록 하는 것이지요.

우리나라 헌법은 신체의 자유, 거주·이전의 자유, 직업 선택의 자유, 주거의 자유, 사생활의 비밀과 자유, 통신의 비밀과 자유, 양심의 자유, 종교의 자유, 언론·출판의 자유, 집회·결사의 자유, 학문과 예술의 자유 등을 보장하고 있어요.

미란다 원칙은 신체의 자유와 관련이 있는 법이에요. 미란다 원칙의 유래는 1963년 미국 애리조나주로 거슬러 올라가요. 범죄를 저질러 체포된 에르네스토 미란다는 변호사를 선임하지 못한 상태에서 조사를 받았어요. 처음에는 무죄를 주장했던 미란다는 두 시간가량의 심문 후 범행을 인정했어요. 그러나 이후 미란다는 불리한 증언을 하지 않아도 될 권리와 변호사의 도움을 받을 권리 등 자신의 정당한 권리를 침해당했으므로 자백서가 무효임을 주장했어요. 미국 연방 대법원은 미란다의 손을 들어 주었고, 소송은 기각되었지요. 이 사건을 계기로 '미란다 원칙'이 만들어졌어요. 피의자를 체포할 때는 반드시 피의자의 권리를 고지해 주는 법이지요.

그러니 영화나 드라마에서 매번 같은 대사가 등장하는 것도 당연해요. 현실의 경찰과 검찰도 같은 대사를 읊고 있을 테니까요!

> 묵비권은 피고인 또는 피의자가 수사 기관의 조사를 받을 때 진술을 거부할 권리를 말해.

 표현의 자유

우리나라 헌법 제21조는 언론·출판의 자유와 집회·결사의 자유를 규정하고 있다. 이는 곧 표현의 자유를 뜻한다. 누구든 자신의 생각을 다른 사람에게 알릴 수 있고, 또 비슷한 생각을 가진 사람들을 모을 수 있다. 표현의 자유에는 국민이 표현하는 것뿐만 아니라 국민의 알 권리, 언론 접근권, 정보 공개 청구권 등 적극적으로 국민이 정보를 청구할 자유도 포함된다.

단, 표현의 자유에도 한계는 있다. 다른 사람의 명예나 권리를 침해해서는 안 된다. 또, 공중도덕과 사회 윤리를 침해하는 것도 안 된다.

사회 5-1 | 2. 인권 존중과 정의로운 사회 | 3) 헌법과 인권 보장

#무죄 추정의 원칙

왜 뉴스에서는 범죄자들이 얼굴을 가리고 나오나요?

30초 해결사

우리나라는 2005년부터 범죄자의 얼굴을 뉴스에서 공개하지 않고 있어요. 최종적으로 유죄 확정이 되기 전까지는 무죄인 것으로 보기 때문이에요. 이를 '무죄 추정의 원칙'이라고 해요. 또, 얼굴이 공개되면 범죄자뿐만 아니라 범죄자와 관련 있는 사람들까지 증오 범죄 등에 노출될 수 있다는 문제가 있어요.

#인권   #국민의 알 권리   #피의자   #피고인

무죄 추정無罪推定이란 피의자나 피고인을 사법부에서 유죄 판결을 받을 때까지는 무고한 사람으로 추정한다는 뜻이에요. 유죄 판결을 내릴 수 있는 것은 법관뿐이에요. 검사는 피의자의 유죄를 입증해야 하는 의무가 있고, 변호사는 이에 맞서 피의자의 무죄를 증명하는 사람이지요.

무죄 추정의 원칙이 생긴 것은 막강한 국가 권력으로부터 개인을 보호하기 위해서예요. 아직 유죄임이 증명되지 않았는데도 함부로 대하며 개인의 인권을 침해하는 일이 벌어지지 않도록 하기 위해서랍니다.

유죄임이 증명되었다 하더라도, 범죄자의 얼굴을 함부로 공개하는 것은 불법이에요. 개인의 인권을 침해하고, 증오 범죄에 노출될 우려가 있기 때문이에요.

현재 우리나라는 원칙적으로는 범죄자의 신상 공개를 금지하면서, 범죄자가 성인이고, 범행 수법이 잔인하거나 심각한 피해가 발생한 강력 범죄일 경우에만 예외적으로 범죄자의 얼굴 등 신상을 공개하고 있어요. 이 경우에는 국민의 알 권리와 범죄 예방 등 공익적인 목적이 더 크다고 보는 것이지요.

여러분은 어떻게 생각하나요? 범죄자의 인권과 국민의 알 권리 중 어떤 것을 더 우선해야 할까요?

> 피의자와 피고인의 차이는 뭘까? 피의자는 어떤 범죄의 혐의를 받아 수사의 대상이 되어 있는 사람이야. 피고인은 피의자의 범죄 행위가 인정되어 재판의 대상이 된 사람이란다!

> 피의자든 피고인이든 사법부에서 정식으로 유죄 판결을 받기 전까지는 무죄라는 사실, 이제 알겠지?

 **성범죄자 알림e**

우리나라는 원칙적으로는 범죄자의 신상을 공개하지 않는다. 단, 아동과 청소년을 대상으로 하는 성범죄를 저지른 경우에 한해 신상 정보를 공개하고, 범죄자가 거주하는 지역의 주민들에게 우편 등을 통해 이를 알리고 있다. 아동과 청소년 성범죄의 경우 죄질이 나쁘고, 또 피해자가 스스로 방어하는 것이 쉽지 않기 때문이다. 단, 공개한 범죄자의 신상 정보는 아동 및 청소년을 보호하기 위해 확인하는 목적으로만 사용해야 하며, 정보 통신망 등에 따로 공개하는 것은 금지되어 있다. '성범죄자 알림e' 사이트에서 우리 지역의 성범죄자에 대한 간단한 신상과 범죄 내역을 조회할 수 있다.

사회 5-1 | 2. 인권 존중과 정의로운 사회 | 3) 헌법과 인권 보장

#저작권

영화 다운로드가 불법일 수도 있다고요?

30초 해결사

상업 영화를 무료로 다운로드하고, 또 이를 공유하는 등의 행동은 저작권을 심각하게 침해하는 행위예요. 영화뿐만 아니라 음악, 소설, 그림 등을 허락 없이 함부로 내려받거나 공유하면 저작권법에 따라 처벌받을 수 있어요.

• 저작권: 시, 소설, 음악, 미술, 영화, 연극, 컴퓨터 프로그램 등과 같은 창작물에 대해 창작자가 갖는 권리를 말해요.

#저작물 #디즈니 #미키 마우스 #곰돌이 푸

그림, 음악, 책, 영화 등 우리가 평소 접하는 이 모든 것은 다 누군가 애써서 만든 창작물이에요. 따라서 그림이나 음악 등을 활용해 영상 등을 만들어 올리고 싶을 때는 꼭 저작권이 있는지, 저작권이 있다면 어떻게 사용할 수 있는지를 먼저 확인해야 해요.

우리나라의 저작권법을 살펴볼까요? 저작권은 원래 저작자가 사망한 뒤 50년까지 보호되었는데, 2013년 7월 1일 저작권법이 개정되면서 저작자가 사망한 뒤 70년까지 보호하는 것으로 바뀌었어요. 따라서 고전 음악이나 그림 등의 저작권이 유효한지 알고 싶으면 저작자의 사망 연도를 확인해 보면 된답니다. 단, 법이 개정되기 이전에 이미 저작권 보호 기간이 만료되었다면 개정된 법이 적용되지 않아요.

저작권 보호 기간과 관련해 재미있는 이야기가 있어요. 월트 디즈니가 만든 인기 있는 캐릭터 '미키 마우스'의 저작권은 누구에게 있을까요? 원래 미국의 저작권법에 따르면 미키 마우스의 저작권은 1976년에 만료가 되었어요. 미키 마우스를 포기할 수 없었던 디즈니사社는 저작권법을 개정하기 위해 발 벗고 나섰어요. 그 결과 두 차례에 걸쳐 저작권 보호 기간이 늘어났고, 미키 마우스의 저작권은 2023년까지 유효하게 되었어요.

저작권은 창작자의 권리를 인정해 줌으로써 창작자가 계속 창작 활동을 할 수 있도록 하는 동력이 돼요. 저작권이 잘 지켜져야 우리나라의 문화와 관련 산업이 건강하게 발전할 수 있어요. 건강하고 풍부한 문화를 위해 꼭 저작권법을 지켜야겠죠?

살인마가 된 곰돌이 푸

『곰돌이 푸』에 실린
E. H. 셰퍼드의 삽화

'곰돌이 푸'는 1926년 A. A. 밀른이라는 작가가 이야기를 쓰고 E. H. 셰퍼드라는 화가가 그림을 그린 동화 『곰돌이 푸』의 주인공이다. 2022년 1월 1일, 『곰돌이 푸』의 원작 동화책의 저작권이 만료되었다. 그러자 한 영화사는 곰돌이 푸가 살인마로 등장하는 섬뜩한 영화를 제작했다. 추억 속 친구 푸의 변신에 많은 사람이 충격을 받았다. 그런데 이 영화에 등장하는 곰돌이 푸는 우리가 곰돌이 푸 하면 떠올리는 빨간 옷을 입지 않는다. 빨간 옷을 입은 노란 곰돌이 푸는 디즈니사가 이 동화를 바탕으로 새롭게 만든 애니메이션 캐릭터여서 아직 저작권이 유효하기 때문이다.

사회 5-1 — 2. 인권 존중과 정의로운 사회 — 3) 헌법과 인권 보장

#사회권

햇볕을 쬘 권리가 법에 있다고요?

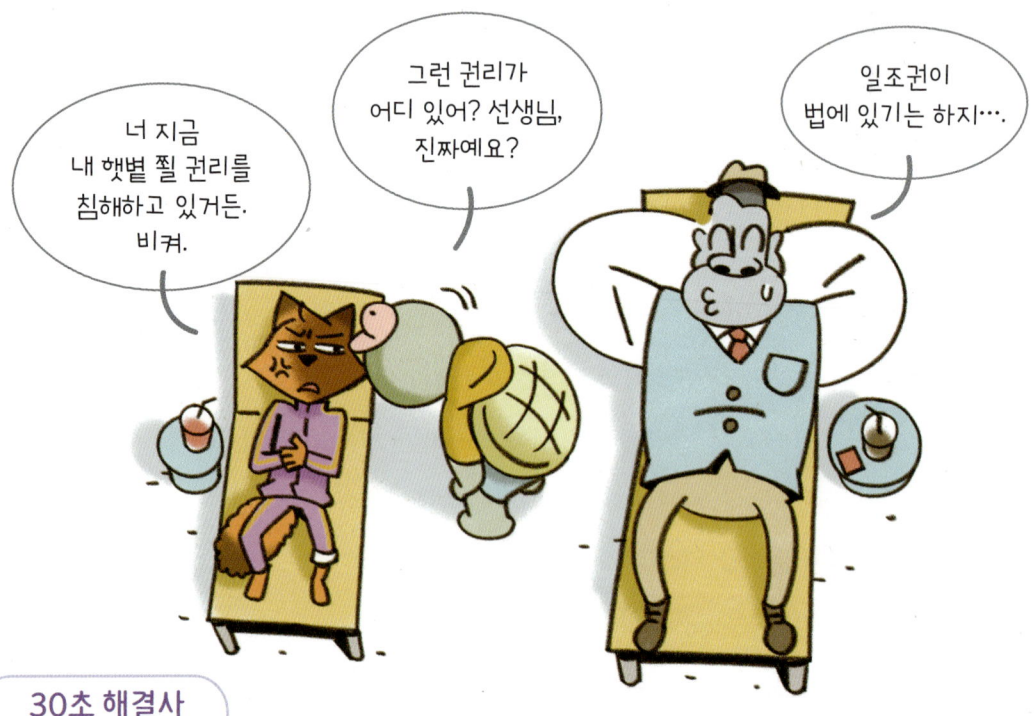

30초 해결사

우리나라에 고층 빌딩이 본격적으로 늘어나면서 다른 건물의 채광을 가리는 일이 많아지자 그만큼 분쟁도 잦아졌어요. 그래서 1970년대 건축법을 새롭게 개정하면서, 주거 지역에 지어지는 건물은 다른 건물의 일조권을 침해하지 않는 정도의 높이여야 한다는 규정을 추가했어요. 법원은 동지일 기준으로, 해가 연속하여 드는 시간이 두 시간이 되지 않고, 하루 동안 해가 드는 전체 시간이 네 시간이 되지 않는 경우 일조권이 침해되는 것으로 봐요.

#일조권   #환경권   #베버리지 보고서

사회권이란 사회 구성원들이 인간다운 생활을 보장받기 위해 필요한 적극적인 배려를 국가에 요구할 수 있는 권리예요. 경제적, 사회적 약자도 국가의 도움을 받으며 다른 구성원과 함께 더불어 살아갈 수 있도록 하는 권리랍니다. 자유권이 국가 권력으로부터의 자유를 보장하는 것이라면, 사회권은 국가의 적극적인 개입과 간섭을 요구해요. 복지 국가로 향해 갈수록 사회권의 중요성이 더욱 커지고 있어요. 사회권은 내용이 다소 추상적이고, 나라마다 필요로 하는 권리가 다를 수 있기 때문에 입법부와 행정부의 세심하고 명확한 구체화가 중요해요.

사회권은 1919년 독일의 바이마르 헌법에서 처음으로 규정되었어요. 제2차 세계 대전 이후, 이 바이마르 헌법을 기준으로 삼아 다른 나라에서도 헌법에 사회권을 규정하기 시작했어요. 국가는 각종 사회 보장 제도를 마련하여 국민을 보호하고, 근로자의 고용 증진과 적정한 임금 보장, 평생 교육과 환경 보전을 위해 노력할 의무가 있어요.

사회권에는 최소한의 인간다운 삶을 보장하는 '인간다운 생활을 할 권리', 일을 할 권리를 보장하는 '근로의 권리', 국민 누구나 능력에 따라 균등한 교육을 받을 권리를 보장하는 '교육을 받을 권리', 건강한 삶을 유지하도록 하는 '보건에 관한 권리', 건강하고 쾌적한 환경에서 생활할 권리를 보장하는 '환경권' 등이 포함돼요.

이 중 환경권에는 앞서 살펴본 일조권을 포함해 자연환경을 보전하고, 문화유산을 보호하며, 도로, 공원, 의료 등을 관리하는 것처럼 인공적인 생활 환경에 대한 청구권까지 포함된답니다.

 베버리지 보고서

베버리지 보고서Beveridge Report는 영국의 경제학자 윌리엄 베버리지가 사회 보장 제도의 확장을 구상하여 1942년에 작성한 보고서다. 건강 보험, 실업 보험, 연금 등 국민을 대상으로 한 복지 제도의 설계가 담겨 있으며 영국뿐만 아니라 프랑스, 스웨덴 등 여러 나라가 복지 국가의 기틀을 다지는 데 큰 영향을 미쳤다.

베버리지는 이 보고서에서 궁핍, 질병, 무지, 불결, 나태를 '5가지 악'으로 명명하고, 국가가 사회 보험 제도를 정비해 이를 해결해야 한다고 주장했다. 그러면서 국가가 의료, 교육, 주택, 고용 서비스를 국민에게 제공해야 한다고 강조했다. 국가가 국민을 '요람에서 무덤까지' 책임져야 한다는 오늘날 복지 국가의 구호 또한 베버리지 보고서의 영향으로 등장했다.

사회 6-1 ― 1. 우리나라의 정치 발전 ― 3) 민주 정치의 원리와 국가 기관의 역할

#다수결

다수결로 정하는 것이 가장 공정하지 않나요?

30초 해결사

16~17세기 이탈리아의 과학자이자 철학자 갈릴레오 갈릴레이는 '지구가 태양을 돈다'는 사실을 과학적으로 증명해 냈어요. 하지만 당시에는 '태양이 지구를 돈다'는 것이 상식이었기 때문에 갈릴레이의 주장은 끝내 받아들여지지 않았어요. 다수결의 원칙은 민주주의 사회의 중요한 원칙 중 하나이지만, 다수결을 통해 내린 결정이 모두 정답인 것은 아니에요.

• 다수의 횡포: 다수의 지지를 얻는 사상이 절대적인 정의라고 착각하는 오류를 뜻해요.

#다수의 횡포   #천동설   #지동설   #중우 정치

다수결의 원칙은 민주주의 사회에서 의사를 결정할 때 많은 사람이 찬성하는 의견을 따르는 결정 방식이에요. 의견이 다른 여러 사람이 있을 때, 가장 많은 사람이 만족할 수 있는 의사 결정 방식이지요. 하지만 다수가 찬성한다고 해서 항상 옳은 결정인 것만은 아니에요.

1930년대, 독일의 상황은 좋지 않았어요. 경제 불황이 전 세계를 휩쓸던 때였고, 제1차 세계 대전에서 패배한 기억이 여전히 뼈아프게 남아 있었지요. 국가 사회주의 독일 노동당, 즉 나치당은 독일 국민의 이런 심리를 파고들어 '우월한 독일인, 더 나은 독일'을 약속했어요. 그 결과 독일 국민 중 다수의 표를 얻어 정권을 잡게 되었어요. 국민의 지지를 등에 업은 나치 세력은 600만 명에 이르는 유대인, 장애인, 동성애자 등을 학살하는 등 끔찍한 일을 벌였어요. 다수결의 원칙에 따라 선출된 정부였지만 옳지 않은 결과가 나타난 것이에요.

또 갈릴레이와 지동설의 사례처럼 다수결로 결정할 수 없는 안건도 있어요. 다수결의 원칙은 분명 합리적인 결정 방식이지만, 모든 상황에서 통용되는 결정 방식은 아니에요.

따라서 어떤 문제를 놓고 결정을 할 때는 다수결로 결정해야 하는 사항인지 아닌지를 먼저 판단해야 해요. 다수결로 결정하기로 했더라도 결정하기 전에 소수의 의견을 충분히 듣고 토론을 거쳐 합의점을 찾아야 해요.

종교 재판을 받는 갈릴레이

> 결국 갈릴레이는 바티칸 종교 재판에 끌려 나왔고, 자신의 주장을 스스로 철회했지.

중우 정치

'중우'란 다수의 어리석은 민중이라는 뜻이고, '중우 정치'는 올바른 판단력을 상실한, 어리석은 민중이 이끄는 정치라는 뜻이다. 고대 그리스의 철학자 플라톤은 선동과 군중 심리 등에 영향을 받아 비합리적인 판단을 내리는 모습을 두고 민주주의의 문제점이라고 비판하며 이를 중우 정치라고 표현했다. 중우 정치를 막고, 민주주의가 정상적으로 기능하게 하려면 소수의 의견에 귀를 기울이고, 토론과 설득을 통해 의견을 조율하는 과정이 반드시 필요하다. 이를 통해 비합리적인 결정을 내릴 가능성을 줄이고, 표현의 자유를 보장해야 한다.

사회 6-1 · 1. 우리나라의 정치 발전 · 1) 민주주의의 발전과 시민 참여

#민주주의

'민주주의는 피를 먹고 자란다'는 말이 무슨 뜻이에요?

30초 해결사

미국의 독립 운동을 이끈 제3대 대통령 토머스 제퍼슨은 이렇게 말했어요. "자유라는 나무는 애국자와 독재자의 피를 먹고 자란다."
민주주의는 어느 날 갑자기 이루어지는 것이 아니라, 수많은 사람의 희생을 통해 비로소 이루어진다는 뜻이에요. 민주주의 국가가 유지되려면 국가 권력을 소수가 독점하지 않고 국민의 기본권이 존중될 수 있도록 다양한 견제 장치가 마련되어야 해요.

#독재   #토머스 제퍼슨   #절대 왕정

이아생트 리고, 「루이 14세의 초상」, 1701
(루브르 박물관 소장)

약 300년 전, 프랑스의 왕 루이 14세는 "짐이 곧 국가다." 하고 말했어요.

대한민국 국민으로 태어난 우리에게 나라의 주권이 국민에게 있다는 민주주의의 개념은 당연하게 느껴지지만, 민주주의가 보편적인 체제가 된 것은 사실 그렇게 오래되지 않았어요. 루이 14세가 살았던 18~19세기 유럽은 왕이 절대적인 권력을 가지고 있는 정치 체제인 전제 군주제 국가가 대부분이었어요. 조선 역시 19세기까지 왕이 다스리는 국가 체제였고요. 이 시기에는 신분이 나뉘어 있었으며, 국민의 기본권과 같은 개념도 존재하지 않았어요. '국민이 국가의 주인'이라는 민주주의의 전제가 보편적이지 않았지요.

민주주의 사회로 나아가는 길은 기존의 상식을 완전히 깨려는 시도의 모음이에요. 우리나라 역시 4·19 혁명, 6·10 민주 항쟁과 같이 독재 정치에 맞서 자유를 쟁취하기 위해 국민 모두 힘을 합쳐 싸웠던 역사가 있어요. 우리나라의 민주주의가 세워지기까지 많은 사람의 피가 있었다는 사실을 잊어서는 안 되겠지요?

 **절대 왕정과 베르사유 궁전**

절대 왕정絕對王政, absolute monarchy은 16~18세기 왕에게 권력이 집중되던 정치 체제를 말한다. 이전까지 유럽은 각 지역의 영주들이 군사력을 길러 왕의 권력을 견제하는 형태였고, 교회의 힘이 막강해 왕의 권력이 절대적이라고 하기는 힘들었다. 그러나 절대 왕정 시대에 접어들면서 왕은 무소불위의 권력을 갖게 되었다. 절대 왕정의 상징과도 같은 인물 루이 14세는 태양왕이라고 불렸으며, 왕의 권력은 신이 직접 내리는 것으로 여겨졌다. 루이 14세는 권력을 과시하기 위해 50년에 걸쳐 막대한 비용을 들여 궁전을 건축했는데, 이 궁전이 유럽에서 가장 화려한 궁전이라고 불리는 베르사유 궁전이다. 베르사유 궁전을 짓기 위해 매년 약 2만 5,000명에서 3만 6,000명에 달하는 인부들이 동원되었다.

사회 6-1 · 1. 우리나라의 정치 발전 · 1) 민주주의의 발전과 시민 참여

#참정권

남자들만 투표할 수 있는 나라가 있었다고요?

30초 해결사

여성이 선거권을 갖게 된 것은 최근의 일이에요. 1893년 뉴질랜드에서 최초로 여성 참정권이 인정되자 여러 나라에서 여성 참정권을 요구하는 운동이 전개되었고, 2015년 사우디아라비아의 여성 참정권이 인정되면서 바티칸 시국을 제외한 모든 나라가 여성 참정권을 보장하게 되었어요.

• 바티칸 시국: 이탈리아 로마에 있는, 교황이 다스리는 도시 국가예요. 교황을 선출하는 선거권은 추기경에게만 있기 때문에 바티칸 시국의 국민은 선거권이 없어요.

#선거권   #피선거권   #여성 인권   #서프러제트   #청소년 선거권

민주주의 사회에서는 국민이 적극적으로 정책 결정에 참여할 수 있어야 해요. 국민을 대표해 국가를 운영할 대표자를 뽑을 권리(선거권)와 대표자로 출마할 권리(피선거권)가 있어야 하지요. 선거권과 피선거권을 포함해, 정치에 참여할 수 있는 권리를 '참정권'이라고 불러요. 우리나라 역시 헌법에서 국민의 선거권을 비롯한 참정권을 보장하고 있어요.

그런데 여성들의 참정권이 보장된 지는 얼마 되지 않았어요. 참정권의 기본 권리는 선거권이에요. 1888년, 뉴질랜드의 여성 운동가 케이트 셰퍼드는 의회에 여성 선거권을 요청했으나 거절을 당했어요. 1891년에 9,000명의 서명이 담긴 청원서를 제출했으나 다시 거절당했어요. 셰퍼드는 포기하지 않고 1892년에는 2만여 명의 서명을, 1893년에는 3만 2,000여 명의 서명을 받아 청원서를 제출했고 마침내 세계 최초로 여성 선거권이 통과되었지요.

영국에서는 1903년 에멀린 팽크허스트의 주도로 여성 선거권을 얻기 위한 투쟁이 벌어졌어요. 왕의 경마장에 뛰어들어 일인 시위를 벌이던 운동가가 말에 치여 사망하고, 수많은 운동가가 체포되는 등 많은 난관이 따랐어요. 이 운동가들을 두고 '서프러제트'라고 부르는데, 이 단어는 참정권을 뜻하는 영어 단어 서프리지(suffrage)에서 따온 것이에요. 투쟁 끝에 1928년, 마침내 21세 이상의 영국 여성에게도 영국 남성과 동등한 선거권이 주어졌어요. 여성 참정권은 많은 이의 노력과 희생 끝에 얻어 낸 값진 승리예요.

한편 우리나라는 1948년 헌법을 제정하며 보통 선거와 평등 선거의 원칙을 세웠는데, 이때 성별에 관계없이 국민의 선거권을 모두 보장하도록 했고 그 원칙이 지금까지 지켜지고 있어요. 이는 여러 나라에서 끝없이 노력하고 싸워 온 사람들이 있었기 때문이랍니다.

 **청소년 선거권**

우리나라는 2005년 선거 가능 연령을 만 20세에서 만 19세로 하향했다. 당시에도 대다수 국가에서는 선거 가능 연령을 만 18세로 정하고 있어, 선거 가능 연령을 더 낮춰야 한다는 목소리가 높았다. 경제 협력 개발 기구OECD 35개 회원국 가운데 만 19세 이상을 선거권 부여 기준 연령으로 지정한 나라는 대한민국뿐이었다. 청소년 참정권을 위한 수많은 학생 운동가의 노력 끝에 2020년부터는 만 18세 청소년들도 선거권을 보장받게 되었다.

사회 6-1 — 1. 우리나라의 정치 발전 — 3) 민주 정치의 원리와 국가 기관의 역할

#독재

독재 정치가 무엇인가요?

30초 해결사

독재는 '홀로 독獨', '결단할 재裁'를 쓰는 단어로 한 명 또는 소수의 인원이 권력을 독점하는 형태의 정치를 뜻해요. 북한, 즉 조선 민주주의 인민 공화국은 독재 국가라고 할 수 있어요. 김일성부터 시작해 그 아들인 김정일, 손자 김정은까지 3대가 세습을 통해 나라의 권력을 독점하고 있으니까요.

• 세습: 한 집안의 재산이나 신분, 직업 등을 대대로 물려주고 물려받는다는 뜻이에요.

#이승만 #박정희 #전두환 #4·19 혁명 #5·18 민주화 운동 #6월 민주 항쟁

우리나라에도 독재 정치의 그림자가 드리운 적이 있어요. 1948년 초대 대통령 자리에 오른 이승만은 장기 집권을 위해 헌법을 바꾸었어요. 1960년 3월 15일 치러진 부정 선거에 항의한 시위에 무력으로 대응해 많은 사람이 죽거나 다쳤어요. 이 일을 계기로 전국적으로 대규모 시위가 일어났고, 결국 이승만은 대통령직에서 물러났어요. 이 사건이 4·19 혁명이에요.

그 뒤를 이은 독재 대통령은 박정희예요. 1961년 5월 16일, 군사 정변을 일으켜 정권을 장악한 박정희는 1963년 대통령에 당선된 이후 세 차례에 걸쳐 대통령직을 수행했어요. 헌법상 두 번 이상 대통령이 되는 것이 불가능하자 헌법을 고쳐 가며 장기 독재를 이어 나갔지요. 1972년에는 한 사람이 정해진 임기 없이 평생 대통령을 할 수 있다는 항목을 포함해 헌법을 다시 수정했는데, 이를 '유신 헌법'이라고 해요. 유신 헌법을 통해 막강한 권력을 손에 넣은 박정희 대통령은 독재에 반대하는 사람들을 무자비하게 탄압했어요. 1979년 10월에는 부산과 마산 일대에서 대규모 시위가 일어났고, 혼란이 심화되면서 박정희 정권 안에서도 내분이 일어났어요. 그리하여 같은 해 10월 26일, 박정희 대통령은 김재규 중앙정보부장의 총에 맞아 목숨을 잃었어요. 이 사건으로 마침내 길었던 유신 독재 체제가 막을 내렸지요.

그러나 이것이 끝은 아니었어요. 1980년, 다시 한 번 군사 정변이 일어났어요(12·12 군사 반란). 이 사건을 통해 대통령직에 오른 전두환은 독재에 반대하는 국민들의 시위를 총칼로 진압했어요. 전두환 정권에 대항해 1980년 5월 광주에서는 5·18 민주화 운동이 일어났고, 1987년 6월에는 전국적으로 대대적인 민주화 시위가 일어났어요(6월 민주 항쟁). 결국 전두환 정부는 국민들의 요구대로 대통령 직선제를 보장하고 물러났지요.

1987년 6월 민주 항쟁

1987년 1월, 대학생 박종철이 경찰의 고문 끝에 목숨을 잃자 당시 경찰 책임자는 이렇게 발표했다. "'턱' 하고 치니 '억' 하고 죽었다." 이 사건이 6월 민주 항쟁의 신호탄이 되었다. 박종철 학생을 추모하고, 그 죽음의 진위를 밝히기 위한 대규모 거리 시위가 전국 각지에서 일어났다. 여기에 기름을 끼얹듯이 4월 13일 전두환 대통령은 국민이 직접 대통령을 뽑을 수 없게 되어 있던 당시 헌법을 그대로 유지하겠다는 '호헌 조치'를 발표했다. 그러자 대학생과 노동자 등 일반 시민 다수가 크게 반발하며 '호헌 철폐, 독재 타도'라는 구호와 함께 시위에 나섰다. 여기 참가했던 학생인 이한열 열사가 시위 중 최루탄에 맞아 큰 부상을 입는 등 정부의 강경 대응에 사상자가 나오자, 국민들의 반발은 더욱 거세졌다. 결국 10월 27일 국민 투표를 통해 헌법이 개정되었고, 마침내 국민의 손으로 대통령 직선제를 시행할 수 있게 되었다.

사회 6-1 · 1. 우리나라의 정치 발전 · 3) 민주 정치의 원리와 국가 기관의 역할

#선거 4대 원칙

똑똑한 사람은 투표권을 2개 가져도 될까요?

30초 해결사

선거의 4대 원칙 중 하나인 평등 선거의 원칙에 따르면, 모든 유권자는 1인 1표의 투표권을 행사할 수 있어요. 똑똑한 사람이라고 해서 2표를 행사할 수는 없답니다. 이는 헌법에도 규정되어 있는 원칙이에요.

• 선거의 4대 원칙: 보통 선거, 평등 선거, 직접 선거, 비밀 선거의 원칙을 말해요.

#보통 선거 #평등 선거 #직접 선거 #비밀 선거

대부분의 현대 민주 국가는 선거 4대 원칙을 채택하고 있어요. 어떤 원칙인지 함께 살펴볼까요?

보통 선거	사회적 신분, 교육, 재산, 인종, 성별 등에 의한 제한 없이 일정한 연령이 된 모든 국민에게 선거권을 인정하는 원칙이에요. • 제한 선거: 보통 선거와 달리 선거인이 갖춰야 하는 자격에 제한을 두는 원칙을 말해요.
평등 선거	모든 유권자는 동등하게 1인 1표의 투표권을 행사할 수 있다는 원칙이에요. 유권자 개개인의 신분, 성별, 교육 수준, 종교, 문화 등에 영향을 받지 않아요.
직접 선거	중간 선거인 없이 선거인이 직접 대표자를 선출한다는 원칙이에요. • 간접 선거: 선거인이 간접 선거인(대리인)을 선출하여 간접 선거인의 투표로 대표자를 선출하는 방식이에요. 미국은 간접 선거 원칙을 유지하고 있어요.
비밀 선거	선거인이 결정한 투표 내용이 공개되지 않도록 하는 원칙이에요. 유권자가 불이익을 당하지 않고, 원하는 대로 투표권을 행사할 수 있도록 정한 원칙이지요.

중앙 선거 관리 위원회는 우리나라의 선거와 국민 투표를 관리하는 곳이야. 국회, 행정부, 법원, 그리고 헌법 재판소와는 별개로 운영되는 독립된 헌법 기관이란다.

경기도 과천에 있는 중앙 선거 관리 위원회

북한에서의 선거

북한에서는 만 17세 이상부터 성별, 직업, 지역, 종교 등과 관계없이 선거권을 갖고(보통 선거), 유권자는 1인 1표씩 행사할 수 있다(평등 선거). 그러나 탈북자들의 인터뷰에 따르면 찬성할 경우 받은 선거표를 그대로 투표함에 넣고, 반대할 경우에는 선거표에 표시를 해야 한다. 즉, 투표함에 선거표를 넣기 전에 이미 유권자가 찬성인지 반대인지 알 수 있다. 비밀 선거의 원칙이 지켜지지 않는 것이다.

정치·법 **87**

의무 투표제를 도입해야 할까?

민주주의 사회에서는 투표에 참여하는 것도 의무야!

> 투표는 민주주의의 기본이야. 민주주의 국가의 국민이라면 누구나 투표에 적극적으로 참여할 의무가 있어. 의무 투표제를 도입하면 보다 많은 유권자가 투표에 참여하게 될 테니 선출된 대표자의 대표성이 더욱 높아질 거야. 또 투표를 독려하기 위한 여러 교육이나 캠페인에 드는 비용을 아낄 수 있어. 따라서 의무 투표제를 도입해야 해.

의무 투표제는 유권자가 의무적으로 선거일에 투표소에 오도록 하는 제도로, 투표가 권리인 동시에 의무이기도 하다는 점을 상기시킨다. 의무 투표제를 시행하는 나라에서는 투표에 참여하지 않은 시민에게 벌금을 내게 하거나, 참정권을 제한하는 등 다양한 제재 조치를 취하고 있다. 이들 나라에서는 기권을 하고 싶어도 반드시 투표소에 방문하도록 하고 있다.

S 투표하지 않을 권리도 존중되어야 해!

" 투표할 권리가 있다면 투표를 하지 않을 권리도 있다고 생각해. 기권하는 것 역시 정치적 표현 중 하나인데, 이를 강제로 막으면 안 돼. 그리고 의무 투표제를 도입한다면 처벌을 피하기 위해 아무에게나 투표할 가능성도 있어. 그럴 경우 오히려 선출된 대표자의 대표성이 낮아질 수 있기 때문에 의무 투표제를 도입해서는 안 돼. "

사회 6-1 | 1. 우리나라의 정치 발전 | 3) 민주 정치의 원리와 국가 기관의 역할

#국회

국회에서는 무엇을 하나요?

30초 해결사

국회는 국민의 생활을 편리하게 하거나 정책을 실행하기 위해 필요한 법을 만드는 기관이에요. 그래서 국회를 '입법부'라고 한답니다. 또 한 해 동안 나라 살림을 꾸려 나갈 재정 계획을 심사하고, 정부를 견제하는 역할도 해요.

- 의회 민주주의: 국민의 대표를 뽑아 국가의 일을 꾸려 가게 하는 제도를 간접 민주주의라고 해요. 의회 민주주의는 대표적인 간접 민주주의예요.

#국회 의원   #정당   #의회 민주주의   #입법권

국회는 국민을 대리해 나라의 중요한 일을 결정하는 기관이에요. 국회에서 결정하는 일 하나하나가 나라 전체와 국민 한 명, 한 명에게 큰 영향을 미친답니다. 나라에 큰 변화를 일으키는 결정을 내리는 일인 만큼 국회 의원들 간에 의견이 갈릴 때마다 치열한 논쟁이 벌어져요. 그럼 어떤 일들로 그렇게 논쟁을 하는지 한번 살펴볼까요?

① 입법

법은 국가의 질서를 세우고 사회를 유지하며, 우리가 일상에서 하는 많은 행동의 범위를 정하는 역할을 해요. 법을 만든다는 것은 우리 사회에 새로운 기준을 세운다는 의미예요. 모든 법안은 먼저 국회의 심사를 거쳐 정부로 보내져요. 국회를 통과한 법안을 대통령이 공포하면 새 법안에 효력이 발생해요.

② 정부 예산안 심의

한 해 동안 각 부처에서 사용할 예산을 정해 예산안을 제출하면 국회가 회의를 통해 심사하고 의결해요. 국민이 낸 소중한 세금이 제대로 쓰일 수 있도록 예산이 어떻게 사용되는지 꼼꼼하게 살펴보는 것이지요. 어떤 정책에 얼마만큼의 예산이 배정되느냐 하는 것은 우리의 일상에 큰 영향을 끼칠 수 있어요.

③ 정부 견제

국회의 주요한 역할 중 하나는 정부를 견제하고 감독하는 일이에요. 국정 감사를 통해 정부가 하는 일을 점검하고, 인사 청문회를 열어 고위 공직자의 자질과 도덕성을 갖춘 적절한 인사인지 심사하지요.

국회 의원의 특권과 의무

국민의 대표인 국회 의원에게는 몇 가지 특권이 있다. 먼저 임기가 끝날 때까지 국회에서 한 발언이나 투표에 대해 책임을 지지 않는 면책 특권이 있다. 또, 현행범이 아닌 이상 회의 기간 동안에는 국회의 동의 없이 체포되지 않는 불체포 특권이 있다. 절대 권력의 부당한 압력으로부터 국회 의원을 보호하는 장치들이다.

한편 국회 의원이 반드시 지켜야 하는 의무도 있다. 국회 의원은 다른 직업을 함께 가질 수 없고, 또 재물을 욕심 내어 부정한 일을 저지르면 안 된다. 국민을 대리하는 지위이므로 개인의 이익보다 국가의 이익을 먼저 생각해야 할 의무가 있고, 국회 의원의 지위를 내세워 특별한 대접을 받으려고 해서는 안 된다.

정치·법 **91**

사회 6-1 — 1. 우리나라의 정치 발전 — 3) 민주 정치의 원리와 국가 기관의 역할

#정당

여당은 여성들이 만든 당인가요?

30초 해결사

대통령을 배출한 정당을 여당이라 하고, 여당을 제외한 나머지 정당을 모두 야당이라고 해요. 여당은 대통령과 협력하여 선거 때 국민에게 약속했던 정책을 실현하려고 노력해요. 한편 야당은 정부와 여당이 추진하려는 정책을 감시, 비판하고, 더 나은 대안을 제시하는 등 여당을 견제하는 역할을 해요. 여당과 야당은 서로 협력하기도 하고, 대립하기도 하면서 정치를 이끌어 가요.

• 대통령이 바뀔 때마다 대통령의 소속 정당에 따라 여당과 야당이 새롭게 정해져요.

#여당 #야당 #복수 정당제

우리나라에는 여러 정당이 있어요. 정당마다 추구하는 가치가 있어서, 국회 의원들은 자신과 비슷한 가치를 추구하는 정당에 소속되어 일을 해 나가지요. 정당은 국민의 다양한 요구를 모아 여론을 형성하고, 이를 정부의 정책에 반영해요. 원내에 진출한 정당, 그중에서도 다수의 의원을 확보한 정당은 입법, 예산 심의 등의 일을 할 때 막강한 정치적 영향력을 행사할 수 있어요.

정당 제도는 나라마다 달라요. 우리나라는 복수 정당제를 시행하고 있어요. 둘 이상의 정당이 존립, 활동할 수 있게 하는 정당 제도를 뜻해요. 헌법 제8조에 복수 정당제와 정당의 목적이 잘 나타나 있어요.

> 헌법 제8조
> ① 정당의 설립은 자유이며, 복수 정당제는 보장된다.
> ② 정당은 그 목적·조직과 활동이 민주적이어야 하며, 국민의 정치적 의사 형성에 참여하는 데 필요한 조직을 가져야 한다.

다음으로는 양당제라는 제도가 있어요. 양당제란 규모가 큰 2개의 정당이 중심이 되어 서로 겨루면서 정치를 해 나가는 체제를 뜻해요. 대표적인 양당제 국가는 미국이에요. 미국에는 민주당과 공화당이라는 거대 정당이 존재한답니다.

개념 연결 진보와 보수가 뭐야?

진보는 기존의 정치·경제·사회 체제에 대항하여 개혁을 통해 새롭게 바꾸려는 정치 성향, 보수는 전통적인 가치와 안정을 지향하는 성향을 통틀어 말한다. 각 정당은 성향에 따라 진보 또는 보수로 분류할 수 있는데, 이런 성향은 상황에 따라 변하기도 한다.

미국의 경우 진보 성향의 민주당과 보수 성향의 공화당이 주축을 이루고 있는데, 두 당이 처음부터 이런 성향을 띠었던 것은 아니다. 원래 공화당은 노예 해방을 강력하게 주장하고 이민을 찬성하는 등 진보 성향으로 출발했다. 남북 전쟁을 통해 노예 제도가 철폐되고 공화당이 오랫동안 집권하면서 양당의 성향은 차츰 바뀌었으며, 21세기에 이르러서는 공화당은 보수주의를, 민주당은 진보주의를 주요 이념으로 삼고 있다.

사회 6-1 — 1. 우리나라의 정치 발전 — 3) 민주 정치의 원리와 국가 기관의 역할

#대통령

대통령과 왕은 무엇이 다른가요?

30초 해결사

왕이 되려면 반드시 왕의 후손이어야 해요. 정해진 임기가 따로 없고, 평생 왕으로 살며 나라를 다스려요. 왕과 달리 대통령은 국민이 직접 뽑는 나라의 대표자예요. 선거를 통해 선출되면 5년의 임기 동안 나라의 중요한 일을 맡지만, 이 모든 권한은 나라의 진정한 주인인 국민을 위해서 쓰여야 해요.

#공화제 #민주 공화국 #국민 주권

우리나라의 주인이 누구인지는 헌법 제1조에 나와 있어요.

헌법 제1조
① 대한민국은 민주 공화국이다.
② 대한민국의 주권은 국민에게 있고, 모든 권력은 국민으로부터 나온다.

민주 공화국이라는 말이 어렵고 생소하죠? 민주 공화국이란 민주주의와 공화제를 함께 실시하는 나라를 뜻해요. 민주주의란 나라의 권력이 국민에게 있는 정치 체제이고, 공화제란 국민의 투표를 통해 나라의 대표를 뽑는 정치 체제를 말해요.

그럼 국민이 뽑는 나라의 대표, 대통령이 하는 일은 무엇일까요? 우리나라의 대통령은 국군 최고 사령관이자 행정부 최고 지도자의 역할을 맡아요. 법을 집행하고, 각 부처의 행정을 지휘, 감독하지요. 또 다른 나라에서 우리나라를 대표하고 조약을 체결할 권한을 갖는 등 외교의 책임을 져요. 그 외에도 직무를 수행하기 위한 여러 권한과 의무를 갖지요. 대통령이 직무를 수행할 때 헌법이나 법률을 위배하는 경우에는 국회 과반수의 발의와 헌법 재판소 재판관들의 판결을 통해 탄핵될 수 있어요.

우리나라의 경우 5년 이상 국내에서 거주한 40세 이상의 국민이면 누구나 대통령 선거에 출마할 수 있어요.

> 나라를 대표하는 역할을 왕에게 맡기는 정부 형태를 '군주제'라고 해.

> 주권이 국민에게 있고, 국민이 선출한 대표자가 나라를 대표하는 역할을 맡는 정부 형태를 '공화제'라고 해.

개념연결 대통령 선서

대통령 당선인은 취임할 때 헌법 제69조에 따라 다음과 같이 대통령 선서를 한다.
"나는 헌법을 준수하고 국가를 보위하며 조국의 평화적 통일과 국민의 자유와 복리의 증진 및 민족 문화의 창달에 노력하여 대통령으로서의 직책을 성실히 수행할 것을 국민 앞에 엄숙히 선서합니다."

사회 6-1 | 1. 우리나라의 정치 발전 | 3) 민주 정치의 원리와 국가 기관의 역할

#행정부

정부에서는 무엇을 하나요?

30초 해결사

정부는 행정부의 줄임말이에요. 국민이 낸 세금으로 나라의 살림을 맡아 보는 곳으로 도로, 지하철, 도서관 등과 같은 공공시설을 만들고 유지하는 일을 해요. 행정부의 수장은 대통령이고, 대통령과 국무총리를 중심으로 기획 재정부 등 여러 부처가 있어요.

- 부처: 행정부를 구성하는 '부'와 '처'를 함께 부르는 말이에요. 우리나라의 부에는 기획 재정부, 교육부 등이 있고 처에는 인사 혁신처, 식품 의약품 안전처 등이 있어요.

#대통령 #국무총리 #정부 부처

우리나라 행정부는 국무총리가 총괄해요. 행정부는 국회에서 만든 법에 따라 행정 업무를 수행하지요.

우리나라 행정부는 어떤 부처들로 구성되어 있고 어떤 일을 하는지, 몇 가지만 살펴볼까요?

기획 재정부	세금으로 나라의 예산을 짜고 경제 정책을 수립해요. 국세청, 관세청, 통계청, 조달청이 속해 있어요.
보건 복지부	빈곤, 질병, 노령 등 사회적 위험으로부터 국민을 보호하기 위해 여러 복지 정책을 세우고 실행해요. 질병 관리청이 속해 있어요.
문화 체육 관광부	국민의 '문화가 있는 삶'을 목표로 예술, 출판, 체육, 관광 등과 관련된 행사를 기획하고, 지원 사업을 진행해요. 문화재청이 속해 있어요.
환경부	환경 오염과 환경 훼손을 예방하고 관리, 보전하는 기관이에요. 기상청이 속해 있어요.
국토 교통부	국토의 체계적인 개발과 보존 계획을 세우고, 도로 등 교통 체계를 구축하는 기관이에요. 행정 중심 복합 도시 건설청과 새만금 개발청이 속해 있어요.
국가 보훈처	국가 유공자와 보훈 가족의 영예로운 삶이 유지, 보장되도록 보상금을 지급하고 여러 정책을 세워 실행해요.
식품 의약품 안전처	국민의 삶의 질을 향상하고 먹거리 안전을 책임지는 기관이에요. 국민이 안심하고 식품과 의약품을 쓸 수 있도록 생산부터 유통, 수입 등 모든 과정을 감독해요.

정부 부처는 대통령이 바뀌면서 새롭게 꾸려지거나 없어지기도 해요. 여러분은 우리나라에 어떤 정부 부처가 새로 생기기를 바라나요? 어린이가 꿈을 꿀 수 있게 돕고, 상상력을 키워 주는 꿈 상상부 같은 것은 어떨까요?

 **행복부의 행복 미터기**

2016년 2월 아랍 에미리트 연방UAE 행정부는 행복부를 신설했다. 국민의 행복을 장려하기 위한 부처로, 행복부에서는 두바이 곳곳에 국민의 행복감을 측정할 수 있는 '행복 미터기'를 설치했다.
행복 미터기의 화면에는 웃는 얼굴, 무표정한 얼굴, 슬픈 얼굴이 이모티콘으로 나타나는데, 국민은 언제든 이모티콘 중 하나를 선택해 지금의 기분을 표현할 수 있다.

사회 6-1 | 1. 우리나라의 정치 발전 | 3) 민주 정치의 원리와 국가 기관의 역할

#삼권 분립

국가의 일을 왜 나눠서 할까요?

30초 해결사

삼권 분립이란 나라를 다스리는 권력을 입법, 사법, 행정으로 나눠 각각의 기관이 맡게 하는 제도예요. 이렇게 하면 어느 한 기관이 지나친 힘을 갖는 것을 막을 수 있고, 국민의 자유나 이익이 침해되는 일을 막을 수 있어요. 삼권 분립이 제대로 작동하지 않으면 독재가 발생할 수 있어요.
우리나라는 8·15 해방 이후 삼권 분립을 시행하기 시작했답니다.

#행정부 #사법부 #입법부 #민주주의

"권력을 가진 사람은 그 한계점을 발견할 때까지 권력을 남용하게 되어 있으므로, 권력의 남용을 막기 위해서는 권력의 그런 속성을 이용해 권력들끼리 서로 견제하고 균형을 이루도록 해야 한다."

프랑스의 사상가 몽테스키외는 1748년 『법의 정신』에서 이렇게 말했어요. 몽테스키외의 주장이 삼권 분립의 시작점이 되었어요.

왕이 모든 권력을 갖고 있던 전제 정치 시기에는 권력을 나누는 것 자체가 중요한 과제였지만, 대부분의 나라가 민주 정치를 지향하는 오늘날에는 권력을 나눠 가진 기관들이 어떻게 서로를 견제하고 균형을 이루는지가 중요한 과제가 되었어요.

우리나라 행정부는 입법부가 만든 법률안에 대해 거부권을 행사할 수 있고 사법부에 대해서는 대법관 임명권을 가져요. 입법부는 행정부에 대해 국정 감사권을 갖고, 사법부에 대해서는 대법원장 임명 동의권을 가져요. 사법부는 행정부에서 만든 명령과 규칙에 대한 심사 권한을 갖고, 국회가 만든 법률이 헌법에 부합하는지 판단해요. 서로가 서로의 권한을 견제할 수 있게끔 조치하여 균형을 맞춘 것이지요.

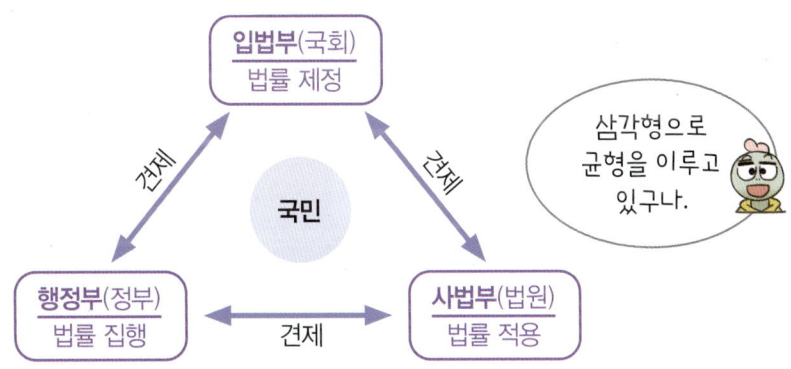

삼권 분립을 최초로 주장한 몽테스키외

몽테스키외(1689~1755)는 프랑스의 법률가, 역사가, 계몽주의 정치 철학자다. 1748년 집필한 저서 『법의 정신』에서 삼권 분립을 최초로 주장했으며, 법적으로 개인의 정치적 자유를 보장할 것을 강조했다. 개인은 법이 허용하는 일은 무엇이든 할 수 있어야 하며, 각국의 여러 환경에 맞는 고유한 법을 세워야 한다고도 주장했는데, 그의 이런 주장은 프랑스 혁명과 미국 독립 운동에 이론적으로 지대한 영향을 미쳤다.

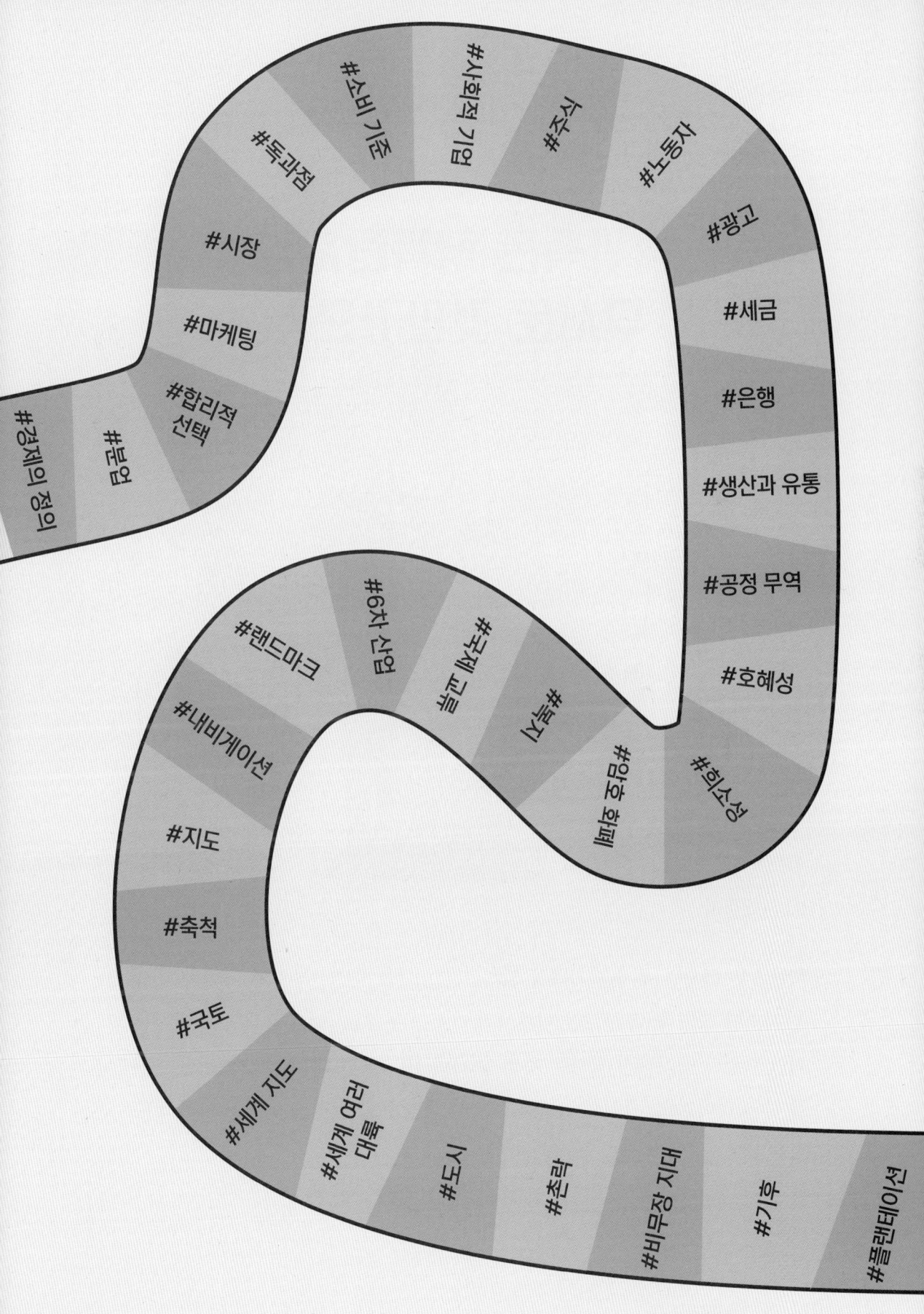

사회 3-2 · 1. 사회 변화와 다양한 문화 · 1) 사회 변화와 달라진 생활 모습

#가족의 형태

핵가족은 핵폭탄처럼 무서운 것인가요?

30초 해결사

핵가족은 핵처럼 무서운 가족을 말하는 것이 아니에요. 부모와, 결혼하지 않은 자녀만 살거나, 부부로만 이루어진 가족을 뜻해요. 핵을 물질의 가장 기초적인 단위로 생각해서 작다는 뜻의 '소가족'이란 표현 대신 '핵가족'이란 이름을 붙인 것이지요. 산업이 발달하고 도시 생활을 많이 하게 되면서 가족의 규모가 작아지고 핵가족이 늘어나고 있어요.

#핵가족 #확대 가족 #1인 가구

"옆집 이웃은 강아지랑 둘이 살고 있어요!"

시대에 따라 가족 구성이 달라지고 있어요. 예전에는 할머니, 할아버지와 부모님, 손자, 손녀가 함께 사는 가족이 많았어요. 이처럼 자녀가 결혼하고 나서도 부모님과 함께 사는 가족을 확대 가족이라고 해요.

그런데 최근에는 사회 변화가 급속히 진행되면서 새로운 가족 형태가 나타나고 있어요. 가족 구성원에 따라 다문화 가족, 입양 가족, 한 부모 가족 등이 생겨난 것이지요. 국제 교류가 활발해지면서 국제 결혼을 하거나, 입양으로 새롭게 가족이 되기도 하고, 반려동물이 가족으로서 함께하는 경우도 있지요. 이처럼 가족 형태는 시대에 따라 계속 바뀌어 왔고, 다양한 가족 형태는 우리 사회를 다채롭게 만들고 있어요.

달라진 새로운 가족 형태에 맞는 정책들도 나오고 있어요. 서울시에서는 아프지만 병원에 가기 어려운 1인 가구를 위해, 병원에 갈 때부터 집에 귀가할 때까지 모든 과정에 동행 매니저가 함께하는 '1인 가구 병원 안심 동행 서비스'를 운영하고 있어요. 1인 가구가 아니어도 피치 못할 사정으로 보호자 없이 병원에 가야 하는 경우에 신청할 수 있어요.

다문화 가구

1인 가구

한 부모 가구

고령 가구

개념 연결 | 나 혼자 산다, 1인 가구

부모나 형제, 자녀 없이 혼자서 살림하는 가구를 1인 가구라고 한다. 최근 부모님에게서 독립하여 혼자 사는 젊은 세대가 늘어나고 있다. 경제적 불안감과 자아실현 욕구가 커지면서 젊은 세대의 결혼관이 바뀌게 된 것도 하나의 사회적 요인이라 할 수 있다. 2020년 기준 우리나라 1인 가구는 전체 가구 수의 약 30퍼센트를 차지하는 만큼 그 비중이 적지 않다. 변화에 발맞추어 기업에서도 1인용 밥솥, 소용량 식품 등 1인 가구를 겨냥한 상품을 출시하고 있다. 방송계에서도 「나 혼자 산다」 등 1인 가구의 생활을 보여 주는 예능 프로그램이 꾸준히 방영되는 등 1인 가구는 새로운 문화 현상으로 자리 잡고 있다.

사회 4-1 · 3. 경제활동과 지역 간 교류 · 1) 경제활동과 합리적 선택
사회 5-1 · 2. 인권 존중과 정의로운 사회 · 1) 인권을 존중하는 삶

#착한 손잡이

박스에 있는 구멍이 착한 손잡이라고요?

30초 해결사

큼지막한 수박은 무겁기 때문에 옮기는 데 힘이 많이 들죠. 하지만 수박을 그물망에 넣어서 들면 허리에 쏠리는 부담이 줄어들어 한결 쉽게 옮길 수 있어요. 이와 같은 원리에 따라 박스에 구멍을 내서 손잡이를 만든 것이랍니다. 손잡이가 있으면 박스를 나르는 사람들의 부담이 줄어서 안전하고 건강하게 일하는 데 도움이 돼요. 물건 드는 사람을 배려하기에 착한 손잡이라는 이름이 붙었어요.

#인권 #노동권 #유니버설 디자인

처음에는 상자에 구멍을 뚫어 손잡이를 만들자는 제안이 큰 호응을 얻지 못했어요. 하지만 무거운 상자로 인해 직업병을 얻는 사람들의 사연이 알려지자 상황이 바뀌었어요. 마트에서 일하거나 택배일을 하며 하루 수십, 수백 번씩 상자를 옮기다 보면 허리와 팔 등에 큰 무리가 가요. 실제로 2015~2019년 마트나 점포에서 무거운 상자 등을 옮기다가 병이 생겨 치료를 받은 사람이 꾸준히 늘었다는 조사 결과가 나왔어요. 이에 현장에서 일하는 사람들과 시민 단체 등이 상자에 구멍을 뚫고 손잡이를 만들어 달라고 제안하고, 이에 소비자들도 동참하면서 변화가 생겼어요. 우체국과 대형 마트 등에서 착한 손잡이가 있는 박스를 사용하게 되었거든요.

손잡이 설치 상자에 부착하는
'착한 손잡이' 표시
(출처: 고용 노동부)

작은 변화가 노동자에게 도움이 된 사례를 더 살펴볼까요? 예전에는 마트 계산대에 의자가 없었어요. 계산하는 직원은 서서 일해야만 했는데, 오래 서서 일하다 보니 다리가 붓고 건강에 문제가 생기는 경우가 많았어요. 이 사실이 알려지자 작업자의 건강과 권리를 위해 많은 이들이 '서서 일하는 사람들에게 의자를 놓아 주자'는 캠페인을 펼쳤어요. 그 결과 직원들이 앉아서 일할 수 있게 마트 계산대에 의자가 설치되었어요. 이처럼 사람들의 관심과 노력으로 일터 현장의 인권이 향상될 수 있어요.

 **안전하고 건강한 환경에서 일할 권리**

일하는 사람들에게는 안전하고 건강한 환경에서 일할 권리가 있다. 건설 현장에서는 일하는 도중 물건이 떨어지거나 모서리에 부딪히는 사고를 막기 위해 안전모가 지급되어야 하고, 소음과 먼지, 해로운 화학 물질로부터 몸을 보호할 수 있게 작업용 신발과 장갑, 마스크, 귀마개가 제공되어야 한다. 무엇보다 일터의 안전을 잘 갖춰 사전에 위험한 상황을 대비하고, 공사 중 날리는 먼지 등을 없애며, 노동자들이 쾌적하게 쉴 수 있는 공간을 마련할 필요가 있다. 안전하고 건강한 환경에서 일하는 것은 노동자의 기본적 권리이고 안전한 사회를 위해서 꼭 필요한 조건이기 때문이다. 이에 국제 연합UN에서도 국제 노동 기구ILO를 만들어 세계 모든 사람들이 안전하고 건강한 일터에서 일할 수 있게 노력하고 있다.

사회 문화

사회 3-2 — 1. 사회 변화와 다양한 문화 — 1) 사회 변화와 달라진 생활 모습

#인구 변화

우리나라 인구 포스터가 시대마다 달라지고 있다고요?

30초 해결사

위 사진은 2005년 대한민국 공익 광고 대상 수상작이에요. 아이들이 줄고, 노인이 늘어난 모습을 잘 표현했지요. 우리나라는 1980년대까지만 해도 인구가 너무 많이 늘어나서 '둘도 많다!'와 같은 포스터로 인구를 줄이자는 캠페인을 펼치기도 했어요. 하지만 점점 출산율이 떨어지고 새로 태어나는 아이들이 줄어들면서 공익 광고의 내용이 바뀌었어요.

#저출산　#저출생　#고령화

1970년대	1980년대	1990년대	2010년대
▶ 딸, 아들 구별 말고 둘만 낳아 잘 기르자	▶ 둘도 많다 ▶ 하나씩만 낳아도 삼천리는 초만원	▶ 사랑으로 낳은 자식 아들, 딸로 판단 말자 ▶ 아들 바람 부모 세대 짝꿍 없는 우리 세대	▶ 더 낳으면 더 나은 대한민국 ▶ 자녀는 평생 선물 자녀끼리 평생 친구

시대별 포스터를 보면 우리나라 인구가 어떻게 변화하고 있는지 알 수 있어요. 우리나라는 2020년 기준 합계 출산율이 0.84명으로 세계 최저 수준이에요. 지금처럼 저출산 현상이 계속되면 전체 인구가 줄어들고 인구 분포 비율이 변해 곳곳에서 문제가 생길 수 있어요. 평균 수명이 늘어나 노인층이 많아지면서 인구의 고령화 현상이 새로운 사회 문제로 나타난 것처럼요. 한국은 이미 2000년 고령화 사회에 도달했다는 자료가 나와 있어요. 사회에서 일할 인구는 줄어드는데 노인을 부양하는 비율은 증가하는 것이에요. 한국뿐만 아니라 전 세계에서 고령화 속도에 따라 고령화 사회▶고령 사회▶초고령 사회로 분류하여 대책을 세우는 등 고령화 사회에 대비하기 위한 다양한 노력이 이뤄지고 있어요.

개념연결 '저출산'이라는 단어를 '저출생'으로 바꾸는 이유는?

저출산 대신 저출생을 써야 한다는 의견이 늘고 있다. 저출산低出産은 아이를 적게 낳는다는 뜻이고, 저출생低出生은 일정한 기간에 태어난 사람의 수가 적다는 뜻이다. 저출산이라는 표현이 인구 감소 문제의 책임을 여성에게 미루는 경향이 느껴진다는 의견이 있어, 최근 '낳음'의 뜻을 지니는 저출산 대신 '태어남'의 뜻을 지니는 저출생을 쓰자는 여론이 형성되고 있다. 현행법의 용어를 '저출산'에서 '저출생'으로 변경하자는 법률 제안도 함께 이뤄지고 있다. 인구 감소 현상의 성차별적 요소를 방지하는 한편, 국가와 지방 자치 단체가 자녀를 안정적으로 양육하기 위한 주거 안정 지원 정책을 적극적으로 추진할 수 있는 근거 규정을 마련하기 위해서다.

사회 3-2 — 1. 사회 변화와 다양한 문화 — 1) 사회 변화와 달라진 생활 모습

#반려동물

애완동물은 잘못된 이름이라고요?

30초 해결사

애완동물의 '애완'은 동물이나 물품 따위를 좋아하여 가까이 두고 귀여워하거나 즐긴다는 뜻이에요. 즉, 애완동물은 키우면서 귀여워하는 일종의 '살아 있는 장난감'의 의미예요. 이에 비해 반려동물은 삶의 동반자이자 짝이 되는 친구를 말해요. 최근에는 동물의 생명을 장난감처럼 여기는 것이 아니라 '사람과 함께 살아간다'는 뜻에서 애완동물 대신 반려동물이라는 말을 쓰고 있어요.

#동물권 #반려식물

"반려동물, 쓰다 버리는 물건이 아닌 가족입니다."

반려동물을 아무데나 버리는 사람이 있다니 놀랍죠? '동물복지문제연구소 어웨어'는 휴가철에 늘어나는 유기 동물을 줄이기 위해 위의 문구를 담은 현수막을 걸고 반려동물을 버리려는 사람들에게 각성을 촉구했어요.

우리나라에서 반려동물과 함께 사는 사람은 약 1,500만 명으로, 국민 4명 중 한 명꼴로 강아지나 고양이 등 반려동물과 함께 생활하고 있어요. 거리나 공원 곳곳에서 반려동물과 함께 산책하는 모습도 쉽게 볼 수 있지요. 동물 병원과 반려동물을 위한 음식 광고 등도 생활 속에서 흔히 마주할 수 있게 되었어요.

하지만 반려동물이 늙고 병들어 치료비가 늘어나면 반려동물을 버리는 경우도 많아요. 2021년 한 해 동안 버려진 반려동물만 13만 마리가 넘는다고 해요. 작고 귀여운 아기 시절에만 귀여워하고 나이가 들면 내팽개치는 일이 있어서는 안 되겠죠?

정부는 31년 만에 동물 보호법을 개정했고 이 법은 2023년부터 차차 시행될 예정이에요. 개정된 법에는 동물 반려인(소유자)의 동물 사육·관리 의무가 명시되어 있어 이를 어길 시 동물 학대로 처벌받을 수 있어요. 그 외에도 펫숍 등이 동물 수입, 판매를 하려면 정부에서 허가를 받도록 바뀌었지요. 반려동물을 소중한 생명체이자 가족으로 존중하면서 함께 살아가는 마음을 잊지 말아요.

(출처: 동물복지문제연구소 어웨어)

반려식물

식물을 키우며 편안하고 좋은 감정을 느끼는 사람들이 많아지면서 최근에는 반려동물 못지않게 반려식물이 주목받고 있다. 식물은 공기를 깨끗하게 하고, 쾌적한 환경을 만들어 주는 기능적인 효과도 있다. 예전에는 식물이 집 안에 배치되는 장식물과 같았다면 이제는 키우는 즐거움을 주고 나아가 정서적 교감을 나누는 존재로 그 의미가 확장되고 있는 것이다. 중고 거래 장터에는 반려식물을 분양한다는 사람들이 늘어났으며, 고양이 보호자에게 붙이는 별명인 '집사'는 식물을 키우는 사람들에게도 적용되면서 '식집사'라는 유행어가 생겼다.

| 사회 3-2 | 1. 사회 변화와 다양한 문화 | 1) 사회 변화와 달라진 생활 모습 |
| 사회 5-1 | 2. 우리 사회의 과제와 문화의 발전 | 3) 새로운 매체와 문화 발전 |

#인공 지능

사람을 위험에 빠뜨리는 인공 지능이 있다고요?

30초 해결사

음식점에 가지 않고도 스마트폰으로 음식을 주문하면 배달 기사들이 빠르게 가져다주지요. 빠른 음식 배달 서비스는 편리하지만, 배달 기사들의 안전을 위협하기도 해요. 인공 지능 서비스가 배달 정보를 안내하는데, 거리에 따른 배달 시간을 실제보다 짧게 측정하기 때문이에요. 배달 기사들은 예상 도착 시각에 맞추기 위해 급하게 운전하다 사고를 내거나 교통 규칙을 지키지 못할 때가 많아요.

#정보화   #알고리즘

과학 기술의 발달로 배달뿐만 아니라 제조 시설과 유통 매장, 은행 업무, 치안 관리 등 일상 속 여러 분야에서 인공 지능이 활용되고 있어요. 하지만 인공 지능 기술이 객관적이고 효율적인 정보만 제공한다고는 확신할 수 없어요. 인공 지능이나 빅 데이터를 통한 자료들이 실은 개발자의 선입견 등 편견에 바탕한 결과를 내놓을 때가 적지 않기 때문이에요.

인터넷 검색 엔진 구글은 사용자의 인종이나 성별에 따라 검색 결과가 다르게 나오도록 설계되었음이 드러나 문제가 되었어요. 하버드 대학의 연구 결과에 따르면, 흑인들이 많이 쓰는 이름을 검색하면 그렇지 않은 이름을 검색할 때보다 범죄 행위와 관련된 광고가 더 많이 노출되었다고 해요. 이렇듯 우리가 자주 사용하는 검색 엔진에 적용된 인공 지능 기술이 인종 차별 등의 문제를 일으키기도 해요.

최근에는 개인이 자주 찾는 사이트나 콘텐츠를 기억했다가 맞춤형으로 정보를 제공하는 알고리즘 서비스가 늘고 있어요. 예를 들어 유튜브에서 내가 좋아하는 콘텐츠를 예측한 추천 영상이 뜨는 형태가 있어요. 알고리즘 덕분에 손쉽게 맞춤 정보를 찾을 수 있다는 장점이 있지만 이런 서비스에 익숙해지면 다양한 정보와 의견 들을 살펴볼 수 없고, 고정 관념에 갇힐 수 있어요. 자기 생각과 같은 정보만 받아들이고, 다른 정보를 잘 받아들이지 못하는 문제점이 생길 수 있지요. 정보화 사회의 편리한 기능이 마냥 좋기만 한 것은 아님을 비판적으로 생각해 볼 필요가 있겠죠?

인공 지능 시스템으로 만들어 가는 안전

인공 지능 시스템을 통해 노동자의 안전을 지켜 주는 공장이 있다. 인공 지능이 노동자의 위험을 판별해 기계 작동을 멈추는 것이다. 예를 들면 자율 주행 차량이 레이저를 쏴 물체를 탐지하고, 사람과 사물을 구분하도록 학습된 인공 지능 기술이 위험 상황을 판단해 사고를 막는다. 해마다 제조 공장 등의 일터에서 근무하다 안전사고로 숨지는 노동자가 800명이 넘는다. 중장비 기계가 많은 현장에서는 위험 상황을 미리 감지해 기계 작동을 멈추는 시스템을 이용하여 '깔림'이나 '끼임' 사고를 막고 노동자들이 안전하게 일할 수 있는 환경을 만들 수 있다. 인공 지능을 활용한 기술 시스템은 노동자의 얼굴이나 신체 정보 등은 인식하지 않으므로 개인 정보 노출 위험에서도 안전하다. 인공 지능 시스템이 사람들의 안전과 공공 목적을 위해 널리 개발되고 사용되길 바란다.

'챗지피티'를 학교에서 활용해도 괜찮을까?

챗지피티는 효과적인 공부 도구가 될 수 있어!

> 챗지피티를 계기로 앞으로는 검색 방법이 바뀌게 될 거야. 무조건 학생에게 사용을 금지하기보다는 챗지피티와 같은 뛰어난 인공 지능을 사용하는 방법을 가르칠 필요가 있다고 생각해. 잘 활용하면 큰 교육 효과를 얻을 수 있는데, 무작정 비판할 필요는 없을 것 같아.

대화형 인공 지능인 챗지피티(Generative Pre-trained Transformer)가 전 세계적으로 큰 인기를 끌고 있다. 챗지피티에게 질문을 던지면 마치 사람이 쓴 것같이 느껴지는 상세한 답변을 해 준다. 챗지피티를 활용해 할 수 있는 일이 무궁무진하고, 누구나 쉽게 접근할 수 있다는 장점 덕분에 많은 사람들이 사용하고 있다. 그런데 챗지피티를 이용해 과제를 제출하는 등의 일이 자주 벌어지면서 학교에서 챗지피티를 사용하는 일에 대해 찬성과 반대 의견이 엇갈리고 있다.

S 학생 스스로 공부하는 능력을 키울 수 없어!

> 챗지피티는 흥미로운 기술이지만, 학생들이 스스로 자료를 찾고 취합해 의견을 정리하는 능력을 기르려면 혼자 힘으로 해야 하는 과정들이 있어. 또 챗지피티의 답변이 항상 옳은 것은 아니야. 오히려 틀린 정보를 가려낼 수 없는 상황에서 잘못된 지식을 습득하게 될 수 있어. 학교에서는 챗지피티 사용을 규제해야 한다고 생각해.

사회 3-2 | 1. 사회 변화와 다양한 문화 | 1) 사회 변화와 달라진 생활 모습

#빅 데이터

올빼미 버스는 어떤 버스인가요?

30초 해결사

올빼미 버스는 서울시에서 운영하는 심야 전용 시내버스예요. 깜깜한 밤, 큰 눈을 깜빡이며 주위를 둘러보는 올빼미처럼 시민들의 늦은 귀가를 돕지요. 올빼미 버스의 운행 시간과 노선은 사람들이 활동한 내용을 모은 빅 데이터를 통해 정해졌어요. 늦은 시간에도 많은 사람이 활동하는 지역들을 중심으로 노선을 만들고 배차 간격을 짠 것이지요.

• 빅 데이터: 정형화된 정보뿐만 아니라 SNS나 메신저 등에서 오가는 일상 언어나 대화와 같은 비정형화된 데이터까지 포함하는 거대한 데이터의 집합이에요.

#심야 버스   #올빼미 버스   #6411번 버스

정보화 사회에서 사람들은 스마트폰을 비롯한 첨단 통신 기기를 사용해 정보를 얻어요. 인터넷으로 손쉽게 정보를 찾고, 정보들을 활용하여 편리하게 생활해요.

빅 데이터는 멀리 있지 않아요. '맛집'을 찾고 인터넷 쇼핑을 하는 것도 빅 데이터를 활용하는 것이에요. 매일매일 생겨나는 일상적인 데이터들을 가공하면 가치 있는 정보를 얻을 수 있어요. 예를 들어, 새로운 도로를 만들 때, 많은 사람이 이용할 구간을 예측할 수 있어요.

국가에서는 빅 데이터로 도움이 필요한 사람을 찾아내 긴급 복지 서비스를 제공하고 있어요. 생활이 어려워져서 전기나 수도 요금을 제때 내지 못하면 단전이나 단수 조치가 되어 전기가 끊기거나 물이 나오지 않게 돼요. 시청이나 도청 등 지방 자치 단체에서는 단전, 단수 상태에 있는 주민들의 정보를 빅 데이터를 활용해서 알아낸 뒤, 기초적인 생활을 할 수 있게 도움을 주고 있어요. 그뿐만 아니라 노인 돌봄 가구와 장애인 돌봄 가구를 비롯해 공공요금을 제때 내지 못한 사람들의 정보를 빅 데이터로 찾아내고 있어요. 이렇게 찾아낸 대상자들에게 긴급 복지 지원과 기초 생활 보장비, 에너지 바우처 등 공적 서비스를 제공하지요. 이처럼 공공 부문의 서비스 수준을 높이고, 효율을 향상시킬 수 있는 전략을 수립하는 일을 하는 사람을 '공공 빅 데이터 전문가'라고 해요.

국토, 보안, 치안, 의료 등 여러 공공 분야에서 빅 데이터를 활용한 다양한 사업이 진행되고 있어요. 우리나라의 경우 공공 분야에서만 빅 데이터의 활용 효과가 10조 원가량 될 것이라는 연구 결과가 있을 정도로 빅 데이터 활용이 활발하게 이루어지고 있답니다.

 **새벽마다 만원이 되는 6411번 버스**

올빼미 버스가 심야 전용 버스라면, 이른 새벽부터 운행하는 6411번 버스도 있다. 6411번 버스는 서울시 구로구 가로수 공원에서 출발해 강남을 거쳐서 개포동 주공 2단지까지 대략 2시간 정도가 걸리는 노선버스다. 고 노회찬 의원이 이야기하며 더욱 알려진 이 버스는 직장인뿐만 아니라 서울 도심에 밀집한 빌딩을 청소하는 청소 노동자들의 중요한 운송 수단으로 상징성을 지니고 있다. 6411번 버스는 매일 새벽 4시 정각에 출발한다. 많은 사람이 곤히 자는 새벽에 달리는 첫차는 놀랍게도 사람들이 꽉 들어찬 만원 버스가 된다. 지하철이 다니지 않는 이른 아침에 버스를 타고 일터로 가는 것이다. 새벽을 깨우며 일하는 소중한 사람들을 떠올려 보자.

사회 3-2	1. 사회 변화와 다양한 문화	1) 사회 변화와 달라진 생활 모습
사회 5-1	2. 우리 사회의 과제와 문화의 발전	3) 새로운 매체와 문화 발전

#가짜 뉴스

가짜 뉴스로 목숨을 잃을 수도 있다고요?

30초 해결사

코로나19로 사람들이 혼란스러울 때 마스크 착용 생활화 등 제대로 된 예방법이 아닌 마늘 먹기, 콧속에 참기름 바르기 등 잘못된 정보를 전달하는 가짜 뉴스가 퍼지면서 피해를 입은 사람이 많았어요. 가짜 뉴스만 믿고 제대로 치료하지 않아 목숨을 잃는 경우도 있었지요.

- 가짜 뉴스: 정치·경제적 이익을 위해 의도적으로 언론 보도의 형식으로 만들어 퍼뜨린 거짓 정보를 뜻해요.

#정보화   #인터넷   #잊힐 권리

뉴스는 세상을 보는 창이라고도 해요. 텔레비전, 라디오, 인터넷 등에서 접하는 뉴스를 통해 세상의 소식과 마주하기 때문이에요. 그런데 유튜브, 인터넷 커뮤니티, SNS 등에는 단지 대중의 관심을 끌기 위해 만들어진 '가짜' 뉴스도 많아요. 진짜 뉴스와 기사 형태가 비슷해서 누구라도 감쪽같이 속고 말지요. 전 세계적으로 가짜 뉴스로 인한 피해가 많아요. 독일 정부는 2017년 가짜 뉴스를 방치하는 SNS 기업에 벌금을 부과하는 법안을 추진하기도 했어요.

과거에도 가짜 뉴스처럼 사실과 다른 정보를 전달한 사례가 있어요. 아래는 프랑스 황제이자 군인이었던 나폴레옹의 모습을 담은 그림이에요. 널리 알려진 왼쪽의 그림이 우리가 잘 알고 있는 나폴레옹의 모습이에요. 하지만 오른쪽 그림이 역사 속 실제 모습에 가깝지요. 역사적 명화라고 알려졌지만 실제로는 가짜 뉴스처럼 정확하지 않은 그림이에요. 그럴듯하게 보인다고 해서 다 진실이 아닐 수 있다는 점을 생각해 보면 좋겠어요.

자크 루이 다비드,
「알프스의 생베르나르 협곡을 넘는 나폴레옹」

폴 들라로슈,
「알프스를 넘는 보나파르트」

잊힐 권리

인터넷 등 가상 공간에서 자신의 정보가 잊히길 바라는 사람들이 늘고 있다. 인터넷 검색이 강화되면서 자신이 원하지 않는 정보가 공개되는 일이 많아졌기 때문이다. 유럽에서도 공개 여부를 판단할 수 있는 사용자가 죽거나 원하지 않을 경우 관련 데이터를 삭제할 수 있는 잊힐 권리가 주목받고 있다. 인터넷 등에는 정보가 무한대로 전파되면서 원하지 않는 정보들이 남아 있기 때문이다. '사람은 죽어서 이름을 남긴다'는 말이 있는데, 지금은 '사람은 죽어서 정보를 남긴다'라고 말할 정도다. 정보화 사회가 편리하기만 한 것은 아님을 다시 한번 생각해 볼 필요가 있다.

사회 3-2 — 1. 사회 변화와 다양한 문화 — 2) 다양한 문화에 대한 이해와 존중
사회 6-2 — 1. 세계 여러 나라의 자연과 문화 — 2) 세계의 다양한 삶의 모습

#문화 다양성

침을 뱉으며 인사하는 나라가 있다고요?

30초 해결사

건조한 지역에 사는 아프리카 마사이족은 물을 귀하게 여기기 때문에 침을 뱉으며 인사를 나눠요. 침을 뱉는 것이 소중한 물을 함께 나눈다는 의미이기 때문이지요. 결혼이나 출산 등 축복을 기원하기 위해서 침을 뱉기도 해요. 서로 다른 문화를 존중하면서 함께 살아가는 태도는 더불어 사는 세계화 시대에 꼭 필요한 자세예요.

#문화 상대주의

티베트에서는 모자를 벗고 혀를 내밀며 인사를 해요. 낯설게 느껴지는 인사법이지만 여기에는 티베트의 역사와 문화가 담겨 있어요. 티베트는 9세기 무렵 왕의 독재와 탄압으로 큰 고통을 겪었어요. 당시 왕을 뿔이 달리고 혀가 없는 도깨비 같은 존재라고 생각했던 티베트 사람들은 자신이 왕이 아님을 증명하려고 모자를 벗고 혀를 내미는 인사를 하게 된 것이지요. 뉴질랜드의 마오리족은 이마와 코를 맞대고 인사를 하는데, 여기에는 같은 숨결을 나누려는 의미가 담겨 있어요. 두 나라 모두 오랜 시간 동안의 생활 방식이 인사로 나타난 것을 알 수 있지요. 이러한 풍속 등이 개인이 속한 집단에 의해 공유되고 생활 양식으로 자리 잡으며 '문화'가 돼요.

이처럼 저마다 다양한 문화가 있기 때문에 문화의 옳고 그름을 판정하기는 어려워요. 우리나라에서는 식사를 할 때 주로 숟가락, 젓가락을 사용하지만, 인도에서는 음식을 손으로 먹기도 하지요. 얼핏 보면 인도 사람들의 식사 습관이 이상하게 느껴질 수 있지만 사실 인도 쌀은 우리 쌀과는 다르게 찰기가 없어서 숟가락으로는 잘 떠지지가 않아요. 그래서 손을 사용해 밥을 먹는 것이지요. 이유를 알고 나니 서로 다른 문화권의 사람들을 잘 이해할 수 있겠죠?

문화 다양성의 날

세계화가 진행되면서 나라와 지역별 전통문화가 사라지고 있다. 막대한 자본을 갖춘 미디어 산업 등이 전 세계에서 영향력을 과시하고, 유행에 열광하도록 부추기는 사회 풍조가 전통문화의 설 자리를 좁히는 데 한몫하고 있다. 이에 국제 연합UN은 문화 차이로 인한 민족 간의 갈등을 극복하고 문화 다양성의 중요성을 강조하기 위하여 2002년 5월 21일을 '문화 다양성의 날'로 정하여 기념하고 있다. 문화 다양성의 날을 통해 문화의 상업화, 획일화, 종속화에 대비하고 다양한 문화를 존중, 개발함으로써 문화 다양성을 지켜 내고자 하는 것이다. 우리나라에서도 문화 다양성의 날에 다채로운 행사가 열려 문화 다양성의 의미가 널리 알려지고 있다.

사회 3-2 · 1. 사회 변화와 다양한 문화 · 2) 다양한 문화에 대한 이해와 존중

#장애인 마크

장애인 마크가 바뀐 까닭이 있다고요?

30초 해결사

바뀌기 전과 바뀐 다음의 장애인 마크는 언뜻 보면 비슷하지만 사실 큰 차이가 있어요. 새 장애인 마크는 장애인이 누군가의 도움을 받아야만 하는 것이 아니라 스스로 움직이며 활동을 열어 갈 수 있다는 점을 보여 주거든요. 그저 가만히 있는 모습이 아니라 역동적으로 움직이는 모습이 인상적이지요.

#장애인   #픽토그램   #배리어 프리

"지금과 같은 장애인 마크는 문제가 있어. 장애인도 얼마든지 혼자 힘으로 이동할 수 있어."

뉴욕의 디자이너 사라 헨드런은 장애인을 가만히 앉아 있는 모습으로 나타낸 기존의 장애인 마크에 문제가 있다고 생각했어요. 헨드런은 장애인을 적극적으로 움직이는 모습으로 표현한 새로운 장애인 마크를 만들고, 동료들과 새로운 마크를 기존 마크 위에 붙이는 캠페인을 벌였어요. 장애인에 대한 편견을 바꾸려 한 것이에요. 처음에는 굳이 그럴 필요가 있냐고 말하는 사람도 있었지만, 그녀의 꾸준한 활동은 결국 언론의 주목을 받게 되었고 2014년 7월 25일 뉴욕시는 기존의 장애인 마크를 헨드런이 만든 것으로 바꾸기로 결정했어요. 사람들이 그간 가지고 있던 장애인에 대한 편견을 다시 살피며 새로운 가능성을 모색하게 된 것이지요.

이런 변화는 우리나라 박물관에서도 일어나고 있어요. 박물관에는 다채로운 문화유산들과 신기한 볼거리들이 많지만 보통은 전시물을 눈으로 보기만 해야 하는 경우가 많아 시각 장애인에게 박물관은 '그림의 떡'과 같은 곳이었어요. 그래서 국립 중앙 박물관은 실물과 거의 똑같은 모형을 비치해 시각 장애인이 직접 만져 볼 수 있게 했어요. 그리고 음성 안내와 점자로 된 해설을 제공해 박물관 관람을 할 수 있게 했어요. 그동안 박물관 관람을 하고 싶어도 할 수 없었던 시각 장애인도 박물관에서 소중한 문화유산을 직접 느낄 수 있게 된 것이지요.

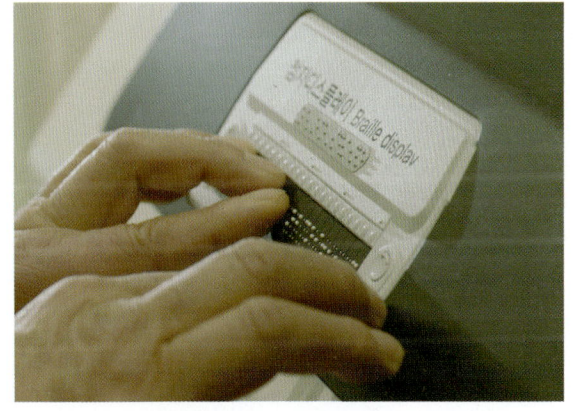

국립 중앙 박물관의 시각 장애인을 위한 점자 키패드

시민 참여로 바뀐 픽토그램

양성평등과 인권 의식이 성장하면서 사람들의 생각과 행동이 달라지고 있다. 최근 우리 사회의 픽토그램(그림 문자)이 바뀌는 것에서 변화하는 사회 모습을 볼 수 있다. 그동안 픽토그램에서 아이를 돌보는 모습은 여성들을 중심으로 표현되어 왔다. 하지만 아이는 여성만이 아니라 남성도 함께 양육하며 동일하게 보호할 책임이 있다는 의식이 확산되면서 남성도 여성도 아닌 성인의 모습으로 표현된 픽토그램이 등장하고 있는 것이다. 생활 속에서 당연하게 여겨 왔던 것들을 잘 살펴보면서 새롭게 바꿔 나갈 것이 없는지 한번 생각해 보자.

사회 3-2 1. 사회 변화와 다양한 문화 ─ 2) 다양한 문화에 대한 이해와 존중
사회 5-1 2. 인권 존중과 정의로운 사회 ─ 1) 인권을 존중하는 삶

#유니버설 디자인

계단이 있는데 왜 경사로를 만들까요?

30초 해결사

계단 옆에 경사로를 새롭게 만든 것은 다양한 사람들이 건물에 들어가거나 이동하는 것에 제약이 없도록 하기 위해서예요. 계단만 있으면 휠체어를 타거나 유모차를 사용하는 사람들은 이동이 어렵겠지요? 계단 이용이 어려운 사람들을 위해 경사로를 만든 것은 함께하는 사회를 만들기 위한 착한 디자인을 실천한 것이에요.

#경사로   #배리어 프리   #모두를 위한 디자인

문 손잡이를 관심 있게 살펴본 적이 있나요? 예전에는 둥근 손잡이가 대부분이었어요. 하지만 힘이 약한 어린이와 노인 등은 둥근 손잡이로 문을 열기가 어려워요. 그래서 지금은 막대를 위에서 아래로 눌러 여는 손잡이가 널리 사용되고 있어요. 최근에는 손잡이 없이 사용할 수 있는 버튼식 자동문도 많아지고 있지요.

이처럼 성별, 연령, 국적, 문화적 배경, 장애의 유무와 상관없이 누구나 손쉽게 쓸 수 있는 제품 및 사용 환경을 만드는 디자인이 최근 전 세계적으로 주목받고 있답니다. 이런 디자인을 유니버설 디자인 또는 모두를 위한 디자인이라고 해요.

손가락 힘이 부족한 어린이, 노약자는 물론 부상을 입었거나 질병이 있는 모든 사람을 위한 유니버설 플러그야.

(출처: VLNDSTUDIO.COM, 김승우 디자이너)

손가락을 구멍에 걸어서 플러그를 뽑으니 훨씬 쉽네!

개념연결 배리어 프리, 장벽 허물기 운동

배리어 프리가 최근 주목받고 있다. 장벽을 뜻하는 배리어Barrier와 자유로움을 의미하는 프리Free를 합해 만든 '배리어 프리'는 장애인, 고령자, 임산부 등 사회적 약자들이 편하게 살아갈 수 있는 사회를 만들기 위해 물리적, 제도적 장벽을 허물자는 사회적 운동을 이르는 말이다. 휠체어를 탄 고령자나 장애인도 비장애인과 다름없이 활동할 수 있도록 주택이나 공공시설을 지을 때 문턱을 없애거나, 기존 영화에 음성 화면 해설이나 한글 자막을 넣어 상영하는 것이 배리어 프리의 예다. 배리어 프리가 장벽을 없애자는 운동이라면, 유니버설 디자인은 누구나 차별 없이 지낼 수 있는 환경을 만드는 것이다. 유니버설 디자인은 자연스럽게 배리어 프리를 생활 속에서 만들어 가는 디자인이라 할 수 있다.

하지만 여전히 장애인 등 사회적 약자는 이동 및 문화생활을 포함한 생활 곳곳에서 불편함을 겪고 있다. 배리어 프리의 확산과 실현으로 장애인도 비장애인과 같은 수준의 문화생활 또는 이동권을 보장받을 필요가 있다.

사회 문화

- 사회 3-2 — 1. 사회 변화와 다양한 문화 — 2) 다양한 문화에 대한 이해와 존중
- 사회 5-1 — 2. 인권 존중과 정의로운 사회 — 1) 인권을 존중하는 삶

#유니버설 디자인

모두를 위한 화장실이 있다고요?

30초 해결사

장애인, 보호자가 필요한 어린이 등을 위한 '모두를 위한 화장실'이라는 것이 있어요. 모두를 위한 화장실은 성별, 나이, 성 정체성, 장애 유무 등에 관계없이 누구나 사용할 수 있도록 세심하게 설계되었어요. 어린이를 위한 높낮이 조절 세면대와 장애인 화장실에 설치되는 핸드 레일, 각도 조절 거울 등이 있어 노인이나 어린이들도 사용하기 편리해요. 게다가 장애인이 편하게 씻을 수 있는 접이식 의자와 샤워기도 마련되어 있어요.

#모두를 위한 화장실 #사회적 소수자 #저상 버스

"화장실 표지판에 남자와 여자 말고도 여러 사람이 있네!"

'모두를 위한 화장실' 표지판에는 픽토그램(그림 문자) 5개가 그려져 있어요. 치마를 입은 사람, 바지를 입은 사람, 한쪽 다리에는 치마, 다른 한쪽 다리에는 바지를 입은 사람, 휠체어를 탄 사람, 아기의 기저귀를 교환하는 사람이에요. 평소 화장실 사용에 불편을 겪었던 모든 사람을 고려해서 만든 것이지요.

유니버설 디자인이 적용된 사례를 더 살펴볼까요? 네이버는 색상 구별에 어려움을 겪는 색약자를 위해 새롭게 지하철 노선도를 만들었어요. 환승역에 노선 번호를 같이 넣고, 호선별로 색상의 채도 등을 재조정한 색약자용 지도는 색약자뿐 아니라 비장애인에게도 환영받았어요. 전체 인구의 3퍼센트가량인 색약자들에게 도움을 주는 동시에 모두를 위한 디자인으로 손꼽히며 세계적인 공모전 '레드닷 디자인 어워드'에서 '사회적 책임 부문 최고상'을 수상하기도 했지요.

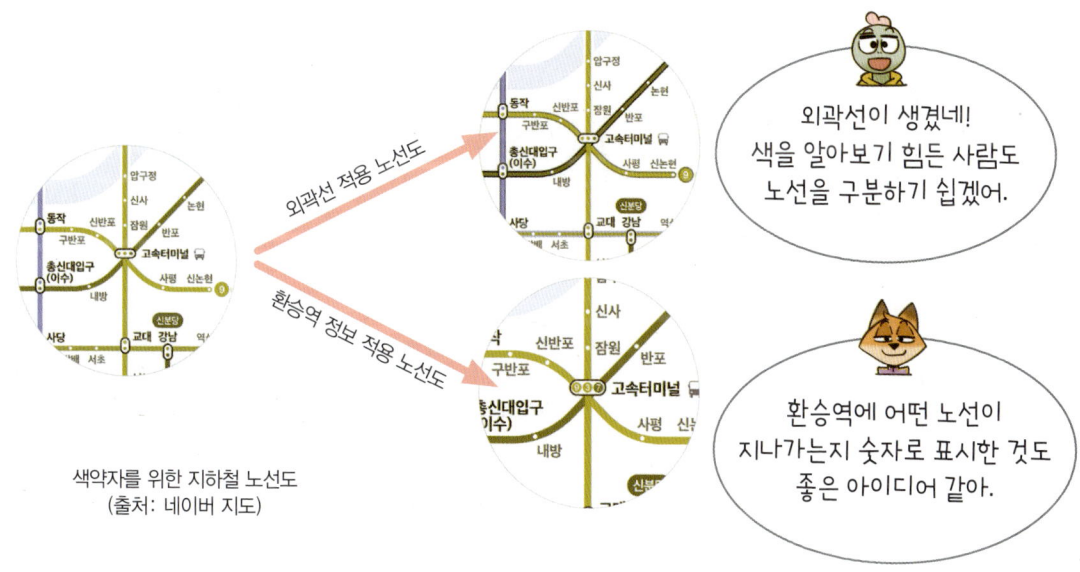

색약자를 위한 지하철 노선도
(출처: 네이버 지도)

외곽선이 생겼네! 색을 알아보기 힘든 사람도 노선을 구분하기 쉽겠어.

환승역에 어떤 노선이 지나가는지 숫자로 표시한 것도 좋은 아이디어 같아.

개념연결 — 모두가 이용하기 좋은 저상 버스

저상 버스는 출입구에 계단이 없고 기존 버스보다 차체 바닥이 낮다. 버스의 승하차 문은 접혀서 열리고 닫히는 것이 아니라 옆 방향으로 자연스럽게 열리고 닫히는 구조다. 휠체어를 탄 장애인뿐 아니라 어린이나 나이가 많은 어른 등 누구나 버스를 타고 내리는 것이 편하도록 설계되었다. 예전에는 버스를 탈 때 계단이 있어 어린이나 노약자가 쉽게 타기 어려웠지만 저상 버스가 만들어지면서 교통 약자들을 포함한 시민들이 버스를 보다 편리하게 이용할 수 있게 되었다.

사회 3-2 · 1. 사회 변화와 다양한 문화 · 2) 다양한 문화에 대한 이해와 존중

#양성평등

'남자는 파란색, 여자는 분홍색'이 당연한 것인가요?

30초 해결사

'남자는 파란색, 여자는 분홍색'이라고 생각하는 것은 남성과 여성에 대한 고정 관념이에요. 성별에 따라 좋아하는 색이 정해져 있다는 것은 편견이지요. 세상은 무지개 빛깔처럼 다양해요. 여러 가지 색을 남성과 여성으로 구분하지 말고 다채롭게 받아들이는 것이 중요해요.

#여성 인권

"남자가(여자가) 이것도 못 하니?"

이렇게 말하는 어른들을 많이 보게 되지요. 남성과 여성의 역할을 알게 모르게 강요하는 말이에요. 어릴 때부터 아이의 성별에 따라 말투, 행동, 옷차림을 두고 남자다움과 여자다움을 구분하려는 사람이 많아요. 여성과 남성이 서로 다른 것은 사실이지만, 그렇다고 여자다움과 남자다움이 정해져 있는 것은 아니에요.

남성은 바깥일을, 여성은 집안일을 담당해야 한다는 것도 과거에나 있었던 말이에요. 하지만 여전히 이런 생각을 하는 경우도 적지 않아요. 실제로 20세기 초반까지만 해도 대부분의 나라에서 여성에게는 투표권을 주지 않았어요. 이렇게 여성과 남성이 사회적으로 차별받는 것을 성 불평등이라고 해요.

예를 하나 들어 볼까요? 학교 앞에서 노란색의 '어린이 보호 구역' 표지판을 본 적이 있을 거예요. 어린이 보호 구역은 어린이를 보호하기 위해 마련된 것이에요. 그런데 표지판을 잘 살펴보면 어린이의 손을 잡은 보호자가 치마를 입은 여성의 모습을 하고 있어요. 어린이의 보호자가 엄마일 것이라는 편견이 반영된 것이지요.

어린이 보호 구역 표지판

성 불평등 현상은 남성에게도 좋지 않아요. 남성은 강해야 한다는 고정 관념과 편견으로 어려움을 겪는 경우도 많기 때문이지요. 여성과 남성은 서로 대립하고 싸우는 대상이 아니라 조화롭게 살아가는 존재라는 것을 함께 생각해 보면 좋겠어요.

개념연결 중요한 것은 승객의 안전!

비행기에 탄 승객의 안전을 책임지는 것이 승무원의 일이다. 많은 항공 회사가 여성 승무원들에게 치마로 된 유니폼을 지급하고, 구두를 신도록 강제하고 있다. 그런데 치마로 된 유니폼과 높은 굽의 구두는 비상 상황이 발생했을 때 움직임을 방해해 신속한 대처를 하기 어렵다. 이에 2013년 A 항공 회사의 여성 승무원들은 치마 외에도 바지로 된 유니폼을 선택할 수 있게 해달라고 요청하였고, 국가 인권 위원회 역시 '여성 승무원들에게 치마만 입도록 하는 것은 성차별'이라며 유니폼으로 바지를 선택할 수 있게 하라고 항공 회사에 권고했다.

사회 3-2 1. 사회 변화와 다양한 문화 2) 다양한 문화에 대한 이해와 존중
사회 5-1 2. 인권 존중과 정의로운 사회 1) 인권을 존중하는 삶

#왼손잡이

왼손잡이의 날을 왜 만들었을까요?

30초 해결사

왼손을 주로 쓰는 사람들은 생활 속에서 불편한 점이 많아요. 심지어 왼손을 쓰는 것을 나쁘게 생각하는 사람들도 있지요. 일상에서 불편한 점을 개선하고, 편견을 없애기 위해 매년 8월 13일을 국제 왼손잡이의 날로 정해 기념하고 있답니다.

#사회적 소수자 #유니버설 디자인

"모두 다 똑같은 손을 들어야 한다고
그런 눈으로 욕하지 마.
난 아무것도 망치지 않아.
난 왼손잡이야."

가수 패닉의 「왼손잡이」라는 노래 가사예요. 모두가 오른손을 써야 한다고 강요하는 사회를 비판하는 노래예요. 오른손이든 왼손이든 어느 손을 써도 상관이 없지요. 하지만 왼손을 주로 쓰는 사람들은 여전히 일상 속에서 불편을 겪고 있어요. 변기 물을 내리는 레버, 지하철 개찰구, 컴퓨터 마우스, 화장실 휴지걸이 등 많은 사물이 오른손을 사용하는 사람 위주로 만들어져 있기 때문이에요.

최근에는 사회적 인식이 변하면서 날이 반대쪽에 있는 가위, 왼손으로 쥐는 마우스 등 왼손잡이를 위한 생활 용품이 많이 등장하고 있어요. 어느 손을 쓰든 상관없이 편리한 생활을 함께 누리기 위한 변화인 것이지요. 단지 왼손을 쓴다는 이유만으로 알게 모르게 사회적 차별을 받아서는 안 되겠죠?

 **사회적 소수자**

왼손잡이는 단지 주로 사용하는 손이 다를 뿐인데 생활 속에서 많은 차별을 받는다. 이처럼 다수의 사람들과 모습이나 행동 등이 다르다는 이유로 부당한 대우를 받거나 차별을 받는 사람을 사회적 소수자라고 한다. 사회적 소수자로는 장애인이나 외국에서 온 이주 노동자 등이 있다. 편견과 차별로 이들을 대할 것이 아니라 같은 사람으로서 서로의 인격을 존중하며 함께 살아가는 것이 중요하다.

사회 3-2 — 1. 사회 변화와 다양한 문화 — 2) 다양한 문화에 대한 이해와 존중
사회 5-1 — 2. 인권 존중과 정의로운 사회 — 1) 인권을 존중하는 삶

#마녀재판

마녀재판에 비밀이 있다고요?

30초 해결사

중세 유럽에 진짜 마녀가 있었을까요? 사실 마녀는 없었답니다. 당시 유럽은 전쟁과 흑사병으로 많은 사람이 목숨을 잃는 상황이었어요. 급속도로 번지는 흑사병의 원인을 찾지 못해 사회가 많이 혼란스러웠지요. 그러자 불안 요소들을 '마녀'에게 뒤집어씌워 사람들의 불만을 잠재우려는 분위기가 만들어졌어요. 억울하게 마녀로 내몰린 사람들은 모진 추궁과 재판 등을 받았어요.

#마녀사냥   #세계 보건 기구

마녀재판이 곳곳에서 일어나자 죄 없는 수많은 사람이 마녀로 내몰려 목숨을 잃었어요. 희생자들은 누군가의 앙심을 샀거나 교회에 잘 나가지 않았다는 등의 이유로 마녀로 지목되어 재판에 넘겨졌어요.

마녀재판에서는 마녀로 지목된 사람이 진짜 마녀인지 아닌지 알아보기 위해서 단단히 묶고 깊은 물에 빠뜨리는 '물의 시험'을 했어요. 당시 사람들은 물이 깨끗한 속성을 가지고 있기 때문에 마녀가 들어오면 물 밖으로 내친다고 믿었어요. 익사하면 그 사람은 혐의를 벗었고, 물에서 떠오르면 마녀로 간주되어 화형에 처해졌어요. 마녀든 아니든 결국 죽는 것은 마찬가지였던 것이지요.

마녀로 지목되면 그 죄를 벗기가 어려웠기에 마녀로 판정하는 일을 '마녀사냥'이라고도 했어요. 지금도 '마녀사냥'은 특정 집단이나 사람에게 죄를 뒤집어씌우는 것을 나타내는 말로 사용돼요.

「세일럼 마을의 마법(Witchcraft at Salem Village)」에 마녀재판이 이루어지는 법정 장면이 표현되어 있다.

중세의 마녀재판은 사회가 안정되고 증거를 중심으로 하는 재판이 시작되면서 차츰 사라졌어요. 하지만 역사 속으로 사라졌던 마녀재판과 마녀사냥이 최근 인터넷 등에서 다시 일어나고 있어요. 사실 관계를 제대로 파악하지 않은 채 마녀를 재판하듯 누군가를 무조건적으로 비난하는 행위를 이어 가는 것은 바람직하지 않아요.

개념연결 세계 보건 기구가 감염병 이름을 짓는 원칙

코로나19COVID-19라는 이름은 세계 보건 기구에서 만들었다. 코로나19 같은 감염병의 이름은 특정 지역이나 국가 이름이 들어가지 않게 짓는 것을 원칙으로 한다. 지명이나 인명을 따서 질병, 바이러스 이름을 지으면 그 지역 사람들이 차별을 받거나 공격을 당할 수 있기 때문이다. 세계 보건 기구에서는 감염병의 이름을 지을 때 차별의 의미가 담기는 것을 막고 부정적인 영향을 최소화하기 위해서 사람 이름, 특정 동물, 문화·인구·산업이나 직업 관련 용어, 지나친 공포를 부추기는 용어 등은 사용하지 말 것을 요청했다.

사회 5-1 | 1. 환경과 조화를 이루는 국토 | 2) 인간과 환경의 조화로운 삶

#동물 복지

동물원 돌고래를 왜 바다로 보냈을까요?

30초 해결사

돌고래의 지능 지수는 인간의 아이큐(IQ)로 치면 70~80 정도예요. 4~5세 어린아이의 지능과 비슷하다는 연구 결과가 있지요. 이렇게 똑똑한 돌고래는 원래 살던 드넓은 바다가 아닌 동물원의 좁은 수조에서 지내며 많은 스트레스를 받아요. 이에 시민 단체나 여론은 돌고래 쇼 중지와 돌고래 해방에 대한 목소리를 높이고 있어요. 결국 동물원은 돌고래 쇼와 같은 공연을 줄이고, 좁은 수조에 갇혀 있던 돌고래를 원래 살던 바다로 되돌려 보내기 시작했어요.

#돌고래   #곰 보금자리 프로젝트   #동물권

2022년 방영된 「이상한 변호사 우영우」라는 드라마에는 고래 이야기가 많이 나와요. 고래를 사랑하는 주인공은 수족관에 붙잡혀 돌고래 쇼를 하다가 제주 바다로 돌아간 남방큰돌고래 삼팔이, 춘삼이, 복순이를 언젠가 꼭 보러 가겠다고 이야기해요. 그런데 이 돌고래들이 현실에 존재한다는 사실을 알고 있나요?

  삼팔이, 춘삼이, 복순이, 그리고 제돌이는 2009년 제주 바다에서 불법 포획된 남방큰돌고래로, 수족관에 갇혀 돌고래 쇼를 하면서 지냈어요. 동물원과 대형 수족관 등에서 펼쳐지는 공연은 멋지고 신기하지요. 하지만 돌고래 쇼를 위해 반복되는 훈련과 열악한 사육 시설로 사육장 속 돌고래는 스트레스를 받고, 죽을 수도 있어요. 자신의 본성을 억제하고 혹독한 훈련을 받는 돌고래는 극심한 스트레스를 이기지 못하고 조련사나 관람객을 공격하는 경우가 종종 있기 때문에, 돌고래 쇼는 사람들에게도 위험할 수 있어요. 실제 전 세계적으로 돌고래 공연장에서는 사고가 많이 일어나요. 이러한 문제들이 꾸준히 제기된 끝에 2013년 7월 18일 제돌이와 돌고래들은 동물원에서 풀려나 제주 앞바다에서 친구들과 함께 살아가게 되었어요.

수족관에서 해방된 돌고래 춘삼이와 친구들
(출처: 핫핑크 돌핀스)

  동물 쇼 금지는 전 세계적으로 확산되고 있으며 프랑스를 비롯한 유럽 연합(EU)에서는 동물 쇼 금지뿐 아니라 동물 학대 방지 등을 위한 법률이 통과되어 동물을 학대할 경우에는 최대 5년의 징역과 1억여 원의 벌금 처벌을 받아요. 동물도 사람처럼 감정을 느끼는 소중한 생명임을 잊지 말아야 해요.

개념 연결 곰 보금자리 프로젝트

우리나라에는 곰을 키우는 농장이 있다. 곰의 쓸개인 '웅담'이 건강식품으로 알려져 있기 때문이다. 인간의 욕심을 위해 곰들은 농장에 있는 우리 속에서 끔찍한 대우를 받다 죽임을 당한다. 눕지도 못할 정도로 좁은 철조망에 갇혀 흙도 밟지 못한 채, 겨우 음식물 쓰레기 등을 먹으며 지내는 경우가 다반사다. 이에 곰들을 보호하기 위해 비영리 민간단체에서 곰 생추어리를 만드는 '곰 보금자리 프로젝트'를 시작했다. 생추어리는 국제적으로 갈 곳 없는 사람이나 동물을 보호하는 시설을 뜻한다. 곰들이 살아가는 환경을 바꿔 나가고 또 곰의 웅담을 착취하는 동물 학대를 막기 위한 다양한 활동이 전개되고 있다. 우리 속의 곰들이 더는 건강식품이 아닌 생명 그 자체로 온전히 존중받는 세상에 모두 관심을 가져 보는 것은 어떨까.

사회 문화

#도시와 동물

야생 동물들을 위한 길을 왜 만들었나요?

30초 해결사

자동차 도로나 터널 등이 생기면서 야생 동물이 본래 살던 삶터가 끊어지고 길을 건너다가 사고를 당하는 사건이 많아졌어요. 이에 고속 도로나 새로운 도로 건설로 야생 동물의 이동로가 끊어진 곳에 생태 통로를 만들어 안전하게 이동하도록 돕고 있어요. 우리나라에도 여러 생태 통로가 마련되어 있답니다.

#야생 동물 #로드킬 #생태 통로 #사이테스 협약

인간의 풍요로운 삶을 위해 야생 동물의 터전이 파괴되어 왔어요. 그러나 환경에 대한 관심과 중요성이 커지면서 무분별한 자연 파괴를 최소화하고, 동식물과 공존하며 그들의 터전을 지키기 위한 여러 노력이 시도되고 있어요. 오른쪽의 표지판을 살펴볼까요? 도로에서 만날 수 있는 이 표지판은 갑자기 야생 동물이 나올 수 있으니 조심해서 운전하라는 뜻이에요. 이런 표시가 있는 곳은 과거 노루와 고라니 등이 자유롭게 뛰어놀던 곳이에요. 하지만 도로가 만들어지면서 동물들의 생활 터전이 끊어졌고, 결국 교통사고로 이어지는 일이 늘어났어요. 표지판을 설치하면 운전자들은 조심히 운전하게 되고, 사고를 예방하는 데 조금이나마 도움이 돼요.

야생 동물 보호 표지판

날아다니는 새들도 인공물에 의해 피해를 입어요. 도시가 커지고 건물이 늘어나면서 투명한 유리창이나 방음벽을 보지 못하고 부딪쳐 죽거나 다치는 새들이 크게 늘었어요. 환경부에 따르면 우리나라에서만 하루 2만 마리, 1년에 800만 마리가 유리창에 부딪쳐 목숨을 잃는다고 해요. 새들이 유리에 부딪치는 일을 막기 위해 '녹색연합' 등 시민 단체와 환경부는 충돌 방지 스티커를 만들어서 투명 유리창과 방음벽 등에 붙이는 활동을 활발하게 펼치고 있어요.

도트형 조류 충돌 방지 테이프(출처: 국립 생태원 멸종 위기 센터)

동식물의 멸종을 막기 위해 만들어진 사이테스 협약

2050년에는 현재 존재하고 있는 지구 동식물 중 30~50퍼센트가 사라질 수 있다고 한다. 사이테스CITES는 멸종 위기에 처한 야생 동식물종의 국제 거래에 관한 협약이다. 사이테스 협약 마크는 멸종 위기를 맞은 코끼리를 나타낸다. 사람들이 상아 등을 얻기 위해 코끼리를 사냥하면서 위기를 맞은 코끼리처럼, 국제적으로 거래를 금지해야 할 정도로 보호가 필요한 동식물이 많다. 사이테스 협약을 통해 '국제적 멸종 위기종'들은 무분별한 포획 또는 채취, 거래 등으로부터 보호를 받는다. 현재 이 협약 가입국은 180여 개국이며, 우리나라는 1993년 가입했다. 협약에 가입한 국가들은 멸종에 놓였다고 합의된 종들의 상업적인 국제 무역을 금지하고, 멸종되어 가고 있는 것으로 생각되는 다른 종들의 무역을 규제, 감시하고 있다.

사회 5-1 1. 환경과 조화를 이루는 국토 2) 인간과 환경의 조화로운 삶
사회 6-2 2. 통일 한국의 미래와 지구촌의 평화 3) 지속 가능한 지구촌

#분리배출

초등학생들이 왜 학교 재활용장을 바꾸자고 제안했을까요?

30초 해결사

학교에서는 재활용장에 플라스틱이나 종이 등 쓰레기를 분리배출해서 버리고 있어요. 하지만 투명 플라스틱은 분리배출이 잘 실천되지 않는 경우가 많았어요. 이에 서울신용산초 학생들은 학교에서도 투명 플라스틱 분리배출을 실시하자고 제안했어요.

#쓰레기 #환경 #패스트패션

우리나라가 쓰레기 수입 국가라는 것을 알고 있나요? 농산물이나 전자 제품이 아니라 쓰레기를 수입한다니 당황스럽지요? 우리나라는 사용한 플라스틱 페트병을 수입하고 있어요. 다른 나라 페트병은 투명하고, 상표 라벨이 없어 재활용하기가 쉽기 때문이에요.

반면 우리나라 페트병은 여러 가지 색상에 상표 라벨도 많아서 재활용이 어려워요. 이런 문제를 바로잡고자 2020년 12월부터 바뀐 법에 따라 전국적으로 투명 페트병(생수병, 음료병)을 다른 플라스틱과 따로 분리배출하고 있어요. 국민들의 실천으로 일반 가정과 공동 주택에서는 투명 페트병 분리배출이 잘 이뤄지지만 아직 학교에서는 잘 이뤄지지 않고 있어요. 그래서 서울신용산초 학생들은 학교 분리배출 수거장에 환경 포스터를 만들어 붙이고 투명 페트병 분리수거함 설치를 학교에 건의했어요. 학생들의 의견에 따라 서울신용산초에는 투명 페트병 분리수거함이 생겼어요. 학생들이 생활 속 문제를 직접 해결한 것이지요. 나아가 서울신용산초 학생들은 다른 학교에도 투명 페트병 분리수거함 설치를 제안했고, 유자학교(유해 물질로부터 자유로운 학교)를 비롯해 전국 학생들이 뜻을 모아 캠페인을 열어 가고 있어요. 여러분이 다니는 학교의 분리배출장은 어떤지 살펴보세요. 아직 투명 페트병 분리수거함이 없다면 직접 학교에 제안해 보는 것은 어떨까요?

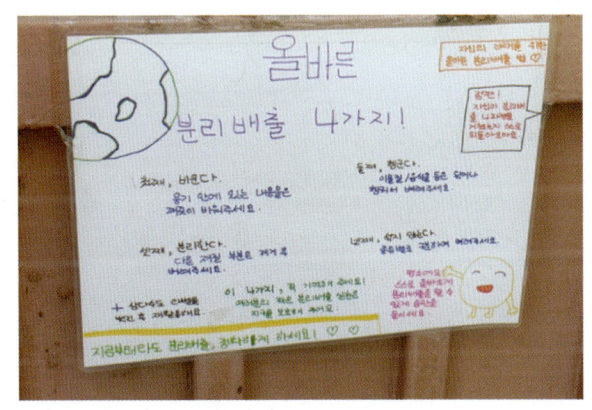

환경 보호를 위한 학생들의 참여로 바뀐 서울신용산초 재활용장

패스트패션

손쉽고 빠르게 먹을 수 있는 음식을 패스트푸드라고 하듯, 옷을 유행에 따라 빠르고 저렴한 가격으로 살 수 있는 것을 패스트패션이라고 한다. 최신 유행을 즉각 반영하여 빠르게 만들고 유통하는 방식이 자리 잡으면서 세계 각지로 널리 확산되고 있다. 하지만 이로 인해 유행이 지난 의류를 쉽게 버리게 된다는 문제가 생겨났다. 또 옷을 만드는 과정에서 형편이 어려운 나라의 노동자들이 싼 가격에 과중한 노동을 하고, 환경 오염이 심해지는 문제도 나타나고 있다. 이에 옷을 만들 때 환경을 훼손하지 않고 일하는 사람들에게 적절한 임금과 안전한 일터 환경을 제공하기 위한 노력이 필요하다는 주장이 커지고 있다.

사회 문화

사회 5-1 1. 환경과 조화를 이루는 국토 — 3) 모두를 위한 지속 가능한 발전
사회 6-2 2. 통일 한국의 미래와 지구촌의 평화 — 3) 지속 가능한 지구촌

#지속 가능 발전 목표

국제 연합에서는 왜 세계 목표를 만들었을까요?

30초 해결사

2015년 국제 연합(UN) 총회에서는 전 세계 국가가 어떻게 하면 우리가 사는 지구를 더 좋은 곳, 다 함께 잘 살 수 있는 곳으로 만들 수 있을지 의논하여 2030년 달성을 목표로 하는 지속 가능 발전 목표를 정했어요. 빈곤 근절, 기아 해결, 보건·웰빙, 교육의 질, 기후 행동 등 지구촌의 평화를 위한 17개 목표를 달성하기 위해 서로 협력하며 실천을 위한 다양한 노력을 하고 있어요.

#지구촌 #인권 #기후 행동 #국제 연합(UN)

국제 연합(UN)이 만든 지속 가능 발전 목표 중 1번은 빈곤 근절이에요. 2000년 이래 세계 빈곤율은 절반으로 감소했지만, 전 세계 인구의 10퍼센트, 즉 7억 명이 넘는 사람들이 하루 1.9달러인 국제 빈곤선(최저 생활비)에 못 미치는 금액으로 살고 있어요. 1.9달러는 2023년 3월 기준으로 대략 2,474원이에요. 인간의 기본 의식주를 해결하며 살아가기에는 현저히 부족한 금액이에요. 개발 도상국의 극심한 빈곤을 없애기 위해 경제적 위기 극복을 위한 지원 등의 도움을 주는 것이 국제 연합(UN)의 목표예요.

국제 연합(UN)이 정한 지속 가능 발전 목표
(출처: 원문 UN, 국문판 유네스코한국위원회)

17개 목표는 우리 지구를 위한 지속 가능 발전 목표로 지구의 단 한 사람도 뒤처지지 않으면서 다 함께 지구의 안전, 평화 등을 만들어 가기 위한 약속이에요. 세계 각국은 탄소 사용을 줄이고 환경 보호에 힘쓰며 세계 곳곳에서 일어나고 있는 침략 전쟁에 반대하고 평화를 만들어 가는 약속을 지키고자 노력하고 있어요. 지속 가능 발전 목표는 국제 연합(UN)뿐만 아니라 다양한 국제기구 및 시민 단체와 산업계 기업들까지도 함께 실천하고 있어요. 기업들도 지속 가능 경영을 핵심 가치로 삼고 지구 환경과 사회 책임 경영에 힘쓰고 있답니다.

우리나라가 정한 지속 가능 발전 목표

우리나라 역시 국제 사회의 책임 있는 일원으로서 국제 사회의 공동 목표 달성에 기여하고 우리 사회에 처한 여러 문제들을 해결하기 위해 한국형 지속 가능 발전 목표를 세웠다. 남북 분단이라는 특수 상황을 반영하여 ① 모두가 사람답게 살 수 있는 포용 사회 구현 ② 모든 세대가 누리는 깨끗한 환경 보전 ③ 삶의 질을 향상하는 경제 성장 ④ 인권 보호와 남북 평화 구축 ⑤ 지구촌 협력의 5대 전략을 세우고 이를 실천하기 위한 목표와 계획 들을 정한 것이다. 이를 토대로 정부 기관을 포함한 지방 자치 단체와 시민 단체, 전문가, 이해 관계자 그룹 등 다양한 집단에서 목표 달성을 위해 노력하고 있다.

사회 5-1 · 2. 인권 존중과 정의로운 사회 · 1) 인권을 존중하는 삶

#인종 차별

인간 동물원이 있었다고요?

제복을 입은 남자들이 집 앞에 모인 사람들을 신기하게 구경하고 있어.

보이지 않는 벽이 느껴진다.

놀랍게도 저곳은 인간 동물원이란다. 백인 남성들이 다른 인종의 사람들을 구경하는 모습이지.

30초 해결사

1900년대 초반 세계 박람회에는 동물이 아닌 사람을 강제로 데려와서 만든 '인간 동물원'이 있었어요. 당시 세계 박람회에 참여한 서구 열강이 관람객들의 눈길을 끌기 위해 인간 동물원을 열었던 것이지요. 백인들의 인종 차별주의과 제국주의가 드러나는 야만적인 행위였어요.

#제국주의 #인간 동물원

"신기하다. 꼭 사람같이 생겼어요."

"아니야. 저들은 우리와 달리 미개해서 동물과 다를 바 없어."

20세기 초 서구 사회에서는 사람을 동물처럼 전시하는 일들이 곳곳에서 일어났어요. 1904년에는 아프리카 콩고의 피그미 청년 오타 벵가(Ota Benga)가 미국 만국 박람회장에 강제로 전시되었다가 박람회가 끝난 뒤 미국 브롱크스 동물원에 전시되는 일이 있었어요. 오타 벵가는 원숭이 우리에 갇혀 비인간적인 대우를 받았어요.

미국뿐만 아니라 영국, 벨기에 등 서구 열강들은 식민지 국가에서 소수 민족 사람들을 데려와 동물처럼 미개하다며 전시하는 만행을 서슴지 않았어요. 이를 통해 큰돈을 벌었을 뿐만 아니라 백인이 우월하다는 잘못된 생각을 퍼뜨리고, 힘이 약한 나라들을 식민 지배하는 것을 정당화했지요. 오타 벵가처럼 비인간적인 대우를 받은 유색 인종 사람들은 정신적 충격과 후유증으로 병들거나 목숨을 잃은 경우가 많았어요.

브롱크스 동물원에서 찍힌 오타 벵가(Ota Benga)의 모습

오타 벵가를 전시한 미국 뉴욕 브롱크스 동물원은 언론을 통해 이러한 만행이 밝혀지자 그제야 인간 동물원에 대한 입장문을 냈어요. 사람을 동물 우리에 가두고 오타 벵가에게 가해진 인종 차별적 행동을 묵인했던 사실을 공식적으로 인정한 것이에요. 그들이 사과하기까지는 무려 114년이 걸렸어요.

유색 인종에 대한 차별은 아직 사라지지 않은 사회 문제예요. 많은 사람이 차별에 반대하는 사회 운동과 캠페인을 벌이며, 이러한 차별을 줄여 나가려 노력하고 있어요.

개념연결 미국 흑인 역사 문화 박물관

미국 워싱턴에 특별한 박물관이 문을 열었다. 바로 미국 흑인 역사 문화 박물관이다. 아프리카에서 노예로 끌려 온 흑인들의 역사를 숨기지 않고, 다시는 이런 일이 되풀이되지 않도록 역사적 기록을 남기기 위한 것이다. 개관식에서 오바마 대통령은 "흑인 미국인의 역사는 전체 미국인 역사와 동떨어진 것이 아니며 하위 역사도 아니다. 미국사의 핵심이다"라고 말하며 흑인 역사를 다루는 박물관의 개장을 높게 평가했다. 인권의 소중함을 일깨우는 장소로 이곳 박물관은 의미가 크다.

사회 5-1 | 2. 인권 존중과 정의로운 사회 | 1) 인권을 존중하는 삶

#어린이날

어린이날이 원래는 5월 1일이었다고요?

30초 해결사

어린이날 하면 우리는 당연히 5월 5일을 생각하지요. 하지만 최초의 어린이날은 1922년 5월 1일이었어요. 5월 1일은 노동자의 날인데, 이날을 어린이날로 정하여 어린이들이 일하는 사람들 못지않게 제대로 존중받지 못한다는 것을 알리려 했던 것이에요. 그래서 어린이날에 노동자와 함께 '어린이 만세'를 외치며 행진을 하기도 했어요. 하지만 일제는 이 만세가 독립 만세로 이어질 것을 경계하면서 어린이날을 5월 1일에서 5월 첫 번째 공휴일로 바꾸었어요.

#방정환

"기쁘구나. 오늘 5월 1일은 우리들 어린이의 명절날일세. 복된 목숨 길이 품고 뛰어노는 날, 오늘이 어린이의 날. 만세!"

서울 종로 천도교 수운회관에는 방정환 선생의 어린이 운동에 대한 업적을 기리는 기념비가 있어요.

'어린이'라는 말도 방정환 선생 덕분에 널리 사용되기 시작했어요. 이전에는 아이들을 아들놈, 딸년, 애새끼 등으로 불렀어요. 방정환 선생은 아이들에게도 인격이 있다면서 우리 아이들에게 그 나이에 알맞은 존중받는 이름을 붙여 주자며 '어리지만 엄연한 사람'이라는 뜻으로 '어린이'라는 말을 사용했어요. 많은 사람이 이에 호응하면서 '어린이'라는 말이 지금까지 널리 사용되고 있지요. 방정환 선생은 또한 어린이를 존중하며 어린이와 함께하기 위해 1922년 어린이날을 만들고, 그 뜻을 널리 알리기 위해 1년 뒤 큰 기념식을 열었어요.

세계 어린이 운동 발상지 기념비
(출처: 한국 방정환 재단)

어린이 대운동회 말판 노는 법
(출처: 돈의문 박물관 마을의 방정환 특별전)

방정환 선생은 금강산 게임 말판, 세계 일주 말판 놀이 등 어린이의 흥미를 끄는 다양한 보드게임도 만들었어요. 단순히 놀이를 즐기는 데서 그치지 않고 독립을 꿈꾸는 한국인으로서의 민족의식을 길러 주고, 나아가 온 세계를 알도록 하는 게임이어서 당시 큰 인기를 끌었어요.

개념연결 '○린이'라는 표현은 바람직하지 않다고?

여러 분야의 초보자를 '○린이'로 표현하는 경우가 많다. '주린이(주식+어린이)', '요린이(요리+어린이)' 등으로 '어린이'라는 단어를 합쳐서 사용하는 것이다. 국가 인권 위원회에서는 이런 표현을 사용하는 것이 어린이가 미숙하고 불완전한 존재라고 생각하는 데서 비롯된 것이므로 개선이 필요함을 문화 체육 관광부와 방송 통신 위원회에 요청했다. 이로 인해 어떤 분야를 처음 접하는 초보자를 부를 때 '○린이'로 표현하는 경우가 줄었다. 무심코 부르는 이름에 어떤 의미가 있는지 함께 생각해 볼 필요가 있다.

사회 5-1 — 2. 인권 존중과 정의로운 사회 — 1) 인권을 존중하는 삶
사회 6-2 — 2. 통일 한국의 미래와 지구촌의 평화 — 2) 지구촌의 평화와 발전

#이주

세계적으로 국경을 넘는 사람들이 많다고요?

30초 해결사

전 세계적으로 국경을 넘어 나라 밖으로 이동하는 사람들이 많아요. 무려 10억 명이 넘는 사람들이 유학, 사업, 결혼, 일자리 등을 위해 국경을 넘어 다른 나라로 이주했거든요. 우리나라에도 이렇게 해외에서 국경을 넘어온 외국인이 많고, 우리나라 사람들 역시 해외에 살고 있는 사람이 많아요.

- 이주移住: 본래 살던 집에서 다른 집으로 거처를 옮긴다는 뜻이에요.
- 이민移民: 자기 나라를 떠나 다른 나라로 이주하는 일을 뜻해요. 이주와 달리 국가의 경계를 넘는 인구 이동을 의미해요.

#다문화 사회   #세계 이주민의 날   #애니깽

(출처: 한국 이민사 박물관)

왼쪽 사진은 100여 년 전 조선에서 미국으로 떠난 사람들의 모습과 당시 챙겨 간 짐 가방을 보여 줘요. 이곳은 한국 이민사 박물관으로, 우리나라 최초 이민자들의 모습과 국경을 넘어 해외로 나간 사람들의 역사를 생생하게 전시하고 있어요.

한국 이민사 박물관의 전시 내용처럼 우리나라 사람들 역시 다른 나라로 많이 나가 살았고 지금도 세계 곳곳에서 새롭게 자리 잡으며 생활하고 있어요. 또한 오늘날 우리나라에 와서 사는 외국인은 250만여 명이나 된다고 해요. 일자리를 찾아서, 유학이나 결혼 등으로 우리나라에 들어오는 외국인 수는 꾸준히 늘어나고 있어요. 이들 덕분에 우리나라는 다양한 문화를 함께 나누는 다문화 사회가 되었어요.

국제 연합(UN)에서는 전 세계 10억 명에 이르는 이주자가 조화롭게 살 수 있는 사회를 만들자는 취지로 세계 이주민의 날을 만들었어요. 이주 노동자들뿐만 아니라 가족들 모두가 그 나라 국민과 동등한 자유와 권리를 보장받으며 행복하게 살아가도록 돕겠다는 뜻을 모아 매년 12월 18일을 기념일로 정했지요.

개념연결 피와 눈물로 얼룩진 대한민국 이주의 역사, 애니깽

1904년 일제 강점기 시절, 『황성신문』에 멕시코 이민을 홍보하는 글이 실렸다. 당시 멕시코에서는 굵은 밧줄의 수요가 늘어남에 따라, 그 원료인 에네켄(애니깽, 용설란의 일종) 재배가 성행했다. 노동 강도가 높은 탓에 인력난에 처한 농장주들은 한인 인력을 구하기에 이르렀다. 그리하여 1905년, 부푼 꿈을 안고 떠난 한인들은 멕시코 유카탄 지역의 에네켄 재배 농장에 도착했다. 그러나 신문에 실린 조건과는 달리 열악하고 고된 노동이 기다리고 있었다. 새벽부터 해 질 녘까지 뜨거운 열기를 견디며 가시투성이인 에네켄 잎을 잘라야만 했고, 정당한 계약 노동자 대우를 받지 못하고 농장주들로부터 흡사 노예처럼 취급당했다. 가시에 찔려 상처가 나도 제대로 보호받지 못했고, 의식주 환경은 열악했다. 이러한 피와 눈물의 애니깽 역사는 멕시코 한인의 상징으로 알려져 있다.

| 사회 5-1 | 2. 인권 존중과 정의로운 사회 | 1) 인권을 존중하는 삶 |
| 사회 6-1 | 1. 우리나라의 정치 발전 | 2) 일상생활과 민주주의 |

#방관

차별 못지않게 방관도 문제라고요?

30초 해결사

다른 사람을 차별하고 누군가에게 폭력을 행사하는 것은 잘못된 행위예요. 그런데 이런 잘못된 행위를 방관하는 것도 문제예요. 실제로 누군가 다른 사람을 폭행하거나 잘못된 행동을 할 때, 사람이 많으면 오히려 이를 말리거나 신고하지 않는 경우가 많아요. 사람이 많으면 책임감이 분산되면서 정작 그 일을 방관하고만 마는 방관자 효과가 일어나기 때문이지요.

#착한 사마리아인 법 #마르틴 니묄러 #방관자 효과

차별이나 폭력을 당하는 사람을 볼 때 그저 방관하는 경우가 있어요. 선뜻 말리기도 어렵고 그냥 지나치고 싶은 마음이 들기 때문이에요. 그런데 누군가 잘못된 점을 말해 주지 않는다면 가해자는 계속 잘못된 행동을 이어 갈 수 있어요. 이런 상황에서는 방관자로 머무르지 말고 가해자를 말리거나 피해자를 도울 수 있는 방법을 찾아보면 좋겠어요. 실제로 독일의 나치 정권에 맞서 싸운 마르틴 니묄러 목사는 당시 이와 같은 시를 썼어요. 시를 읽고 나서 왜 방관하지 않는 것이 중요한지 함께 생각해 봐요.

처음에 나치는 공산주의자들을 잡아갔습니다.
그러나 나는 침묵하였습니다.
왜냐하면 나는 공산주의자가 아니었기 때문입니다.
그리고 그다음에는 노동 운동가들을 잡아갔습니다.
나는 이때도 역시 침묵하였습니다.
왜냐하면 나는 노동 운동가가 아니었기 때문입니다.
그리고 이제는 가톨릭교도들을 잡아갔습니다.
그러나 나는 침묵하였습니다.
왜냐하면 나는 개신교인이었기 때문입니다.
그러던 어느 날 그들은 나를 잡으러 왔습니다.
하지만 이미 내 주위에는 나를 위해 나서 줄 사람이
아무도 남아 있지 않았습니다.

― 마르틴 니묄러(Martin Niemöller)

개념연결 착한 사마리아인 법

착한 사마리아인은 곤경에 처한 사람을 보면 물불 가리지 않고 뛰어들어 도움을 주는 사람을 말한다. 사마리아인은 팔레스타인 사마리아 지방에 살던 민족인데, 곤경에 처한 유대인을 당시 상류층인 제사장 등을 대신해서 구해 주었다는 데서 생긴 말이다. 우리나라도 2008년부터 착한 사마리아인의 정신을 살려서 응급 처치를 하다 본의 아닌 과실로 환자를 사망에 이르게 하거나 손해를 입힌 경우 민·형사상의 책임을 감경 또는 면제한다는 법을 만들어서 시행하고 있다. 도움을 주지 않아서 처벌하는 것이 아니라 선한 취지로 다른 사람을 도우려 했던 과정에서 생긴 실수를 면책해 주는 것으로 선한 행동을 장려하기 위해 만든 법이다.

사회 6-2 1. 변화하는 세계 속의 우리 2) 세계화의 모습과 우리의 역할

#한류

방탄소년단이 기증한 '타임캡슐'은 어디에 있을까요?

30초 해결사

방탄소년단(BTS)이 기증한 타임캡슐은 대한민국 역사 박물관 상설 전시실에 전시되어 있어요. 한류 문화를 이끌고 있는 그들의 음악과 청년, 팬을 상징하는 물건이 타임캡슐에 담겨 있지요.

#타임캡슐 #방탄소년단 #대한민국 역사 박물관

방탄소년단의 노래 「다이너마이트」는 2020년 빌보드 차트(미국 음악 순위 차트)에서 1위를 차지했어요. 그뿐만 아니라 영화 「기생충」, 드라마 「오징어 게임」 등 한국의 드라마, 가요, 영화 등이 세계적으로 큰 인기를 얻고 있어요. 최근에는 웹툰을 비롯해서 우리 음식을 즐기고 한국어를 배우는 사람도 늘고 있지요. 이처럼 한국의 문화가 세계적으로 널리 퍼져 나가는 것을 한류라고 해요. 한류 현상은 처음에는 영화, 텔레비전 드라마, 대중음악, 게임 등 대중문화의 해외 유통과 소비 중심으로 나타났지만, 최근에는 음식, 전통문화, 순수 예술, 출판, 한국어 등 우리나라 문화 전반에 대한 세계적 관심으로 그 의미가 확대되고 있어요.

우리는 1960년대부터 눈부신 경제 성장으로 '한강의 기적'을 이룬 나라로 일컬어지는데, 최근에는 한류가 세계에 큰 영향을 준 만큼 '한류의 기적'이라는 말이 나올 정도예요. 영국의 『파이낸셜 타임스』에서 한류를 서방으로 밀려왔다 밀려 나가는 '물결'이라기보다 점점 더 확장하고 있는 '물줄기'라고 설명하며 이에 대한 특집 기사를 쓸 정도로 우리 문화는 전 세계적으로 널리 퍼져 나가고 있답니다.

질문: 귀하께서 한국에 대해 생각해 본다면, 가장 먼저 떠오르는 것은 무엇입니까? 그 다음은요?

2012년 12월 사례 수: 5,600	2021년 11월 사례 수: 8,500
1위 한국 음식 15.8%	1위 K-pop 14.0%
2위 드라마 12.9%	2위 한국 음식 11.5%
3위 전자 제품 12.3%	3위 드라마 7.5%
4위 K-pop 12.3%	4위 한류 스타 7.0%
5위 한국 전쟁 7.9%	5위 IT 제품/브랜드 6.8%

(출처: 한국 국제 문화 교류 진흥원, 『2022 해외 한류 실태 조사』)

개념연결 문화가 아름다운 나라

우리나라를 대표하는 국립 중앙 박물관 1층 상설 전시관 제일 마지막에는 김구 선생의 글이 있다. 오늘날 한류의 바탕이 된 생각으로, 뜻깊게 읽어 볼 필요가 있다.

"나는 우리나라가 세계에서 가장 아름다운 나라가 되기를 원한다. 가장 부강한 나라가 되기를 원하는 것은 아니다. 내가 남의 침략에 가슴이 아팠으니, 내 나라가 남을 침략하는 것을 원치 아니한다. 우리의 부력富力은 우리의 생활을 풍족히 할 만하고, 우리의 강력強力은 남의 침략을 막을 만하면 족하다. 오직 한없이 가지고 싶은 것은 높은 문화의 힘이다. 문화의 힘은 우리 자신을 행복되게 하고, 나아가서 남에게 행복을 주기 때문이다. 지금 인류에게 부족한 것은 무력도 아니오, 경제력도 아니다. 자연 과학의 힘은 아무리 많아도 좋으나, 인류 전체로 보면 현재의 자연 과학만 가지고도 편안히 살아가기에 넉넉하다."

– 『백범일지』, 「나의 소원」 중 '내가 원하는 우리나라'

사회 6-2 2. 통일 한국의 미래와 지구촌의 평화 — 2) 지구촌의 평화와 발전

#평화 수호

총을 왜 매듭지어서 전시한 것일까요?

30초 해결사

뉴욕 국제 연합(UN) 본부 앞에는 총구를 매듭지은 총 모양의 동상이 전시되어 있어요. 총으로 상징되는 무력이 아닌, 평화를 통해 세계가 함께하기를 바라는 마음으로 이런 작품을 설치한 것이에요.

• 평화 운동: 전쟁과 군사주의로 일어나는 폭력에 저항하고 맞서는 운동을 뜻해요.

#국제 연합(UN)   #베르타 폰 주트너

(출처: 이제석 광고 연구소 www.jeski.org)

적을 향한 총구는 결국 나에게 돌아온다는 의미를 전하고 있어.

둥근 기둥에 포스터를 붙이니 총구가 나를 겨누네!

100여 년 전 오스트리아의 평화 운동가 베르타 폰 주트너는 "평화를 원하면 무기를 내려놓으라!" 하고 외쳤어요. 주트너는 작가이자 반전·평화 운동가였어요. 계급과 민족, 남녀를 불문한 평화주의를 기반으로 국제 반전·평화 운동을 선도했고, 1905년 노벨 평화상을 받았어요. 주트너는 노벨의 비서로도 활동했는데, 노벨이 주트너의 활동을 보면서 평화의 소중함을 깨닫게 되어 노벨 평화상을 만들었다는 이야기가 있어요. 주트너는 1889년, 전쟁에 반대하는 소설 『무기를 내려놓으라!(Die Waffen nieder!)』를 썼어요. 당시 사람들은 그녀의 활동과 작품에 관심을 갖지 않았지요. 하지만 주트너의 경고를 잊은 채 평화를 핑계 삼아 전쟁을 준비한 유럽의 여러 나라들은 제1차 세계 대전에 휩싸였어요. 약 1,000만 명의 사람들이 목숨을 잃는 등 끔찍한 결과를 맞이했지요.

평화를 생각하면 본의 아니게 전쟁이나 폭력을 먼저 떠올리기 쉬워요. 평화 그 자체에 대해 충분히 생각할 여유가 없고, 현실에서 무수히 많은 폭력과 전쟁을 경험하고 있기 때문이에요. 전쟁과 폭력이 아닌 평화로운 상태를 먼저 떠올릴 수 있는 날들이 많아지면 좋겠어요.

개념연결 전쟁을 기념한다? 전쟁 기념관 명칭에 대한 고민

전쟁 기념관은 평화의 소중함을 알아보기 위해 마련된 박물관이다. 이곳에는 호국 추모실, 전쟁 역사실, 6·25 전쟁실, 해외 파병실, 국군 발전실, 기증실, 대형 장비실 등 7개의 실내 전시실과 어린이 박물관, 야외 전시장이 있다. 그런데 전쟁 기념관의 이름을 바꾸자는 목소리가 많다. 전쟁을 잊지 말고 기억할 필요는 있지만, 전쟁이 생일처럼 기념할 일은 아니기 때문이다. 실제로 전쟁 기념관에서는 2010년도에 이름 바꾸는 것에 대한 대국민 설문 조사를 실시하기도 했다. 아무래도 전쟁의 참혹함과 역사를 바로 알고 평화로 나아가기 위한 의미를 '전쟁 기념관'이라는 명칭에서는 쉽게 떠올릴 수가 없다. 그렇다면 전쟁 기념관의 이름을 어떻게 바꾸면 좋을지 생각해 보자.

사회 6-2 | 2. 통일 한국의 미래와 지구촌의 평화 | 2) 지구촌의 평화와 발전

#이스라엘의 장벽

장벽을 쌓아 평화를 가로막은 곳이 있다고요?

30초 해결사

이스라엘은 팔레스타인 사람들이 자국으로 건너오지 못하도록 높다란 장벽을 세웠어요. 이로 인해 장벽 안에 갇힌 팔레스타인 사람들은 이동이 힘들어지고 고립되는 등 큰 불편을 겪게 되었어요. 장벽은 대부분의 구간이 콘크리트 기반에 5미터 높이의 철조망으로 이루어져 있고, 한쪽에는 4미터 깊이의 도랑이 파여 있어요. 팔레스타인 주민 수만 명이 삶터와 학교, 직장으로부터 격리된 채 힘겹게 지내고 있어요.

#팔레스타인 #베를린 장벽 #휴전선

이스라엘은 팔레스타인으로부터 자신들을 보호한다는 명목으로 콘크리트로 된 분리 장벽을 세웠어요. 콘크리트 장벽과 철조망, 감시탑 등에 둘러싸여 생활 기반을 상실하게 된 팔레스타인 주민들은 분리 장벽의 문제를 국제 사법 재판소(ICJ)에 제기했어요. 국제 사법 재판소에서는 분리 장벽이 팔레스타인의 인권을 지나치게 침해한 것으로 국제법에 어긋나며, 철거되어야 한다고 판결했어요. 하지만 이스라엘은 판결을 따르고 있지 않고 있어요.

사실 이곳 팔레스타인은 팔레스타인 사람들이 주로 살던 지역이에요. 제2차 세계 대전이 끝나고 이스라엘은 팔레스타인 영토의 일부에 국가를 세우고 전쟁을 일으켜 팔레스타인 영토의 대부분을 차지했어요. 팔레스타인 사람들은 빼앗긴 영토와 분리 장벽으로 잃은 이전의 삶을 되찾기 위해 노력하고 있어요.

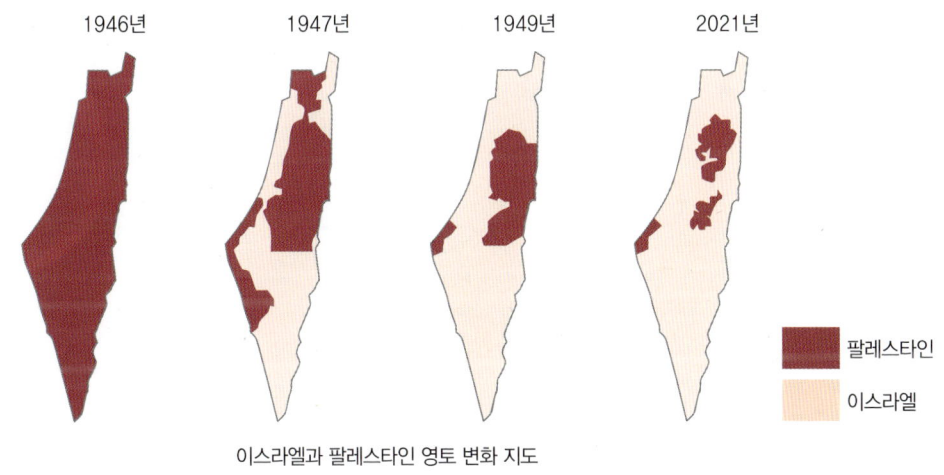

이스라엘과 팔레스타인 영토 변화 지도

베를린 장벽과 한국의 휴전선

독일 베를린에도 장벽이 있었다. 베를린 장벽은 1961년 동독에서 서독으로 탈출하는 사람들을 막기 위해 만들어졌다. 이는 동과 서로 갈라졌던 독일을 상징적으로 보여 줬다. 독일이 통일되면서 베를린 장벽은 무너졌고, 남은 잔해는 평화의 상징으로, 세계 여러 나라 사람들이 찾는 유명한 관광 명소가 되었다. 독일의 베를린 장벽처럼 우리나라에도 휴전선이 있다. 휴전선은 6·25 전쟁이 휴전됨으로써 한반도의 가운데를 가로지르는 것으로 정해진 군사 분계선이다. 대한민국의 휴전선은 안타깝게도 여전히 존재하여 남북 군인들이 총칼로 무장한 채 각각의 지역을 지키고 있다. 잠시 전쟁을 멈춘 상태임을 나타내는 현재의 휴전선이 베를린 장벽처럼 평화의 상징으로 기억되는 날이 오길 바란다.

사회 6-2 2. 통일 한국의 미래와 지구촌의 평화 2) 지구촌의 평화와 발전

#지구촌

지구를 왜 한마을이라고 할까요?

30초 해결사

교통과 통신이 발달하면서 지구가 하나의 마을처럼 되었다고 해서 이를 지구촌이라고 부르게 되었어요. 제1, 2차 세계 대전 이후 세계는 평화의 소중함을 깨달았지요. 그래서 정치, 경제, 문화 등 사회 여러 분야에서 국가 간의 교류가 많아졌어요. 또 과학 기술과 통신이 발전하면서 온 인류가 쉽게 왕래하고 소통할 수 있는 세상이 되었어요.

#글로벌 #세계화

식탁에 오른 음식의 원산지를 보면 마치 세계 여행을 하는 것 같아요. 노르웨이산 고등어, 칠레산 포도, 호주산 소고기 등 세계 곳곳에서 재배된 농수산물을 우리는 매일 맛보고 있어요. 우리가 입고 있는 옷도 생각해 볼까요? 옷 안에 붙은 상표를 살펴보면 베트남, 중국을 비롯해 여러 나라에서 만들어진 것을 알 수 있어요. 신선한 음식을 먹을 수 있는 것도, 마음에 드는 옷을 쉽게 살 수 있는 것도 결국 교통과 통신의 발달로 물자와 사람의 이동이 활발해진 덕분이에요.

그렇지만 전 세계가 하나의 지구촌이 되면서 문제점도 생겨났어요. 코로나19 같은 감염병이 생기자 순식간에 퍼져 나갔지요. 또 세계 곳곳에서 지역과 국가 간 갈등과 전쟁, 환경 문제들이 일어나고 있어요. 세계 여러 나라들은 지구 공통의 문제들을 해결하기 위해 함께 노력하고 있어요.

『80일간의 세계 일주』

1873년에 나온 소설 『80일간의 세계 일주』는 당시 큰 화제가 되었다. 세계 일주를 80일 만에 한다는 것이 꿈같이 느껴졌기 때문이다. 하지만 당시 교통과 통신 상황을 생각했을 때 이 책은 지구촌 시대를 앞서 예견한 책으로 볼 수 있다. 지금은 비행기를 타고 세계 일주를 할 수 있을 뿐만 아니라 우주여행까지 현실로 이뤄지고 있다.

사회 6-2 | 2. 통일 한국의 미래와 지구촌의 평화 | 2) 지구촌의 평화와 발전

#국제 연합(UN)

국제 연합(UN)은 무슨 일을 하는 곳일까요?

30초 해결사

국제 연합(United Nations)은 전 세계 193개 나라가 가입되어 있는 국제적인 기구예요. UN이라고도 하지요. 국제 연합은 지구의 평화를 위해 제2차 세계 대전 후에 만들어졌어요. 세계 대전을 겪으면서 전쟁이 또 일어난다면 더는 인류가 지구에서 살아갈 수 없다는 것을 깨달았기 때문이에요. 국제 연합은 지구의 평화와 안전 유지, 국제 협력을 달성하기 위하여 만들어진 국제 평화 기구예요.

#세계 보건 기구   #유니세프

국제 연합 로고

세계 보건 기구 로고

국제 연합 로고를 살펴볼까요? 북극을 중심으로 하는 5개 대륙의 세계 지도는 인류가 살고 있는 지구를 나타내요. 지도를 감싸는 것은 올리브 나뭇잎으로, 평화를 상징하지요. 여기에는 국제 연합이 지구의 평화와 안전을 함께 만들어 가겠다는 뜻이 담겨 있어요.

국제 연합에는 세계 보건 기구를 비롯해 유니세프 등의 여러 기구가 있어요.

세계 보건 기구(World Health Organization)는 전 세계인의 건강에 대한 연구를 하며, 코로나19 같은 감염병을 예방하고 해결하기 위해 노력해요. 세계 보건 기구의 로고는 국제 연합과 비슷해 보이지만, 지팡이를 감으며 올라가는 뱀이 그려져 있다는 점이 달라요. 그리스 로마 신화에서 뱀은 치유의 신으로 여겨졌는데, 인류를 질병에서 구출한다는 의미로 지팡이와 뱀을 그려 넣은 것이지요.

유니세프(unicef)는 전 세계 어린이를 차별 없이 돕기 위해 만들어졌어요. 로고 속 올리브 나뭇잎에 둘러싸인 지구의 모양이 국제 연합의 것과 같지요. 지구본 안의 아이와 어른이 마주하고 있는 그림은 어린이를 중심으로 활동하겠다는 의미를 나타내요.

유니세프 로고

개념연결 노벨 평화상을 받은 국제 기구

노벨 평화상을 받은 유엔 산하의 국제 기구가 있다. 바로 세계 식량 계획World Food Programme과 국제 노동 기구International Labour Organization다. 세계 식량 계획은 형편이 어려운 나라들에 식량을 지원함으로써 이들 국가의 경제, 사회 발전을 도모한다. 분쟁, 기후 위기, 코로나19 등으로 기근에 시달리는 국가들을 위한 이들의 지원 활동은 평화를 열어 가는 모범 사례로 인정받아 2020년 노벨 평화상을 받았다.

국제 노동 기구는 전 세계적으로 노동 조건과 사회 정책, 행정 및 인력 자원을 훈련시키며 기술을 지원한다. 세계 각국의 노동 조건을 개선하고 저개발국에 많은 기술 원조를 제공하는 등의 역할을 인정받아 1969년도에 노벨 평화상을 받았다.

사회 문화 **157**

#기후 위기

지구를 지키기 위해 학교 가는 것을 거부했다고요?

30초 해결사

"저는 기후 문제를 해결하지 않으면 학교에 가지 않을 거예요. 이 문제가 해결될 때까지 매주 금요일, 저는 결석하고 시위를 할 거예요. 여러분들도 함께 해 주세요."

2018년, 기후 변화의 심각성을 느낀 스웨덴의 학생 그레타 툰베리의 제안에 전 세계 학생들이 행동을 함께했어요. 스웨덴을 시작으로 전 세계에서 매주 금요일, '기후를 위한 학교 파업' 시위를 하는 학생들이 생겨났어요.

#미래를 위한 금요일   #그레타 툰베리   #지구 온난화   #청소년기후행동

베를린에서 열린 '미래를 위한 금요일(Fridays For Future)' 시위의 전면에 선 그레타 툰베리

"여러분은 자녀를 사랑한다고 말은 하지만, 기후 변화에 적극적으로 대처하지 않는 모습으로 자녀들의 미래를 훔치고 있습니다."

툰베리는 2018년 12월 국제 연합(UN) 기후 변화 협약 당사자 총회에 참석해 기후 변화 대책에 미온적인 정치인들을 공개적으로 비판했어요. 그레타 툰베리를 포함한 기후 위기 시위를 하는 청년들은 기후 변화에 둔감한 기업과 국가 들의 행보가 계속된다면 '앞으로 지구의 미래는 없을 것'이라며 대책 마련의 필요성을 전 세계 국가와 사람 들에게 알리고 있지요. 우리나라에서도 초등학생부터 고등학생까지 많은 학생이 팻말을 들고 광화문으로 나와 함께했어요. 기후 위기 문제에 관심을 갖는 청소년들은 단체를 만들어 활동하기도 해요. 기후 운동 단체 '청소년기후행동'은 기후 위기 문제가 심각함에도 대한민국 정부가 필요한 최소한의 노력도 하지 않아 인권을 침해했다면서 헌법 소원을 제기했어요. 지구의 미래를 위해 개인들의 실천뿐 아니라 학생들의 제안처럼 국가와 기업도 함께 노력하면 좋겠어요.

개념연결 1.5도의 무게

전 세계적으로 지구 기온 상승 온도를 1.5도 이하로 줄여야 한다고 이야기하고 있다. 왜 1.5도가 중요한 것일까? 과학자들은 지금보다 평균 1.5도 이상 오르면 그 이후부터는 지구가 통제 불능의 상태가 될 것이라고 예측했다. 2018년 기후 변화 국제 협의체(IPCC)에서는 지구의 평균 온도 상승 폭을 1.5도 이하로 제한하기 위해 온실가스의 배출 경로 등을 분석하고, 전 세계가 노력하여 2030년까지 이산화탄소의 배출량을 현재의 절반으로 낮출 것을 제안했다.

사회 문화

'미래를 위한 금요일' 시위를 위해 수업을 거부해도 괜찮을까?

학교에 가는 것도 학생의 의무야!

> 기후 위기는 분명 우리 모두의 중요한 문제야. 하지만 학교에 가는 것도 학생의 의무라고 할 수 있어. 교실에 결석하는 학생이 많아지면 수업 분위기를 흐리고, 다른 학생들의 학습권을 침해할 수 있어. 학교에서도 목소리를 낼 여러 방법이 있는데, 꼭 시위의 방식이 결석일 필요는 없다고 생각해.

'미래를 위한 금요일'은 기후 변화에 대응할 것을 촉구하는 각국 청소년들의 기후 행동 연대 모임이다. 스웨덴의 학생 그레타 툰베리가 매주 금요일 스톡홀름의 국회 의사당 앞에서 '기후를 위한 등교 거부'가 적힌 팻말을 들고 1인 시위를 벌이면서 시작되었다. 툰베리의 시위가 언론을 통해 주목을 받으며 금요일의 기후 시위는 전 세계 청소년들에게 퍼져 나갔다. 우리나라에서도 '청소년기후행동'이 미래를 위한 금요일과 연대해 결석 시위를 한 적이 있다.

S 청소년도 정치 주체로서 행동할 권리가 있어!

> 의견을 강력하게 나타내는 수단으로 결석을 선택한 거야. 기후 위기는 당장 행동하지 않으면 안 되는 중요한 문제야. 학생들이 학교에 가는 대신 시위에 나섰기 때문에 언론의 주목을 받고, 어른들의 행동을 이끌어 낼 수 있었어. 청소년이라는 이유로 정치적 행위가 제약을 받으면 안 된다고 생각해.

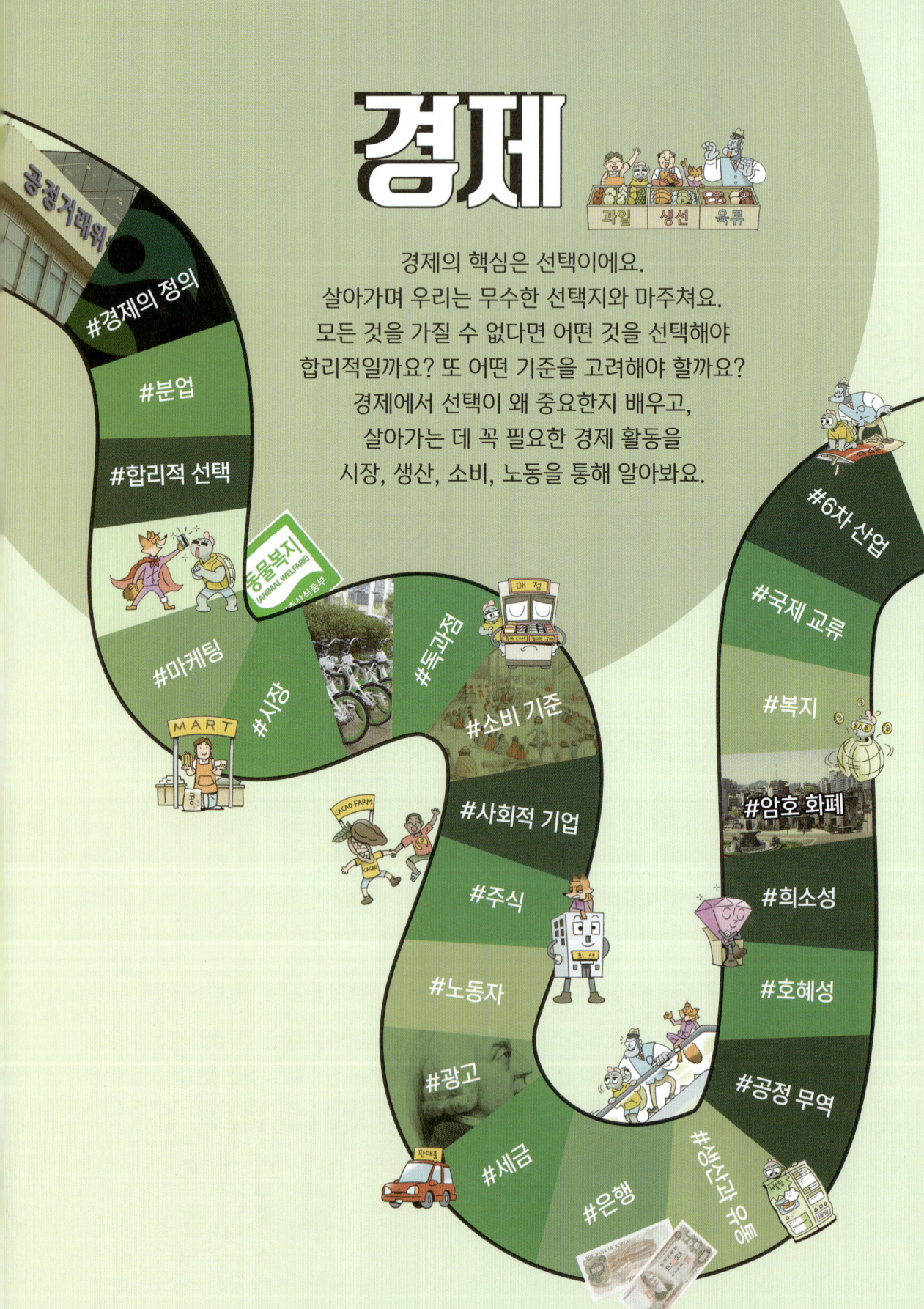

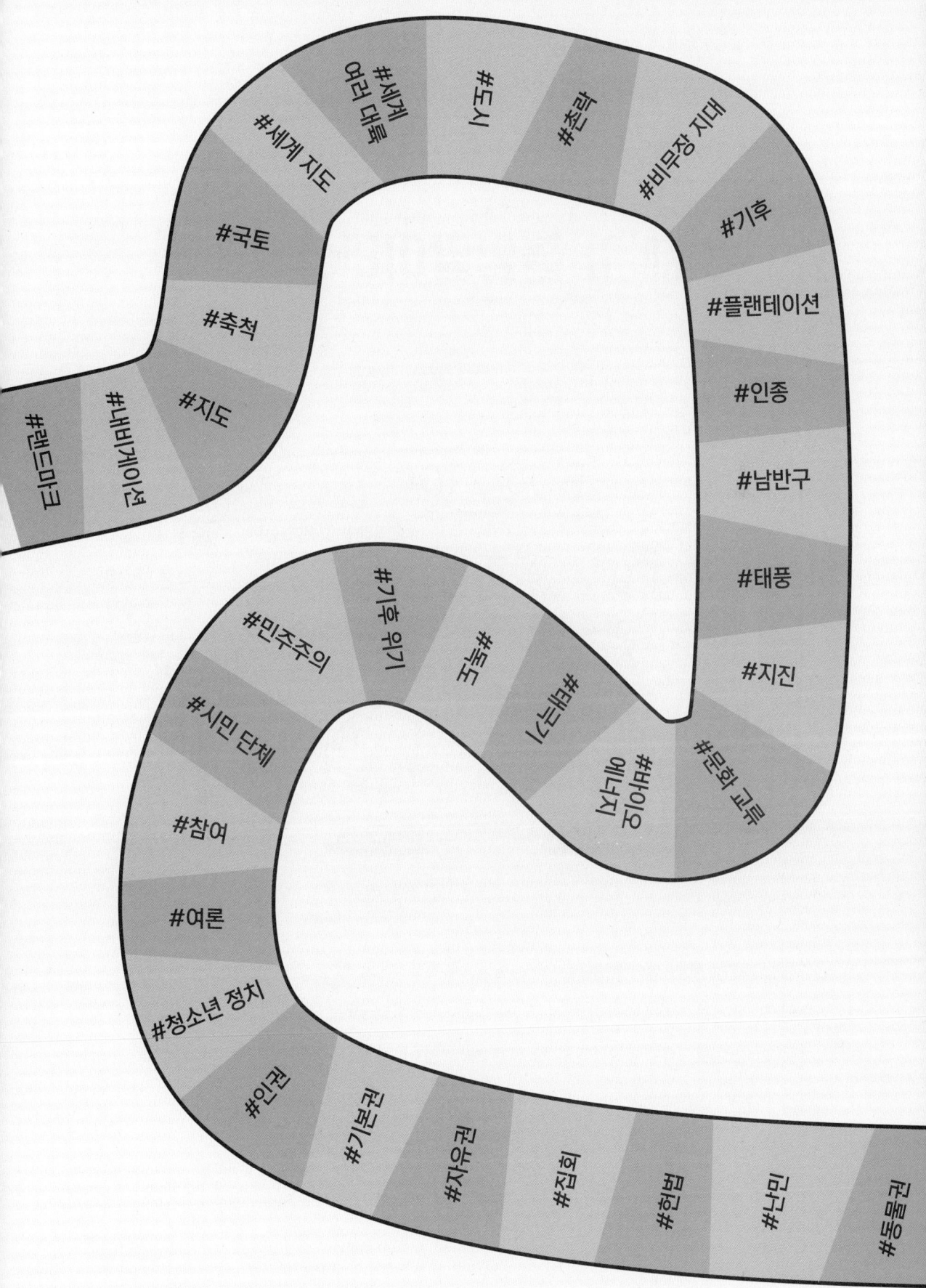

사회 4-1 — 3. 경제활동과 지역 간 교류 — 1) 경제활동과 합리적 선택

#경제의 정의

'경제'가 줄임말이라고요?

30초 해결사

경제는 '경세제민(헤아릴 경經, 세상 세世, 구제할 제濟, 백성 민民)'이라는 단어를 줄인 말이에요. '세상을 다스리고 백성을 구제하다'라는 뜻이지요. 세상의 질서를 확립하고, 사람들의 행복을 실현하는 것이 경제의 궁극적인 목적이에요.

- 재화: 신발, 음식, 물 등 사람이 필요로 하는 모든 물건을 재화라고 해요. 재화는 실체가 있을 수도, 없을 수도 있어요.

#재화 #서비스

경제라는 단어를 보면 무엇이 떠오르나요? 신문이나 뉴스를 보면 경제 관련 소식에는 꼭 돈 이야기가 나오지요. 그렇다면 경제는 돈을 버는 방법일까요?

사실 돈은 경제의 일부분에 불과해요. 우리가 일상에서 하는 모든 행동이 경제와 밀접한 관련이 있어요. 한번 살펴볼까요?

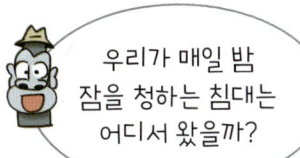

> 아침에 **침대**에서 일어나면 **식탁**에 앉아 **밥**을 먹는다. **버스**를 타고 **학교**에 간다. 오전에 열심히 **수업**을 듣고, **점심**을 맛있게 먹은 뒤 **운동장**에서 **축구**를 한다. 하교 후 어머니와 함께 **시장**에 가서 저녁에 먹을 **식료품**을 산다.

이처럼 우리가 일상생활을 하려면 필요한 것이 정말 많아요. 그중에는 음식, 옷, 집과 같이 실체가 있는 물건뿐만 아니라 실체가 없는 재화도 있어요. 아프면 의사의 치료를 받고, 백화점에 가면 점원들이 도와주지요. 이렇게 실체가 없는 재화는 서비스라고 불러요.

일상생활에 필요한 상품과 서비스를 혼자 다 만들어 낼 수는 없기 때문에, 다른 사람이 만든 물건과 서비스를 거래를 통해 교환해요. 이때 거래를 위해 주로 화폐가 사용돼요. 이런 활동과 관계 등을 모두 경제라고 할 수 있어요.

개념연결 동양에서는 '경세제민', 서양에서는 '이코노미(economy)'

경제를 영어로는 이코노미economy라고 한다. 이코노미는 그리스어로 집을 뜻하는 '오이코스oikos'와 관리를 뜻하는 '노모스nomos'의 합성어인 '오이코노미아oikonomia'에서 유래했다. 즉, 서양에서 경제는 가족 단위 살림을 관리하는 일에서 시작된 개념으로 볼 수 있다. 과거는 오늘날과 달리 3~4대가 모여 사는 대가족 중심의 농경 사회였고, 고용인이나 노예 등도 관리해야 하는 구성원에 포함되었다. 즉, 이코노미라는 단어에는 자급자족으로 살아갔던 살림살이 공동체의 의미가 담겨 있다.

사회 4-1 · 3. 경제활동과 지역 간 교류 · 1) 경제활동과 합리적 선택

#분업

일을 서로 나눠서 하면 더 많이 할 수 있어요?

30초 해결사

일을 과정별, 부문별로 나눠 여럿이서 작업하는 것을 분업이라고 해요. 단순히 여럿이서 한다는 뜻이 아니라, 여러 부문으로 나눠 각각 맡는다는 점이 중요해요. 자동차를 만들 때 바퀴만 생산하는 사람과 창문만 생산하는 사람이 각각 따로 있는 것처럼요. 분업을 하면 한 사람이 같은 작업만 전문적으로 반복하게 되므로 생산성을 높일 수 있답니다.

#헨리 포드 #대량 생산 #찰리 채플린 #벨트 컨베이어

1913년 미국의 사업가 헨리 포드는 자동차를 빠르고 싸게 만드는 방법을 생각해 냈어요. 여러 개의 벨트 컨베이어를 놓고, 일하는 사람들이 각자 정해진 부품만 반복해서 조립하는 것이었지요. 포드의 이 획기적인 아이디어는 대성공을 거두었어요. 대량 생산이 가능해지면서 자연스럽게 자동차 가격이 내려갔고, 더 많은 사람에게 자동차가 보급되었지요.

　분업과 대량 생산은 시장에 엄청난 변화를 가져왔어요. 생산되는 물건의 품질이 일정해졌고, 생산 속도가 전과 비교할 수 없이 빨라졌지요. 그렇지만 대량 생산이 새로운 산업의 표준이 되면서 여러 문제점이 생겼어요. 이를 잘 보여 주는 영화가 찰리 채플린이 감독과 주연을 맡은 「모던 타임스」(1936)예요.

영화 「모던 타임스」의 한 장면

　이 영화에서 보여 주듯이, 대량 생산이 보편화된 사회에서는 노동자가 이전보다 훨씬 많은 노동량을 감당하게 된다는 문제가 있어요. 또 다양한 종류의 제품을 조금씩 생산해야 하는 산업은 이런 작업 방식이 적합하지 않아요. 대량으로 생산된 물품이 모두 소비되지 않으면 버려진다는 점도 큰 사회 문제예요.

노동자의 행동을 통제하라, 테일러

　테일러는 역사상 최초로 생산 공정을 과학적으로 분석하고 체계적으로 관리하는 기법을 고안해 낸 사람이다. 1879년, 공장의 관리자로 일하던 테일러는 노동자들이 일에 보다 집중할 수 있는 방법을 고민한 끝에 작업을 세분화하고 각각의 작업에 대해 정확하게 시간을 매기는 방식을 고안했다. 그리고 노동자의 작업, 동작, 행동 등을 표준화했다. 테일러의 작업은 포드가 만들어 낸 대량 생산 공장의 노동 방식에도 영향을 주어 효율성을 더욱 끌어올리는 데 기여했다.

사회 4-1 — 3. 경제활동과 지역 간 교류 — 1) 경제활동과 합리적 선택

#합리적 선택

물건을 여러 개 사면 한 개 사는 것보다 무조건 더 싼가요?

30초 해결사

백화점이나 마트에서 상품 여러 개를 묶어 파는 모습을 볼 수 있지요. 언뜻 보기에는 저렴하게 판매하는 행사 같지만, 잘 살펴보면 낱개로 살 때보다 더 비싼 경우도 있어요. 따라서 물건을 살 때는 꼭 한 개당 가격, 1그램당 가격을 꼼꼼히 살펴봐야 해요. 소비자들이 합리적으로 소비할 수 있도록 제품의 그램당 가격을 비롯한 단위 가격을 표시하도록 하는 규제가 시행되고 있지만, 간혹 이 단위 가격이 아주 작게 표시되어 있는 경우가 있답니다.

#기회비용 #매몰 비용 #매몰 비용의 오류

사람의 욕구는 무궁무진하지만 돈, 시간, 에너지 등의 자원은 희소하지요. 그래서 우리는 무엇을 하고, 무엇을 하지 않을 것인지 선택해야만 해요.

여러 가능성 중 한 가지를 선택하면 다른 선택지에서 얻을 수 있는 것은 포기해야 해요. 그렇다면 가능한 가장 만족할 수 있는 선택을 하는 것이 합리적이겠지요? 기회비용이란 여러 가능성 중 하나를 선택할 때, 그 선택으로 인해 포기하게 되는 가치 중 가장 큰 가치를 뜻해요. 즉, 차선의 가치이지요. 기회비용이 적은 선택일수록 합리적이라고 볼 수 있어요.

기회비용이 무엇인지 수영이의 사례를 통해 알아볼까요?

> 수영이는 두 시간의 여가를 어떻게 보낼지 고민하고 있다. 텔레비전 시청, 독서, 운동 중 하나를 선택하기 위해 각각이 주는 만족감을 돈으로 환산해 보았다.
> 텔레비전 시청: 8,000원
> 독서: 10,000원
> 운동: 12,000원
> 수영이는 만족감이 가장 큰 운동을 선택했다. 이로써 텔레비전 시청과 독서를 할 수 없게 되었다. 따라서 수영이의 선택에 따른 기회비용은 10,000원이다.

여러분도 일상생활에서 선택을 할 때 어떻게 해야 기회비용을 가장 최소화할 수 있을지 고민해 보세요.

개념연결 매몰 비용의 오류

'매몰'은 파묻혔다는 뜻으로, '매몰 비용'은 이미 투입되어서 이제는 돌려받을 수 없는 비용이다. '매몰 비용의 오류'란 어떤 선택을 할 때 매몰 비용을 고려하는 바람에 합리적인 선택을 하지 못하는 것을 의미한다.
예를 들어 영화를 구매해 다운로드를 받았는데 재미가 없었다고 생각해 보자. 영화를 재생한 순간부터 환불을 받을 수 없으므로, 영화를 구매할 때 사용한 비용은 매몰 비용이다. 더는 영화를 보고 싶지 않은데도 이 매몰 비용이 아까워 계속 보는 것은 합리적인 선택이 아니다. 과감히 영화를 포기하고, 다른 재미있는 일을 하는 것이 경제학적으로 합리적인 선택이다.

사회 4-1　3. 경제활동과 지역 간 교류　1) 경제활동과 합리적 선택

#마케팅

백화점에는 왜 창문이 없을까요?

주말에 백화점에 다녀왔는데, 백화점에는 창문이 없다는 사실을 발견했어! 왜일까?

돈을 아끼려고 안 만들었겠지. 다른 이유가 있겠어?

관찰력이 아주 좋은데?

30초 해결사

백화점에 창문이 없는 이유는 밖을 볼 수 없게 해서 시간을 가늠하지 못하게 하려는 것이에요. 그러면 긴 시간 쇼핑에 몰두할 수 있지요. 같은 이유로 백화점에는 시계 매장 외에는 시계가 없어요. 또 1층에는 항상 화장품이나 보석류처럼 시선을 잡아끄는 물품을 배치해요. 이 밖에도 다양한 수단을 이용해 소비자의 구매 욕구를 불러일으키는데, 이 모든 수단이 마케팅이랍니다.

- 마케팅: 소비자가 원하는 상품이나 서비스를 효율적으로 제공하기 위한 모든 활동을 말해요.

#문간에 발 들여놓기　#노이즈 마케팅　#그린 마케팅　#바이럴 마케팅

"안녕하세요, 간단한 설문 조사 부탁드립니다!"

길에서 이런 요청을 받아 본 적이 있나요? 사회 문제에 관한 간단한 설문 조사를 마치면, 시간을 낸 사람들에게 후원을 부탁하는 경우가 많아요. 이것은 '문간에 발 들여놓기(foot-in-the-door technique)'라는 재미있는 마케팅 기법 중 하나예요. 큰 부탁을 하기 전, 먼저 작은 부탁을 해서 그 부탁을 들어주게 하는 것으로 시작하지요. 문간에 우선 발부터 들여놓고 나면 몸을 들이기가 더 쉬워지니까요.

'노이즈 마케팅'도 흥미로운 마케팅 기법 중 하나예요. 노이즈(noise)는 소음이란 뜻으로, 일부러 부정적인 화제를 만들어 구설수에 오름으로써 소비자의 관심을 끄는 것이랍니다. 2010년 한 대형 마트에서 치킨 한 마리를 5,000원에 판매한다는 전략을 내놓았어요. 치킨 값이 너무 비싸다는 여론이 형성되던 때, 이렇게 저렴한 치킨의 등장은 큰 화제가 되었지요. 언론은 대형 마트가 서민의 상권을 침해한다는 보도를 내놓았지만, 이것이 노이즈 마케팅이 되어 오히려 많은 홍보가 되는 결과가 나타났어요.

최근에는 환경에 대한 관심이 급증하면서 '그린 마케팅'도 늘고 있어요. 그린 마케팅이란 자연 환경의 보전과 생태계 균형 등을 중시하는 마케팅이에요. 환경적으로 우수한 제품을 선보이고, 친환경적인 기업 이미지를 만드는 것이 소비자에게 긍정적인 인식을 주지요. 유명한 커피 체인인 '스타벅스'가 플라스틱 빨대 대신 종이 빨대를 사용한다고 홍보하는 것도 그린 마케팅 중 하나예요.

이처럼 소비자의 관심을 끌기 위한 마케팅 수단은 정말 다양하답니다.

조심해, 바이럴 마케팅!

바이럴 마케팅이란 소비자들이 자발적으로 이메일이나 SNS 등을 통해 물건 및 서비스의 좋은 점을 널리 퍼뜨리게 하는 마케팅이다. 정보 공유가 빠른 인터넷 특성상, 마치 바이러스가 확산되듯이 소문이 퍼진다고 해서 이런 이름이 붙었다. 입소문 마케팅이라고도 한다. 그러나 바이럴 마케팅이 늘어나면서 인터넷에서 접하는 정보에 대한 신뢰성이 떨어지는 문제가 생겼다. 또, 광고인 것을 밝히지 않고 거짓 후기를 쓰거나 의도적으로 소비자가 오해하게끔 유도하는 불법 사례가 늘고 있어 주의해야 한다.

개인 맞춤 광고를 규제해야 할까?

개인 맞춤 광고는 유용해!

" 마침 필요했던 물건을 광고하는 일이 많기 때문에 개인 맞춤형 광고가 유용하다고 생각해. 물건을 찾아보는 시간을 절약할 수 있고, 좋은 상품을 소개받을 수도 있어. 판매자 입장에서도 상품에 관심이 있을 확률이 높은 사람에게 광고를 할 수 있으니 훨씬 효율적이야. 광고를 위해 개인 정보를 수집할 경우, 사이트에 가입할 때 미리 동의를 구하기 때문에 문제될 것이 없다고 생각해. "

인터넷에서 개인 맞춤 광고를 흔히 마주칠 수 있다. 한 사이트에서 운동화를 검색하면 다른 사이트에서도 운동화 광고가 뜨는 식이다. 인터넷 거래가 늘면서 소비자가 최근 구입했거나 구경한 상품들, 검색 빈도, 특정 상품 페이지에 체류한 시간 등을 분석해 소비자 맞춤형 광고를 제공하는 사례가 늘고 있다. 효율적인 광고로 소비자와 판매자가 모두 이익이라는 의견도 있지만, 개인 정보 이용에 대한 우려도 높다.

S 개인 정보 유출의 위험이 있으니 규제해야 해!

" 사이트에 가입할 때 개인 정보 수집에 대해 동의를 구하기는 하지만, 동의하지 않으면 가입할 수 없는 경우도 많아. 그런 것을 정말 소비자가 동의했다고 할 수 있을까? 그리고 그렇게 수집된 개인 정보가 제3자에게 유출된 사례가 여러 차례 있었잖아. 또 소비자는 여러 물건을 비교해 보고 더 좋은 상품을 선택할 권리가 있는데, 개인 맞춤형 광고는 그런 선택의 폭을 좁히는 문제가 있어. "

사회 4-1 | 3. 경제활동과 지역 간 교류 | 1) 경제활동과 합리적 선택

#한계 효용 체감의 법칙

돈을 많이 벌수록 행복해질까요?

30초 해결사

재화를 소비함으로써 얻는 만족감을 수치로 나타낸 것을 '효용'이라고 해요. 같은 재화를 추가로 소비했을 때 추가로 느끼는 만족감을 '한계 효용'이라고 하지요. 한계 효용은 점차 감소해요. 그래서 빵을 처음 먹을 때 느끼는 만족감보다 두 번째 먹을 때 느끼는 만족감이 덜한 것이랍니다. 이를 '한계 효용 체감의 법칙'이라고 불러요.

• 체감遞減: 차례로 줄어듦을 뜻해요.

#한계 효용   #중산층   #합리적 선택

"돈을 많이 벌수록 행복해질까?"

미국의 경제학자 앵거스 디턴과 대니얼 카너먼은 위 질문에 대한 답을 찾기 위해 2008년부터 2009년까지 미국 전역에 거주 중인 45만 명을 대상으로 설문 조사를 진행했어요. 그 결과, 연봉이 높아질수록 사람들이 일상에서 느끼는 행복감은 커졌어요. 그런데 연봉이 일정 이상을 넘은 뒤부터는 행복감이 크게 커지지 않는다는 사실을 발견했어요. 한계 효용 체감의 법칙이 떠오르지요? 돈을 버는 것은 물론 중요하지만, 나의 만족감과 행복이 언제까지나 돈에 비례해서 커지지 않는다는 사실을 여러분이 알면 좋겠어요.

한계 효용 체감의 법칙은 독일의 경제학자 헤르만 고센이 발견했어요. '고센의 제1 법칙'이라고도 하지요. 한계 효용 체감의 법칙이 정리되면서 우리가 경제 활동에서 얻는 만족도를 수치로 표현할 수 있게 되었어요. 그런데 이 법칙에도 예외가 있어요. 바로 '중독'이에요. 게임을 예로 들어 볼까요? 게임을 한두 시간 정도 하고 나면 점점 지겨워져서 텔레비전 등 다른 재미있는 것을 찾게 되지요. 게임을 처음 했을 때 느꼈던 행복감의 정도가 점차 줄어든 것이에요. 그런데 게임에 중독되면 하루 종일 게임을 해도 행복감이 줄어들지 않아요. 만족감에 대한 합리적 판단을 할 수 없는 중독된 상태라고 볼 수 있어요. 스마트 폰, 쇼핑, 도박 등에 중독되는 것도 마찬가지예요. 무엇인가에 중독이 되면 스스로를 통제하는 것이 어려워지고, 일상 생활에 나쁜 영향을 미칠 수 있어요. 그러니 평소 스스로 조절하는 습관을 가지는 것이 중요하겠지요?

 **중산층의 기준**

중산층은 상류층과 하류층 사이, 중간에 위치한 집단이다. 소득 수준에 따라 중산층을 정의하는 것이 보편적이지만, 나라에 따라 소득 이외의 기준으로 중산층을 정의하기도 한다. 예를 들어 미국 공립 학교에서는 중산층을 '자신의 주장에 떳떳하고 사회적 약자를 도우며 부정과 불법에 저항하는 집단'이라고 가르친다. 프랑스의 조르주 퐁피두 전 대통령은 중산층을 '외국어를 하나쯤 할 수 있고, 스포츠를 즐기며, 악기를 다룰 줄 알고, 약자를 돕는 집단'이라고 정의했다.

| 사회 4-1 | 3. 경제활동과 지역 간 교류 | 1) 경제활동과 합리적 선택 |
| 사회 6-1 | 2. 우리나라의 경제 발전 | 1) 우리나라 경제 체제의 특징 |

#거품 경제

1억 6,000만 원짜리 튤립이 있다고요?

30초 해결사

17세기 네덜란드에서는 튤립 거래가 크게 유행했어요. 희귀한 튤립일수록 가격이 어마어마하게 비쌌지요. 그러나 어느 순간 튤립의 가격이 급락하면서 튤립을 판매하던 상인들은 빈털터리가 되었고, 무리하게 튤립을 사들이던 귀족들이 잇달아 큰 손해를 입었어요. 이 사건을 '튤립 파동'이라고 해요. 튤립 파동은 거품 경제의 대표적인 사례예요.

- 거품 경제: 시장에서 상품이 실제로 가진 가치보다 더 부풀려져 터무니없는 가격으로 결정되는 현상이에요.

#시장 #튤립 파동 #잃어버린 10년

꽃잎에서 어떻게 저런 무늬가 나올까? 정말 아름답다!

하지만 비싸도 너무 비싸! 가장 비싼 튤립이었던 '셈페르 아우구스투스'라는 품종이래.

셈페르 아우구스투스의 아름다운 무늬는 사실 바이러스 때문에 생긴 거란다. 그래서 얻기도 어려웠고, 꽃을 피우더라도 무척 병약해서 금방 죽어 버렸다고 해. 그렇게 생각하면 좀 허무하지?

셈페르 아우구스투스 튤립을 묘사한 그림

튤립은 16세기 중반에 오스만 제국에서 유럽으로 건너왔고 네덜란드에서 큰 인기를 끌었어요. 처음 튤립을 사들인 것은 식물 애호가들이었는데, 이들 사이에서 아름다운 품종의 구근이 고가로 거래되자 시장의 이목이 쏠렸지요. 그렇게 튤립의 가격이 오르기 시작했고, 튤립으로 막대한 부를 얻을 수 있다는 소문이 퍼지며 많은 사람이 시장에 뛰어들었어요.

튤립 파동은 네덜란드 시장에 큰 변화를 가져왔어요. 한겨울에도 "내년 4월에 값을 지불하겠다", "그때 튤립 구근을 보내 주겠다"는 내용의 계약서가 작성되었고 이를 통해 돈이 없는 사람도 투기에 참여할 수 있었어요. 1630년대 중반에는 튤립 구근 하나의 값이 8만 7,000유로(약 1억 6,000만 원)까지 치솟을 정도였어요.

그러나 가격이 터무니없이 올라가자 식물 애호가 같은 실제 구매자들은 구매를 포기하게 되었어요. 그 결과 1637년, 튤립의 가격이 갑자기 폭락하면서 많은 사람이 거리에 나앉았지요.

일본의 잃어버린 10년

1986년부터 1991년 사이 일본에서는 부동산과 주식 등의 가격이 계속해서 올랐다. 하루가 다르게 부동산 값이 치솟는 까닭에 많은 사람이 부동산 투자에 뛰어들었다. "도쿄(일본의 수도)의 땅을 모두 팔면 미국을 살 수 있다"는 농담이 있을 정도였다. 그러다 한계치에 이르는 순간 1,500조 엔(약 1경 4,501조 원)의 자산이 순식간에 증발했다. 거품이 발생한 것이다. 이후 1991년부터 2001년까지 10년 동안 일본은 극심한 경기 불황을 겪었다. 이 시기를 일본의 '잃어버린 10년'이라고 부른다.

| 사회 4-1 | 3. 경제활동과 지역 간 교류 | 1) 경제활동과 합리적 선택 |
| 사회 6-1 | 2. 우리나라의 경제 발전 | 1) 우리나라 경제 체제의 특징 |

#독과점

나쁜 물건을 팔아도 살 수밖에 없는 이유가 있다고요?

- 중학교 다니는 우리 형은 학교 매점 물품에 불만이 많아.
- 마음에 안 들면 다른 매점을 이용하면 되는 거 아냐?
- 매점은 보통 한 학교에 하나밖에 없단다.

30초 해결사

중학교, 고등학교에 가면 학교에 매점이 있는 경우가 있어요. 그런데 보통 한 학교에는 매점이 하나뿐이랍니다. 이럴 경우, 매점에서 좋지 않은 물건을 팔아도 학생들은 다른 선택을 할 수 없게 돼요. 이처럼 하나의 판매자가 시장을 차지하여 경쟁이 사라진 상태를 '독점'이라고 해요.

- 과점: 독점과 비슷한 뜻으로, 하나의 판매자가 아닌 소수의 판매자가 시장을 차지한 상태를 뜻해요.

#시장의 한계   #허생전   #공정 거래 위원회

"이 나라의 모든 과일을 사들이겠다."

연암 박지원의 소설 『허생전』의 주인공 허생은 책만 읽는 가난한 선비였어요. 가난에 지친 아내의 호소에 집을 나선 허생은 큰 부자를 찾아가 1만 냥을 꾼 다음, 안성이라는 도시의 시장으로 가서 과일이 나오는 족족 사들이고 이를 창고에 쌓아 두었지요. 안성은 나라의 물자가 모이는 중요한 상업 도시였는데, 이 도시에서 과일이 바닥나자 얼마 지나지 않아 온 나라 사람들이 과일을 구하지 못해 난리가 났어요. 과일 값이 폭등하자 허생은 창고에 쌓아 둔 과일을 팔아 100만 냥을 번 다음, 빌린 돈을 갚았지요.

허생이 돈을 번 방식이 바로 전형적인 '독점'이에요. 기업이 시장을 독점하면 마음대로 가격을 올려도 소비자는 다른 선택지가 없기 때문에 '울며 겨자 먹기'로 살 수밖에 없어요. 과점의 경우도 시장을 장악한 소수의 기업이 미리 합의하여 가격을 함께 올리는 등의 행동을 할 수 있는데, 이런 행위를 '담합'이라고 하지요.

시장에 독점 및 과점이 발생하면 소비자와 중소기업 들이 큰 피해를 입기 때문에 이를 해결하려면 국가가 나서서 개입할 필요가 있어요. 우리나라는 공정 거래 위원회를 설립하고 관련 법률을 제정해 이러한 불공정 거래를 엄격히 단속하고 있어요.

기업의 각종 불공정 행위를 감시하기 때문에 '기업의 저승사자'라는 별명도 있단다.

정부 세종 청사에 있는 공정 거래 위원회

 심판이 나선다, 공정 거래 위원회

공정 거래 위원회는 독점 및 과점을 방지하고, 부당한 행위와 불공정 거래를 규제해 소비자를 보호하는 기관이다. 시장의 질서를 유지하는 심판과도 같다. 기업들 간의 담합, 대기업이 중소기업을 상대로 벌이는 다양한 불공정 행위 등은 모두 공정 거래 위원회의 단속 대상이다. 이 밖에도 기업들이 만들어 놓은 계약서나 가격 등에 소비자에게 불리한 부분이 있는지 감시하고, 소비자가 반드시 알아야 할 정보는 공개하도록 규제하는 역할을 한다.

사회 3-2 — 1. 사회 변화와 다양한 문화 — 1) 사회 변화와 달라진 생활 모습
사회 4-1 — 3. 경제활동과 지역 간 교류 — 1) 경제활동과 합리적 선택

#정보의 비대칭성

레몬 시장은 레몬을 파는 시장이에요?

30초 해결사

샛노란 레몬은 겉보기에는 무척 달고 맛있어 보이지만, 무척 시고 떫어서 그냥 먹기는 어렵지요. 이처럼 훌륭해 보이지만 알고 보면 성능이나 품질이 뛰어나지 않은 물건을 레몬이라고 불러요. 그리고 레몬과 같은 상품이 자주 거래되는 시장을 레몬 시장이라고 해요.

레몬 시장은 1970년 미국의 경제학자 조지 애컬로프가 발표한 이론에 나오는 표현이에요. 애컬로프는 이 레몬 시장 이론으로 노벨 경제학상을 수상했어요.

#레몬 시장 #체리 피커

중고 자동차 시장은 대표적인 레몬 시장이에요. 중고 자동차를 살 때는 이 차가 얼마나 많이 달렸는지, 엔진이나 에어컨 같은 부속물은 멀쩡한지 확인해야 해요. 부속물이 모두 닳았어도 겉모습은 근사할 수 있기 때문에 꼼꼼히 살펴봐야 하지요. 중고 자동차 시장이 레몬 시장이 되어 가는 과정을 살펴볼까요?

이런 과정이 반복되어 결국 중고 자동차 시장에는 상태가 좋은 차보다 좋지 않은 차가 더 많아져요. 바로 레몬 시장이 되는 것이지요.

이렇듯 의사 결정을 할 때 필요한 정보가 충분하지 않으면 시장에 품질이 떨어지는 상품이 많아지고, 품질이 좋은 상품은 사라지게 돼요. 그래서 소비자는 반드시 사려는 물건에 대한 정보를 충분히 가지고 있어야 하고, 판매자는 소비자가 알아야 할 정보를 숨겨서는 안 돼요.

필요한 것만 쏙쏙, 체리 피커

레몬 시장처럼 과일에 빗댄 경제 용어가 또 있다. 체리 피커cherry picker다. 체리 피커란 케이크 위에 올려진 하나뿐인 체리만 쏙쏙 빼 먹는 사람을 뜻한다. 즉, 자신에게 필요한 것만 골라 갖는 사람이다. 쇼핑몰의 경품을 노리고 물건을 주문한 뒤 당첨이 되지 않으면 물건을 반품하는 사람, 신용 카드를 만든 다음 카드는 사용하지 않으면서 극장 할인 등 원하는 혜택만 골라 사용하는 사람 등이 모두 여기에 해당된다. 이 용어는 신용 카드 업계에서 처음 사용되었다가, 지금은 널리 쓰이고 있다.

| 사회 4-1 | 3. 경제활동과 지역 간 교류 | 1) 경제활동과 합리적 선택 |
| 사회 6-2 | 2. 통일 한국의 미래와 지구촌의 평화 | 3) 지속 가능한 지구촌 |

#소비 기준

물건은 쌀수록 좋은 것 아니에요?

30초 해결사

'싼 것이 비지떡'이라는 속담이 있어요. 비지란 콩을 갈고 남은 찌꺼기인데, 그런 비지를 이용해 만든 떡인 비지떡은 값이 저렴하지만 영양가가 없고 맛도 좋지 않아요. 즉, 가격이 저렴하면 품질도 그만큼 나쁘기 마련이라는 의미랍니다. 합리적인 소비를 하려면 가격뿐만 아니라 품질도 고려해야 해요.

#합리적 선택 #가성비 #윤리적 소비

물건을 구매할 때는 여러 가지 기준을 고려해야 해요. 어떤 기준을 가장 중요시하는지는 개인의 가치관 등에 따라 다를 수 있어요. 이런 기준들을 '소비 기준'이라고 해요. 몇 가지 대표적인 기준을 살펴볼까요?

백화점이나 마트 등에서 여러 개를 묶어 파는 상품이 있을 때는 한 개당 가격이 얼마인지 따져 보고 정말 더 저렴한지 확인한 다음 구매하는 것이 합리적이겠지요? 이처럼 가격 대비 성능을 소비 기준으로 삼을 수 있어요.

명품이나 디자이너 브랜드처럼 가격과 상관없이 만족감을 추구하는 소비를 하기도 해요. 이때는 명품이 주는 브랜드 가치나, 디자이너 제품의 아름다움 등이 가격보다 중요한 기준이 되지요.

'착한 소비'라고 하는 윤리적 소비도 있어요. 물건을 구매할 때 사회와 환경에 어떤 결과를 가져올지 고려해서 최대한 바람직한 방향으로 소비를 하려는 것이지요. 예를 들어, 좀 더 비싼 돈을 내더라도 공장식 달걀(닭을 공장식으로 가두어 생산한 달걀) 대신 방목형 달걀(닭을 자유롭게 풀어 키우며 생산한 달걀)을 사는 경우, 가격보다 윤리적 가치를 더 중시한다고 볼 수 있어요.

여러분은 어떤 기준이 가장 중요하다고 생각하나요?

동물 복지 축산 농장 인증 마크

동물 복지 인증 제도

동물 복지 인증 제도는 동물 복지 기준에 따라 동물을 사육하는 농장을 국가가 인증하고, 인증한 농장에서 생산된 물품에 '동물 복지 축산 농장 인증 마크'를 표시하는 제도다. 소, 돼지, 닭, 오리 등의 가축이 청결한 곳에서 적절한 보호를 받으며 행복하게 살 권리를 보장한다. 인증 기준은 유럽 연합EU에서 선정한 '동물의 5가지 자유'를 따른다.

- 불안과 스트레스로부터의 자유
- 정상적 행동을 표현할 자유
- 통증, 상해, 질병으로부터의 자유
- 불편함으로부터의 자유
- 배고픔으로부터의 자유

사회 4-1 · 3. 경제활동과 지역 간 교류 · 1) 경제활동과 합리적 선택
사회 6-2 · 2. 통일 한국의 미래와 지구촌의 평화 · 3) 지속 가능한 지구촌

#사회적 기업

일자리를 만들기 위해 쿠키를 만드는 기업이 있다고요?

30초 해결사

'위캔쿠키'는 일반 기업에 취업하기 어려운 발달 장애인들을 고용하여 맛있는 쿠키를 만드는 기업이에요. '위캔(We can)'이라는 이름은 발달 장애인도 교육을 받고 훈련을 하면 비장애인과 마찬가지로 일할 수 있다는 의미예요. 위캔쿠키처럼 취약 계층에게 일자리를 제공하는 등 사회적 목적을 추구하는 기업을 사회적 기업이라고 해요.

#위캔쿠키 #ESG 경영

"돈을 버는 일만이 중요한 것은 아니야!"

많은 기업이 돈을 버는 것 못지않게 사회적 책임(Corporate Social Responsibility, CSR)을 중요하게 여기며 실천하고 있어요. 기업도 사회의 구성원이기 때문이지요. 환경을 보호하고, 문화 예술 활동에 투자하고, 봉사를 하고, 나무를 심는 등 다양한 활동을 통해 사회에 기여하고 있어요.

여기서 더 나아가 사회적 가치를 추구하는 것이 핵심 목표인 기업을 '사회적 기업'이라고 해요. 일반적인 기업과 달리 사회적 기업은 사회적 약자에 서비스를 제공하거나 일자리를 제공하고, 또 지역 주민의 삶의 질을 높이기 위한 활동을 주로 하지요.

다양한 사회적 기업을 한번 살펴볼까요? '한빛예술단'은 시각 장애인들이 모인 연주단이에요. 2003년 창단되어, 전문 연주자를 꿈꾸는 시각 장애 예비 음악인을 발굴, 육성하고 있지요. '행복도시락'은 사회적 약자를 고용해 식사를 제대로 하지 못하는 아이들과 이웃에게 무료로 도시락을 배달하는 일을 하고 있어요. '아름다운가게'는 사람들로부터 기부 받은 물건을 판매하고 그 수익금으로 다른 이웃들을 도와요.

다양한 사회적 기업이 활성화되면 고용된 사회적 약자들이 자립하는 데 큰 도움이 돼요. 지역 경제 활성화에도 도움이 되지요. 또한 다른 기업들의 본보기가 되어 사회 공헌 문화가 확산되는 장점도 있답니다.

ESG 경영에 나선 '마이크로소프트'

'ESG'란 환경Environment, 사회Social, 지배 구조Governance의 약자다. 'ESG 경영'이란 기업이 보다 친환경적이고, 사회적 책임을 다하며, 투명한 경영을 함으로써 기업의 지속 가능한 발전을 추구하는 경영 방식을 뜻한다. 사회적 가치 자체가 목적인 사회적 기업과는 다르지만, 기업의 사회적 역할이 중요해지면서 많은 기업이 ESG 경영에 나서고 있다. 컴퓨터 및 소프트웨어로 유명한 기업 '마이크로소프트'는 2012년 탄소 중립(배출한 탄소만큼 나무를 심고, 신재생 에너지를 사용하는 등의 방법으로 탄소 배출량을 '0'으로 만드는 일)을 달성했다. 더 나아가 2030년까지 '탄소 네거티브Carbon Negative(탄소 흡수량을 탄소 배출량보다 더 많게 만드는 일)'를 달성하겠다는 목표를 세워 노력하고 있다.

사회 4-1 · 3. 경제활동과 지역 간 교류 · 1) 경제활동과 합리적 선택
사회 6-1 · 2. 우리나라의 경제 발전 · 1) 우리나라 경제 체제의 특징

#주식

누구든 회사의 주인이 될 수 있다고요?

30초 해결사

주식이란 개인이나 단체가 특정 회사에 일정 금액을 투자하고, 그 대가로 이익을 얻거나 회사 경영권을 행사할 수 있게 한 것이에요. 사람들은 주식을 사서 회사가 자본금을 마련하는 데 도움을 주고, 회사는 주식을 산 사람들에게 회사에 대한 권리를 준답니다. 따라서 주식회사의 주인은 주식을 가지고 있는 주주들이에요.

- 주식회사: 주식을 발행해 투자자로부터 자본을 조달받는 회사예요.
- 주주: 주식의 주인을 뜻해요. 개인도 주주가 될 수 있고, 단체도 주주가 될 수 있어요.

#주식회사 #협동조합

17세기, 배를 통한 무역이 발달하면서 유럽과 아시아 간의 교류가 늘어났어요. 그런데 배를 통한 무역에는 많은 위험이 따랐어요. 항해 시간이 길었기 때문에 많은 돈이 들었고, 태풍으로 배가 부서지는 일도 일어났지요. 그래서 여러 사람이 돈을 모으고 위험을 나누어 질 필요가 생겼어요.

이 문제를 해결하기 위해 1602년 네덜란드에서 '네덜란드 동인도 회사'라는 최초의 주식회사가 설립되었어요. 네덜란드 동인도 회사는 투자금을 한곳에 모은 뒤, 자금에 대한 소유권을 나타내는 권리 증서를 만들었어요. 종이로 된 권리 증서에는 '동인도 회사 주식'이라고 적혀 있었지요. 네덜란드 동인도 회사는 계속 규모를 키워 나가 1670년대에는 150척의 상선, 40척의 군함, 5만 명의 직원과 만 명 규모의 군대를 거느린 거대 조직으로 거듭났어요. 이를 따라 유럽의 다른 나라에도 주식회사가 속속 설립되었어요.

주식회사의 주인은 회사를 설립한 사람이 아니라 주주들이기 때문에 회사를 설립한 사람이라고 해도 투표를 통해 쫓겨날 수 있어요. 스마트폰으로 유명한 기업가 스티브 잡스가 대표적인 사례예요. 스티브 잡스는 1976년 주식회사 애플을 공동 창업했지만 9년 만에 쫓겨났어요. 잡스가 다시 애플로 돌아온 것은 그로부터 11년 뒤인 1996년의 일이었지요.

미성년자도 부모님의 도움을 얻어 증권사 또는 은행에 직접 방문하면 주식 거래를 할 수 있는 계좌를 만들 수 있답니다.

협동조합이란?

협동조합은 소비자와 노동자 등 조합원이 소유권을 갖고 민주적으로 운영하는 사업체다. 주식회사가 1주 1표로 의사 결정권을 갖는다면, 협동조합은 모든 조합원이 동등하게 1인 1표를 행사할 수 있다. 대표적인 협동조합으로는 '선키스트 협동조합', 'FC 바르셀로나', '서울우유 협동조합' 등이 있다. 이러한 협동조합들은 최대한 많은 이윤을 남기는 것이 목적인 주식회사와 달리, 소비자이자 노동자인 조합원의 이익과 가치를 가장 중시한다. 선키스트 협동조합은 조합원이 생산한 농산물을 최대한 비싼 값으로 구입한다. 서울우유 협동조합은 낙농업을 경영하는 조합원에게 기술 및 정보 등을 제공하고 유통을 돕는다. 유럽의 축구팀 FC 바르셀로나는 바르셀로나 유소년 팀을 운영하는 등 지역 사회에서 유소년 선수 양성에 힘을 쏟는다.

| 사회 4-1 | 3. 경제활동과 지역 간 교류 | 1) 경제활동과 합리적 선택 |
| 사회 6-1 | 3. 우리나라의 경제 발전 | 1) 우리나라 경제 체제의 특징 |

#최저 임금

왜 최고 임금은 없고 최저 임금만 있나요?

30초 해결사

최저 임금 제도는 노동자의 생활 안정을 위해 나라에서 정한 임금의 최저 수준을 말해요. 사용자는 반드시 최저 임금 이상의 임금을 지급해야 해요. 최저 임금 제도는 노동자가 인간다운 생활을 영위할 수 있도록 최소한의 권리를 지켜 주는 사회적 안전망이랍니다.

- 노동자: 노동을 통해 임금을 받아 생활하는 사람이에요.
- 사용자: 노동자에게 노동력을 제공받고 보수를 지급하는 사람 또는 회사를 뜻해요.

#노동권 #사용자 #국제 노동 기구 #노동법

"시간당 9,620원 이하를 주면 불법이에요!"

최저 임금 제도는 1928년 국제 연합(UN)의 국제 노동 기구(ILO)에서 제정되었어요. 지금은 많은 국가에서 최저 임금 제도를 실시하고 있지요. 우리나라 헌법에도 최저 임금 제도 시행이 조항으로 명시되어 있어요. 한번 살펴볼까요?

> 대한민국 헌법 제32조 1항
> 모든 국민은 근로의 권리를 가진다. 국가는 사회적, 경제적 방법으로 근로자의 고용의 증진과 적정 임금의 보장에 노력하여야 하며, 법률이 정하는 바에 의하여 최저 임금제를 시행하여야 한다.

최저 임금은 매년 노동자, 사용자, 공익 위원이 모인 최저 임금 위원회에서 정해요. 회의의 결과에 따라 매년 최저 임금이 바뀌지요. 물가 인상을 비롯하여 사회적 여건 등 다양한 요소를 고려해 다음 해의 최저 임금을 결정한답니다.

노동자의 입장에서는 임금이 높을수록 이익이지만, 사용자의 입장에서는 임금이 낮을수록 이익이에요. 최저 임금 제도는 생계 유지가 힘들 정도의 낮은 금액으로 노동력을 착취하는 일을 막아 노동자의 인권을 지키기 위해 생겨난 제도예요.

개념연결 5세 굴뚝 청소부와 노동법의 탄생

토머스 롤런드슨, 「불쌍한 굴뚝 청소부를 기억하세요」, 1820.

1800년대, 영국은 산업 혁명 시기를 지나고 있었다. 이 시기의 노동자들은 긴 노동 시간과 가혹한 환경을 견뎌야 했다. 가장 문제가 된 것은 아동 노동이었다. 1800년대 영국에서는 4~5세 아이가 하루 15시간씩 굴뚝 청소를 하는 일이 일상이었다. 아동 노동자는 성인에 비해 턱없이 낮은 임금을 받았을 뿐만 아니라, 교육도 받지 못하고 온갖 험한 일에 동원되었다. 일하는 도중 사고로 죽는 경우도 많았다. 문제를 인지한 영국 의회는 1802년 최초로 아동의 노동을 제한하는 법을 만들었는데, 이것이 노동법의 시작이었다.

| 사회 4-1 | 3. 경제활동과 지역 간 교류 | 1) 경제활동과 합리적 선택 |
| 사회 6-1 | 3. 사회 변화와 문화 다양성 | 1) 사회 변화로 나타난 일상생활의 모습 |

#광고

드라마 주인공들은 왜 늘 같은 카페에서 만나나요?

30초 해결사

드라마에 특정 제품이나 브랜드, 혹은 장소가 계속 등장한다면 간접 광고일 수 있어요. 이런 광고를 PPL(Product PLacement)이라고 불러요. 영화나 드라마를 촬영할 때 일정한 장소에 제품을 두고 노출한다는 뜻이에요. 영화나 드라마를 본 사람들이 영상에 등장한 카페, 제품 등에 관심을 갖도록 만드는 전략이지요.

- 광고: 상품이나 서비스를 판매하기 위해 소비자에게 널리 알리는 모든 활동이에요.

#PPL #이슈 하이재킹 #3B 법칙

소비자는 생활 속 다양한 매체에서 광고를 접해요. 정보의 홍수 속에서 소비자의 주의를 끌기 위해 광고는 점점 더 기발한 방식으로 발전하고 있어요.

재미있는 사례를 하나 살펴볼까요? 어떤 실내 자전거 회사에서 '보답하는 선물'이라는 제목의 광고를 만들었어요.

> 남편이 아내에게 크리스마스 선물로 실내 자전거를 선물하자, 아내는 고마워하며 1년 동안 매일 실내 자전거로 운동하는 영상을 찍어 남편에게 선물한다.

이 광고가 방송되자마자 성차별적이라는 비판이 쏟아졌어요. 남편이 아내에게 살을 빼라고 간접적으로 말하고, 아내가 기쁘게 그 말에 따른다는 메시지를 전달한다는 것이었지요.

이 광고가 나가고 36시간 뒤 한 주류 회사에서 '보답하지 않는 선물'이라는 이름의 광고를 내보냈어요. 앞서 실내 자전거 광고에서 아내 역할을 맡았던 배우가 다시 등장했지요.

> 실내 자전거 광고에서 아내 역할을 맡았던 배우가 친구들과 술을 마시고 있다. 친구들이 주인공을 위로하며 잔을 건넨다. "더 마셔, 괜찮아. 넌 지금도 보기 좋아."

비판을 받았던 광고의 배우를 그대로 섭외하여, 마치 이어지는 광고처럼 보이게 만든 것이에요. 그러면서 정반대의 메시지를 전달해 광고 상품에 대한 호감도를 높였어요.

이런 광고를 '이슈 하이재킹' 광고라고 해요. '하이재킹'이란 납치라는 뜻인데, 다른 회사의 뜨거운 화제를 가져와 자기 회사의 광고에 연결하는 것이지요.

이처럼 상품과 서비스를 생산하는 기업들은 다양한 방법으로 소비자를 유혹해요. 여러분도 주변에서 재미있는 광고를 찾아보세요.

3B 법칙

광고계에는 '3B 법칙'이 있다. 3B는 각각 아기Baby, 미인Beauty, 동물Beast을 뜻한다. 이 세 요소는 사람들의 흥미와 호감을 끄는 대상으로, 이들을 광고에 등장시키면 광고가 성공할 가능성이 높다는 것이다. 3B 법칙은 오래된 법칙이지만 여전히 마케팅 업계에서는 상식처럼 통한다.

| 사회 4-1 | 3. 경제활동과 지역 간 교류 | 1) 경제활동과 합리적 선택 |
| 사회 6-1 | 2. 우리나라의 경제 성장 | 1) 우리나라 경제 체제의 특징 |

#세금

과자를 먹을 때 세금을 내야 한다고요?

30초 해결사

여러분이 용돈을 받으면 어디에 얼마를 쓸지 계획하는 것처럼 정부도 예산을 세워 나라 살림을 꾸려 나가요. 이때 예산을 확보하기 위해 국민에게 세금을 거두지요. 즉, 세금은 국민 각자가 나누어 내는 공동 경비經費라고 할 수 있어요. 우리가 사 먹는 과자 값에도 부가 가치세가 이미 포함되어 있답니다.

• 부가 가치세: 재화가 생산되거나 유통되는 모든 거래 단계에서 생겨나는 부가 가치에 매겨지는 세금이에요.

#부가 가치세   #탄소세

"소득이 있는 곳에는 세금이 있다."

세금은 국가의 탄생과 함께 생겨난 개념이에요. 국가가 발생하기 이전, 다 같이 수렵 및 채집을 하던 원시 공동체 사회에는 세금이 필요 없었어요. 국가가 생겨나면서 국가의 운영을 위해 세금 제도가 생겨났지요. 기원전 3000년경 이집트 고대 왕국의 기록에서도 세금 제도를 찾아볼 수 있어요.

오늘날 우리나라에서 걷는 세금의 종류를 그림으로 살펴볼까요?

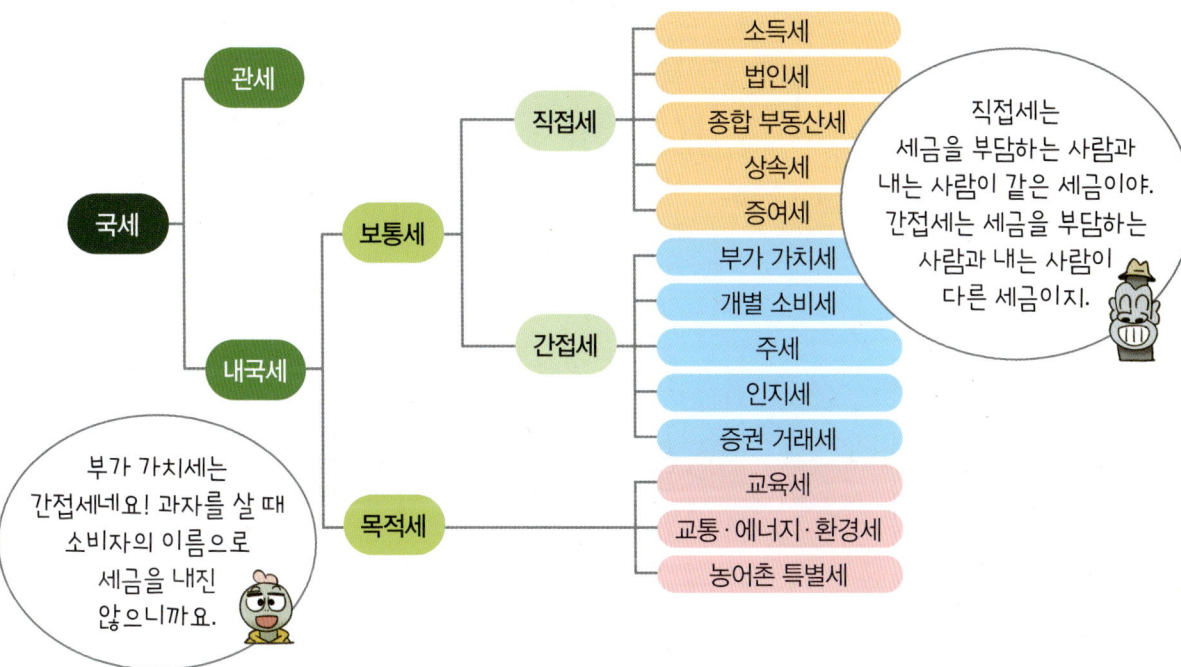

위의 세금들 외에 지방 자치 단체에서 거두는 '지방세'라는 세금도 있어요. 이렇게 걷은 세금으로 정부는 다양한 제도와 시설을 운영해요. 우리가 다니는 학교, 차가 다니는 도로와 다리, 댐, 공원 등은 모두 세금으로 지어지고 관리되는 시설들이에요. 또 소방서, 경찰서, 시청, 보건소 등의 기관들도 세금으로 관리해요.

탄소를 배출하면 세금을, 탄소세

탄소세(carbon tax)는 환경세의 일종으로, 이산화탄소와 같은 온실가스를 방출하면 탄소세가 부과된다. 석탄, 석유, 가스 등 화석 연료가 모두 탄소세의 대상이다. 청정에너지인 수력, 풍력 에너지에는 탄소세가 붙지 않는다. 탄소세는 1990년 핀란드에서 시작되어 현재는 27개국에서 도입하고 있다. 우리나라 역시 2050년까지 모든 분야에서 발생하는 탄소 배출량을 제로화하겠다는 '탄소 중립'을 선언한 상태로, 탄소세도 논의 중에 있다.

사회 4-1 — 3. 경제활동과 지역 간 교류 — 1) 경제활동과 합리적 선택
사회 6-1 — 2. 우리나라의 경제 성장 — 3) 세계 속의 우리나라 경제

#은행

저축을 하는데 이자를 받기는커녕 돈을 내야 한다고요?

30초 해결사

은행에 저축을 하면 맡긴 금액과 기간에 따라 이자가 붙어서 돈이 늘어나지요. 그런데 일본, 유럽 등에서 이자는커녕 오히려 수수료를 내는 일이 벌어졌어요. '마이너스 금리' 때문이었지요. 마이너스 금리가 시행될 때는 저축하는 사람이 줄어들고, 대신 은행에서 돈을 빌리는 사람이 늘어나요.

- 마이너스 금리: 금리가 0퍼센트 이하인 상태를 뜻해요. 마이너스 금리일 때는 저축을 할 때 일종의 보관료로 수수료를 내요.

#저축 #예금 #금리 #마이너스 금리

"설날에 받은 세뱃돈을 어떻게 하지? 은행에 저축할까? 저금통에 넣을까?"

은행銀行은 은이 오간다는 뜻의 이름이에요. 은본위제(은을 화폐의 기준으로 삼는 제도)를 시행하던 중국 명나라에서 유래한 단어라는 설이 유력해요. 당시 명나라에는 남아메리카 지역의 은이 교역을 통해 많이 들어오게 되었고, 무역이 활발해지며 은본위제가 정착되었거든요. 영어로는 뱅크(bank)라고 하는데, 이탈리아어로 벤치를 뜻하는 방코(banco)에서 유래되었다고 해요. 중세 이탈리아에서는 긴 의자에 앉아 환전을 비롯한 여러 금융 업무를 보았는데, 여기서 유래한 것이지요.

돈을 모으는 가장 좋은 방법은 은행에 저축을 하는 것이에요. 돈이 차곡차곡 모이는 것을 눈으로 볼 수 있어 뿌듯하고, 모인 돈에 이자까지 붙으니까요. 그런데 은행에 돈을 맡기면 왜 이자가 붙을까요?

은행은 사람들이 맡긴 돈을 다른 사람에게 빌려주는 일로 돈을 벌어요. 은행에 돈을 맡기는 것을 예금, 빌리는 것은 대출이라고 하지요. 은행에서 돈을 빌리면 원금 외에도 이자를 내야 하는데, 그 이자가 은행의 수익이 되는 것이에요. 사람들이 맡긴 돈을 성장 가능성이 높은 기업에 투자하여 수익을 올리기도 해요. 이렇게 거두어들인 수익 중 일부로 고객들이 맡긴 돈의 이자를 지급하지요.

은행의 은행, 중앙은행

중앙은행은 은행들의 은행이다. 중앙은행의 가장 큰 특징은 일반인들과 직접 거래하지 않는다는 점이다. 시중 은행들은 은행을 안정적으로 운영할 수 있도록 고객이 예금한 돈의 일부를 중앙은행에 의무적으로 맡겨야 한다. 또 중앙은행은 은행들을 대상으로 돈을 빌려주기도 한다. 화폐를 발행하고, 통화량을 조절하는 것도 중앙은행의 중요한 역할 중 하나이다. 물가를 조절하고, 금리를 결정하는 등 중앙은행은 나라 전체의 경제에 큰 영향을 미친다. 우리나라의 중앙은행은 한국은행이다. 왼쪽 사진의 건물은 1912년 지어진 한국은행 본관으로, 당시에는 조선은행 본관으로 쓰였다. 뒤쪽에 현대식 건물로 된 본관을 새로 지으면서 현재는 한국은행 화폐 박물관으로 쓰이고 있다.

서울시 중구에 있는 한국은행

| 사회 4-1 | 3. 경제활동과 지역 간 교류 | 1) 경제활동과 합리적 선택 |
| 사회 6-1 | 2. 우리나라의 경제 성장 | 1) 우리나라 경제 체제의 특징 |

#신용 카드

정말 카드만 있으면 마음껏 물건을 살 수 있나요?

30초 해결사

신용 카드가 있으면 마음껏 물건을 살 수 있어요. 하지만 그 돈은 공짜가 아니라 모두 갚아야 하는 돈이랍니다.

- **신용 카드**: 일정한 시간이 지난 뒤 갚는 조건으로 물품이나 서비스를 구매할 수 있게 해 주는 카드예요. 사용자가 돈을 갚을 능력이 있다고 보고, 카드사가 대신 먼저 돈을 지불해 주는 것이지요.

#직불 카드   #신용 불량

신용 카드는 미국의 작가 에드워드 벨러미가 1887년에 발표한 소설『뒤를 돌아보면서: 2000~1887』에 처음 등장한 개념이에요. 이 소설의 주인공은 1887년에 잠들었다가 113년 후인 2000년에 깨어나게 되는데, 벨러미는 2000년의 사람들이 신용 카드를 쓸 것이라고 상상했지요.

실제로 신용 카드가 처음 등장한 것은 1951년 미국 뉴욕에서였어요. 최초의 신용 카드의 이름은 '다이너스 클럽 카드'였는데, 이는 '식사를 하는 사람들의 모임'이라는 뜻이지요. 레스토랑에서 식비를 지불하는 용도로 처음 만들어졌어요.

우리나라에서는 1969년에 처음으로 '신세계백화점카드'라는 신용 카드가 만들어졌어요. 신세계백화점카드는 '신세계백화점' 직원만 만들 수 있었고, 또 신세계백화점에서만 사용할 수 있었지요. 신용 카드는 그 편리함을 인정받아 곧 빠르게 보편화되었어요. 2022년 상반기 통계에 따르면 신용 카드의 누적 발급 매수는 1억 2,081만 매가 넘는다고 하니, 엄청나지요?

신용 카드의 가장 큰 장점은 편리함이지만, 카드마다 혜택이 모두 달라서 원하는 혜택을 골라 카드를 발급받을 수 있다는 장점도 있어요. 어떤 카드는 카페에서 사용하면 금액을 할인해 주고, 또 다른 카드는 영화관에서 사용하면 금액을 할인해 주는 식이지요. 자신의 소비 유형을 파악하고, 가장 유용한 카드를 골라 사용하면 현명한 소비를 할 수 있어요.

한편, 신용 카드를 사용하면 당장 은행의 계좌에서 돈이 나가는 것이 아니기 때문에 계획보다 더 많은 돈을 쓰게 돼요. 그래서 돈을 꼼꼼하게 관리하고 싶은 사람 중에는 은행의 계좌에 있는 돈만 사용할 수 있게 되어 있는 직불 카드를 더 선호하는 사람도 있답니다.

개념연결 신용 불량

금융 기관에서 돈을 빌리고 제때 갚지 못하거나 신용 카드 대금을 제때 치르지 못하면 신용 불량 상태가 된다. 은행의 경우 30만 원 이상의 돈을 90일 이상 갚지 못하면 신용 불량자가 되어 금융 거래를 할 때 제재를 받는다. 채권자가 개인 통장을 압류할 수 있고, 신용이 중요한 직종에 취업할 때 불이익을 받을 수 있다. 또 신용 불량 상태에서는 신용 카드를 발급받거나 사용하기가 어렵다. 실제로 2002년에 신용 카드 사용자가 폭발적으로 증가하면서 카드 빚을 갚지 못하고 신용 불량자가 된 사람들이 폭발적으로 늘기도 했다.

| 사회 4-1 | 3. 경제활동과 지역 간 교류 | 1) 경제활동과 합리적 선택 |
| 사회 6-2 | 2. 통일 한국의 미래와 지구촌의 평화 | 3) 지속 가능한 지구촌 |

#공정 무역

착한 초콜릿은 가격이 싼 초콜릿인가요?

30초 해결사

초콜릿은 카카오 열매를 원료로 해서 만들어져요. 그런데 카카오 농장에서는 9~12세의 어린이들이 하루 300원 남짓을 벌기 위해 온종일 일하고 있어요. 이런 상황을 바꾸기 위해 무조건 싼 가격으로 초콜릿을 만들던 것을 공정한 방식으로 바꾸자는 소비자 운동이 시작되었어요. 노동자의 일하는 시간을 줄이고, 적정한 노동의 대가를 받을 수 있게 임금을 올리는 것이지요. 이렇게 생산된 초콜릿을 '착한 초콜릿'이라고 불러요.

#윤리적 소비

공정 무역 인증 마크

공정 무역은 생산자와 소비자가 더불어 살아가는 사회를 목표로 해요. 일하는 사람의 정당한 권리와 대가를 보장하고, 지속적인 거래를 확보해 불평등한 무역의 문제점과 빈곤 문제를 해결하려는 전 세계적인 움직임이지요.

국제 공정 무역 기구(FTO)가 정한 공정 무역의 원칙을 몇 가지 살펴볼까요?

1. 경제적으로 소외된 생산자들을 위해 기회를 제공하고, 빈곤에서 벗어나게 돕는다.
3. 이윤만을 추구하지 않고 소외된 생산자의 상황을 고려해 공정한 거래를 한다.
4. 불안정한 시장 상황과 현지 임금을 고려해 공정한 가격을 지불한다.
5. 아동 노동과 강제 노동을 금지한다.
6. 고용, 임금 등과 관련하여 그 어떤 차별도 하지 않는다.
7. 생산자가 안전하고 건강한 환경에서 노동할 수 있도록 한다.
10. 탄소 배출량을 줄이고, 환경 보호를 위해 노력한다.

공정 무역 단체들은 제품이 공정 무역의 원칙에 따라 생산되고 거래되는지 확인하고, 공정 무역 인증 마크를 부여해 소비자가 공정 무역 상품을 식별할 수 있게 하고 있어요. 대표적인 공정 무역 상품으로는 커피와 초콜릿이 있답니다. 이처럼 물건을 살 때 제품을 만드는 과정과 생산자의 노동 환경, 또 환경 보호를 중시하는 것을 '착한 소비' 또는 '윤리적 소비'라고 불러요.

개념연결 축구공도 공정 무역

축구공은 육각형 모양의 인조 가죽 32조각을 약 1,620회 바느질해 만든다. 파키스탄의 아이들은 어린 나이에 축구공 제작 노동에 투입된다. 하루 13시간 이상 작업해야 하나의 축구공이 완성되는데, 이들이 받는 돈은 고작 몇백 원가량에 불과하다. 파키스탄의 아동 노동은 극도로 가난한 환경에서, 부모의 일손을 돕기 위해 아이들이 함께 축구공을 꿰매기 시작하면서 자연스럽게 시작되었다. 열악한 노동 환경을 개선하고, 아동 노동을 막기 위해 공정 무역 인증을 받은 축구공이 주목받고 있다. 공정 무역 인증을 받은 축구공은 노동에 대한 대가를 공정하게 지불하고, 여성 재봉사를 적극적으로 채용해 빈곤 문제를 해결하고자 한다.

사회 4-1 — 3. 경제활동과 지역 간 교류 — 1) 경제활동과 합리적 선택

#메타버스

메타버스는 뭐 하는 버스예요?

30초 해결사

메타버스(metaverse)는 가상, 초월이라는 뜻의 '메타(meta)'와 세계를 의미하는 '유니버스(universe)'가 합쳐진 신조어로, 3차원의 가상 세계를 의미해요. 디지털 세상 속 메타버스에서는 현실과 동일하게 정치, 사회, 경제, 문화 활동이 이뤄져요. 또 현실에서는 할 수 없는 일들도 기술의 힘을 빌려 구현할 수 있지요.

#가상 인플루언서 #언택트

가상 세계 '제페토' 안에 생긴 편의점 CU제페토한강점 전경(출처: BGF리테일)

'언택트'라는 단어를 들어 본 적 있나요? 접촉한다는 뜻의 영어 단어 '콘택트(contact)'에 부정을 의미하는 접두사인 '언(un-)'을 합성한 단어예요. 기술의 발전에 따라 사람과 실제로 접촉하지 않게 되면서 생겨난 신조어랍니다. 2020년 전 세계적인 전염병 코로나19가 확산되면서 언택트 활동이 크게 늘었어요. 회의나 수업을 할 때 화상을 통해 만나고, 장도 온라인으로 보게 되었지요. 3차원 속 가상 세계인 메타버스의 활용도 크게 늘어났어요.

2018년에 만들어진 메타버스 사이트 '제페토'에서는 사진을 기반으로 가상 캐릭터를 만들어 활동할 수 있어요. 제페토 안에서 친구를 만나고, 게임을 하지요. 다양한 기업 콜라보 상품이 판매되기도 하고, 사용자들이 직접 아이템을 만들어 브랜드와 협업하기도 해요.

메타버스는 기존의 비대면 소통 방식에 변화를 불러왔어요. 가상으로 사무실을 구성하고, 가상 현실을 통해 교육을 진행하는 일이 가능해졌어요. 해외 가수가 메타버스 세상에서 콘서트를 열어 전 세계 팬들과 만남을 갖기도 하지요. 공간과 시간의 제약을 받지 않으면서 동시에 현실감을 주어 효율을 끌어올릴 수 있게 된 것이에요.

이제는 또 하나의 현실 세계가 된 가상 세계, 메타버스. 여러분은 어떻게 생각하나요?

가상 인플루언서

'인플루언서'란 영향력 있는 개인을 의미하는 신조어로, SNS 활용이 보편화되면서 광고의 새로운 활로가 되고 있다. 요즘은 가상으로 제작한 인플루언서 또한 등장하고 있다. 미국의 '릴 미켈라'라는 이름의 가상 인플루언서는 가수, 유튜버, 모델로 활발하게 활동하고 있다. 2018년 미국의 시사 주간지 『타임』이 선정한 '인터넷에서 가장 영향력 있는 25인'에 선정되기도 했으며, 샤넬, 프라다 등 세계적인 명품 브랜드의 모델로 기용되는 등 다양한 작업에 나서고 있다.

사회 4-1 3. 경제활동과 지역 간 교류 2) 교류하며 발전하는 우리 지역

#경제의 호혜성

결혼식장에서 왜 축하의 의미로 돈을 주나요?

30초 해결사

결혼식, 돌잔치, 환갑잔치 등 축하할 일이 생기면 축하의 의미를 담아 축의금祝儀金을 내요. 또 장례식장에 참석하면 애도의 뜻을 담아 조의금弔意金을 내지요. 이러한 돈을 통틀어 부조금扶助金이라고 해요. 도움을 준다는 뜻이지요. 이처럼 우리에게는 큰돈이 필요한 일이 생기면 친지, 친구 들이 돕는 문화가 있어요. 상부상조의 정신이 담겨 있지요.

• 호혜互惠: 서로 혜택 또는 도움을 주고받는 일을 뜻해요.

#축의금 #포틀래치 #선물 경제 #품앗이

미국 서북부 해안 부근의 아메리칸 인디언 사회에는 포틀래치(potlatch)라는 겨울 축제가 있어요. 포틀래치는 '소비하다', '주다', '베풀다'라는 뜻으로, 족장을 비롯해 재산을 많이 모은 지배 계층 또는 부유층이 다른 부족민에게 잔치를 베풀고, 선물을 나눠 주는 풍습이에요. 포틀래치를 주최한 지배 계층은 손님들에게 자신의 물건을 나눠 주며 부와 명성을 과시했지요. 많은 물건을 나눌수록 존경받았어요.

포틀래치 선물을 나눠 주는 클랄람족의 모습을 그린 수채화
(제임스 길크리스트 스완 작품)

영국의 경제학자 애덤 스미스는 경제 활동의 기본 원리가 인간의 이기심이라고 생각했지만, 포틀래치나 축의금 같은 사례를 보면 상부상조의 원리도 경제에서 빼놓을 수 없음을 알 수 있어요. 이를 선물 경제(gift economy)라고도 해요. 재화를 선물로 나눠 줌으로써 필요를 충족하는 경제를 뜻한답니다.

선물 경제는 시장에서 일반적으로 이뤄지는 교환 경제와 많이 비교되는 개념이에요. 선물 경제가 활성화되면 서로 간의 믿음과 도우려는 마음을 바탕으로 재화가 거래돼요. 즉각적인, 또는 미래의 보상에 대한 합의가 없는 상태에서도 재화를 나누는 것이지요.

'위키피디아' 등의 웹사이트에서 이루어지는 지식 공유도 선물 경제의 한 사례로 볼 수 있어요.

개념 연결 | 돈이 오가지 않는 교환 노동, 품앗이

품앗이는 우리 민족 고유의 일대일 교환 노동 관습이다. 임금을 주는 대신 서로의 노동을 교환하는 것으로, 농사일은 물론 집 수리처럼 생활 속에서 노동력이 필요할 때 이웃과 품앗이를 나눠 해결했다. 뚜렷한 보상에 대한 합의가 없이, 서로를 도우려는 마음이 바탕이 되는 풍습이므로 품앗이 또한 선물 경제의 일환이라고 볼 수 있다.

오늘날에도 김장이나 아이 돌봄 등 다양한 분야에서 품앗이가 나타난다. 학교에서도 서로 어려워하는 과목을 돕는 등 공부 품앗이를 해 볼 수 있다.

사회 4-1 | 3. 경제활동과 지역 간 교류 | 2) 교류하며 발전하는 우리 지역

#희소성

유리보다 다이아몬드가 비싼 이유는 무엇일까요?

30초 해결사

투명하게 반짝이는 다이아몬드는 탄소가 엄청나게 강한 압력을 받을 때 만들어지는 보석이에요. 흔하지 않은 물건이기 때문에 옛날부터 매우 귀한 취급을 받았지요. 반면 유리는 자연에서 흔히 발견될 뿐만 아니라, 모래 등에서 규소를 추출해 쉽게 만들 수도 있어요. 이처럼 상품의 희소성이 높을수록 시장 가격은 더 높게, 희소성이 낮을수록 시장 가격은 더 낮게 매겨져요.

• 희소성: 매우 드물고 적은 상태를 뜻해요.

#가치의 역설   #희소성 마케팅

세계에서 가장 비싼 다이아몬드는 '오펜하이머 블루'라는 이름의 블루 다이아몬드예요. 2016년 약 733억 원에 거래되었지요. 투명한 다이아몬드도 희귀하지만, 색이 있는 다이아몬드는 더욱 희귀하기 때문에 이렇게 높은 가격에 거래된 것이에요.

세계적으로 유명한 작가가 그린 명화 역시 희소성이 있기 때문에 높은 가격에 거래돼요. 과거에는 희소하지 않았지만 현재 희소한 물건이 되어 값이 오르는 경우도 있어요. 옛날에 사용했던 화폐가 그중 하나예요. 더는 발행되지 않기 때문에, 실제 그 화폐의 가치보다 더 비싼 값에 거래되지요.

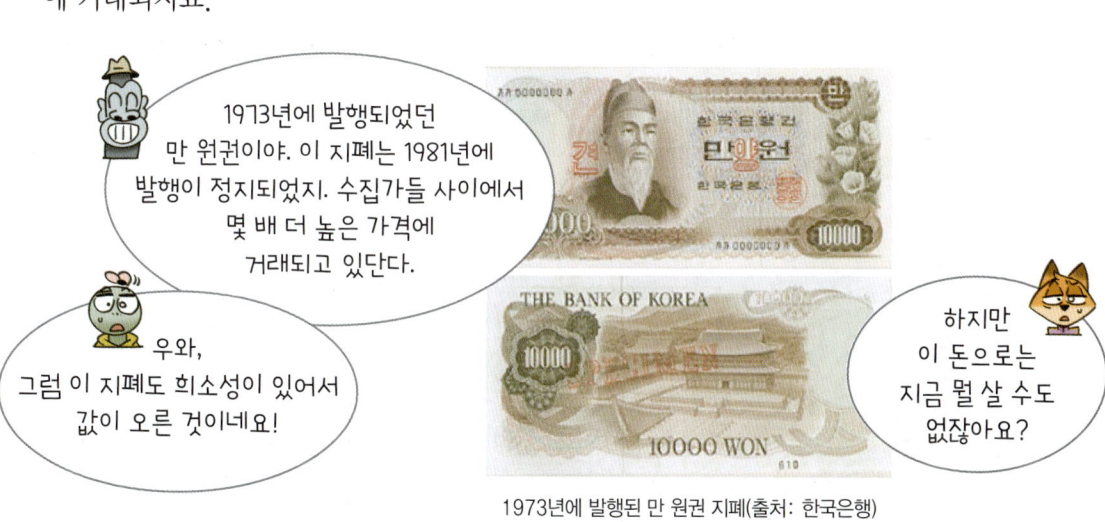

1973년에 발행된 만 원권 지폐(출처: 한국은행)

희소성이 높다고 해서 그 상품이 꼭 쓸모가 있는 것은 아니에요. 물은 흔한 만큼 저렴하지만, 우리가 살아가는 데 꼭 필요하지요. 반면 다이아몬드는 아주 비싸지만 우리가 살아가는 데 꼭 필요한 물질은 아니에요. 이처럼 가격과 효용이 서로 반대되는 현상을 '가치의 역설'이라고 한답니다.

지금 아니면 못 삽니다! 희소성 마케팅

희소할수록 높은 가격이 매겨지는 희소성의 원리를 마케팅에도 적용할 수 있다. 소량만 제작하거나, 한정된 기간만 판매하여 희소성을 높이는 식이다. '늦어서 못 사면 어떡하지?', '이번 기회를 놓치면 못 살 텐데.' 등의 심리를 부추겨 소비자가 물건을 구매하도록 하고, 이렇게 물건을 구매한 소비자는 자신만이 이 특별한 제품을 가지고 있다는 우월감과 만족감을 느끼게 된다. '한정판 마케팅'이라고도 한다.

경제 **205**

| 사회 3-2 | 1. 사회 변화와 다양한 문화 | 1) 사회 변화와 달라진 생활 모습 |
| 사회 4-1 | 3. 경제활동과 지역 간 교류 | 2) 교류하며 발전하는 우리 지역 |

#유통

고속 도로에는 왜 화물차가 많을까요?

30초 해결사

2020년 한국 도로 공사에서 발표한 고속 국도 차량 이용 현황 통계에 따르면 고속 도로를 이용한 차량 중 9퍼센트가 화물차였어요. 약 1억 6,000만 대로 엄청난 양이지요. 고속 도로를 이용하는 많은 화물차는 공장에서 생산된 물품이나 농작물 등을 소비자에게 실어 나르는 역할을 해요.

- 유통: 상품이 생산자에서 소비자에게 도달할 때까지 거치게 되는 전 과정을 뜻해요.
- 물류: '물적 유통'의 준말로, 상품이 생산되어 소비자에게 팔릴 때까지 진행되는 물자의 흐름을 뜻해요. 제품의 포장, 수송, 보관 등이 모두 물류에 해당돼요.

#물류   #화물차   #새벽 배송   #홈 쇼핑

생산자가 물품을 만들어도 소비자에게 판매되지 않으면 아무 소용이 없어요. 하지만 생산자가 소비자와 직접 만나 물건을 판매하기란 쉬운 일이 아니에요. 그래서 생산자를 대신해 유통업체가 소비자에게 물품을 판매하지요. 유통과 물류가 발달하면서 소비자는 다양한 산지의 생산품을 한자리에서 만나 볼 수 있게 되었어요.

유통의 일반적인 진행 과정을 살펴볼까요?

생산자 ➡ 도매상 ➡ 소매상 ➡ 소비자

도매상은 소매상 또는 사업자에게 제품이나 서비스를 대량으로 판매하는 개인 또는 조직을 뜻해요. 도매상은 최종 소비자에게 직접 물건을 판매하는 곳이 아니에요. 소매상은 도매상으로부터 제품 또는 서비스를 사들여 최종 소비자에게 직접 판매해요. 우리가 흔히 물건을 사러 가는 편의점, 슈퍼마켓, 백화점 등은 모두 소매상에 해당된답니다.

가정에서 텔레비전, 인터넷, 모바일 등을 통해 물건을 구매하는 홈 쇼핑이 활발해지면서 최근에는 정보 처리도 물류의 중요한 과정이 되었어요. 소비자에게 물건이 지금 어디쯤 왔는지, 어느 과정을 거치고 있는지 데이터를 보내 주는 것이지요. 홈 쇼핑이 보편화되면서 유통 과정에도 변화가 생겨났어요. 예전에는 소비자가 백화점, 편의점 등에 방문해 물건을 구매하는 것이 일반적이었지만 이제는 생산자에게 직접 물건을 구매하거나 인터넷을 통해 동네 시장에서 장을 보는 등 경로가 다양해졌답니다.

 **아침이면 문 앞에! 새벽 배송**

홈 쇼핑이 늘면서 소비자의 마음을 끌기 위한 다양한 수단이 등장했다. 새벽 배송도 그중 하나다. 새벽 배송은 전날 물건을 주문하면 다음 날 아침에 받아 볼 수 있는 시스템으로, 신선 식품을 빠르고 싱싱하게 받을 수 있어 소비자들에게 큰 인기를 끌고 있다. 그러나 신선 식품 특성상 유통 기한이 짧아 관리가 어렵고, 일반적인 배송에 비해 배송 시스템을 구축하는 데 드는 투자 비용이 비싼 탓에 경쟁에 나선 유통업체들의 고민이 깊어지고 있다. 또 전날 받은 주문을 정리해 물건을 포장하고 새벽에 배송을 마쳐야 하므로 노동량이 만만치 않다는 문제점도 있다.

경제 **207**

| 사회 3-2 | 1. 사회 변화와 다양한 문화 | 1) 사회 변화와 달라진 생활 모습 |
| 사회 6-2 | 2. 우리나라의 경제 성장 | 3) 세계 속의 우리나라 경제 |

#암호 화폐

비트코인은 코인 노래방에서 쓰는 것인가요?

30초 해결사

비트코인은 2009년 만들어져 사용되고 있는 온라인 암호 화폐의 한 종류예요. 암호 화폐란 블록체인을 기반으로 암호화 기술을 사용하여 만든 디지털 화폐를 뜻해요. 암호 화폐는 실물 화폐와 달리 가치의 변동을 통제하기가 쉽지 않기 때문에 아직은 사용이 제한적이에요.

#화폐 #비트코인

지금의 표준화된 화폐가 생겨나기 전에는 거래가 대부분 물물 교환으로 이루어졌어요. 주로 생활에 꼭 필요한 쌀이나 소금 등이 물물 교환의 화폐로 사용되었지요. 이후 금, 은, 동과 같이 가치 있는 금속들이 가치의 척도가 되었고, 오늘날에는 금을 기준으로 지폐를 발행하는 '금본위제'가 정착되었어요.

화폐의 기본 조건은 반드시 사회적인 합의가 있어야 한다는 것이에요. 사회 구성원들 모두에게 '가치 있는 물건'임을 인정받아야 화폐로서 역할을 할 수 있는 것이지요. 또, 어느 기관에서 발행한 화폐인지도 아주 중요해요. 기관에 대한 신뢰도가 화폐에 대한 신뢰도를 결정하기 때문이에요.

비트코인을 비롯한 암호 화폐는 이전에 없었던 새로운 화폐예요. 특정 국가에서 발행, 관리하는 화폐도 아니고, 만질 수 있는 것도 아니에요. 또 보편적으로 사회적 가치가 있다고 인정받는 것이 아니기 때문에, 아직은 화폐로서의 기능을 제대로 하고 있다고 보기는 어려워요. 암호 화폐를 발행하고 관리하는 주체가 국가가 아니라 민간 기업이기 때문에 화폐 가치 또한 안정적이지 않지요.

그러나 암호 화폐 시장은 무섭게 성장하고 있어요. 언젠가는 암호 화폐가 화폐의 개념을 바꾸고, 새로운 화폐로 정착하게 될 수도 있겠지요?

'액면'의 뜻은?

'액면'이란 화폐에 명시된 금액을 뜻한다. 5,000원 지폐의 액면가는 5,000원이다. 액면은 각 나라의 경제적인 여건과 사회적 여건, 그리고 국민의 화폐 사용 관행 등에 따라 다르게 책정된다. 우리나라 화폐의 경우, 1원을 시작으로 최대 5만 원 지폐까지 총 10개의 액면으로 구성되어 있다. 국가별로 최고 액면도 다양한데, 최고 액면은 경제 규모가 확대되고 물가가 상승하면 높아지는 경우가 많다. 1962년 우리나라의 최고 액면 화폐는 500원이었지만, 현재의 최고 액면 화폐는 5만 원이다.

사회 3-2	1. 사회 변화와 다양한 문화	1) 사회 변화와 달라진 생활 모습
사회 6-1	2. 우리나라의 경제 성장	3) 세계 속의 우리나라 경제

#공유 경제

우리 집이 호텔이 될 수 있다고요?

30초 해결사

'에어비앤비'는 집의 남는 방을 여행자에게 빌려주는 공유 경제 플랫폼 기업이에요. 빌려주는 사람은 돈을 벌 수 있고, 여행자는 호텔보다 저렴한 비용으로 숙박을 해결할 수 있어 많은 인기를 끌고 있어요. 인터넷과 스마트폰을 기반으로 공유 경제가 발달하면서 소유물을 타인과 공유, 교환, 대여하는 등의 사례가 늘고 있어요.

#플랫폼 경제

공유 경제는 물품 또는 서비스를 각자 소유하는 것이 아니라 타인과 공유하는 방식의 경제 활동이에요. 1인 가구가 많아지고, 합리적인 소비를 중시하는 사람들이 늘면서 공유 경제가 빠르게 활성화되고 있어요. 길에서 흔히 볼 수 있는 공유 자전거나 공유 킥보드도 공유 경제의 좋은 사례예요.

가까운 곳에서 공유 경제를 또 찾아볼까요? '공유 냉장고'는 혼자 다 먹기 어려운 재료나 남은 음식 등을 공유하는 것을 말해요. 그냥 두면 결국 음식물 쓰레기가 되어 버릴 여유분의 음식들을 공유 냉장고에 넣어 지역 주민과 나누는 것이지요. 공유 냉장고는 2010년 독일에서 처음 시작되었어요. 「쓰레기를 맛보자(Taste the Waste)」라는 다큐멘터리를 통해 낭비되는 음식물을 줄여야 한다는 공감대가 형성되었고, 이후 음식을 공유하고 절약하는 운동이 확산되며 공유 냉장고가 탄생했지요. 현재 우리나라에도 여러 곳에 공유 냉장고가 설치되어 운영되고 있어요.

자신이 소유한 책을 지역 주민과 함께 읽는 '공유 책장'도 있어요. 나에게는 헌책이지만, 다른 사람에게는 소중한 새 책이 될 수 있어요. 공유 책장을 적극적으로 활용하면 도서 구입 비용도 절약할 수 있어요.

학교에서도 공유 경제를 실천해 볼 수 있어요. 쓰다가 싫증이 난 필기구를 모아 교실 한편에 '공유 필통'을 만들어 보는 것은 어떨까요? 깜빡 잊고 필기구를 가져오지 않은 날 편하게 빌려 쓸 수 있고, 싫증 난 필기구 대신 새로운 필기구를 써 볼 수도 있겠지요?

 **연결해 드립니다, 플랫폼 경제**

플랫폼platform은 기차역에서 승객이 열차를 타고 내리기 쉽게 만든 장소를 의미한다. 플랫폼 경제에서 플랫폼이란 중개 역할을 하는 사이트들을 의미한다. 기차 플랫폼이 기차와 승객이 만날 수 있도록 하는 공간인 것처럼, 인터넷에 구현된 플랫폼은 다양한 경제 활동이 일어날 수 있도록 하는 역할을 한다. 우리가 일상적으로 사용하는 배달 어플리케이션이나 쇼핑 어플리케이션 등도 모두 플랫폼에 해당된다. 인터넷망이 발달하면서 점차 플랫폼 자체가 갖는 영향력이 커지고 있다.

배달 플랫폼을 규제해야 할까?

> 자율적으로 운영될 수 있도록 두어야 해!

"배달 플랫폼이 생기면서 소비자는 편리하게 식당을 찾을 수 있게 되었을 뿐만 아니라 배달 예상 시간을 실시간으로 확인할 수 있게 되었고, 식당은 새로운 소비자층을 확보하고 서비스를 더 넓은 범위로 확장할 수 있게 되었어. 또 전문적으로 배달을 하는 사람들이 생겨나면서 새로운 일자리가 생겨났어. 이런 상황에서 정부가 플랫폼을 규제하면 오히려 시장의 혁신성을 해칠 수 있어."

동네 식당을 한눈에 볼 수 있는 배달 플랫폼은 이미 우리의 삶 깊숙이 들어와 있다. 배달 플랫폼은 소비자가 다양한 선택지에 접근할 수 있도록 도와주고, 또 식당이 소비자에게 노출되는 기회를 제공한다. 그러나 최근 배달 플랫폼이 소비자와 생산자 양쪽에 매기는 수수료가 과도하다는 비판이 일면서 규제가 필요하다는 의견이 나오고 있다.

S: 정부가 플랫폼 규제와 배달 노동자 보호에 나서야 해!

> 과거와 달리 배달 플랫폼을 사용해 음식을 주문하는 것이 당연해지면서, 플랫폼의 힘이 강해졌어. 수수료를 지불하지 않으면 소비자에게 식당이 잘 노출되지 않는 등의 불이익이 발생하기 때문에 배달 플랫폼이 불합리한 수수료를 요구해도 식당은 거부하기가 힘들어. 또 배달 노동자들도 4대 보험과 최저 임금이 잘 지켜지지 않는 등의 문제가 있어, 정부가 적극적으로 나설 필요가 있다고 생각해.

사회 5-1 · 2. 인권 존중과 정의로운 사회 · 3) 헌법과 인권 보장
사회 6-1 · 2. 우리나라의 경제 성장 · 1) 우리나라 경제 체제의 특징

#복지

일하지 않는 사람은 밥을 먹지 말라고요?

30초 해결사

우리나라 헌법을 보면 "모든 국민은 인간다운 생활을 할 권리를 가지고, 국가는 이를 위해 복지 증진에 노력할 의무를 지닌다"라는 내용이 있어요. 국가는 국민들의 복지를 지키고, 나아지게 할 의무가 있다는 뜻이지요. 이 의무를 지키기 위해 국가는 다양한 복지 제도를 시행하고 있어요.

- 복지: 좋은 건강과 안락한 환경, 윤택한 생활이 어우러져 행복을 누릴 수 있는 상태라는 뜻이에요.

#국가의 역할 #복지 국가

우리 사회는 약육강식의 세계가 아니에요. 사회적으로 약자에 속하는 사람도 모두 제도의 혜택을 누리고, 편안한 삶을 살 권리가 있어요. 국가는 혼자 힘으로 생계를 꾸리기 힘든 국민을 위해 여러 지원 정책을 운영해요.

복지 제도는 크게 사회 보험, 공공 부조, 사회 서비스로 나눌 수 있어요. 사회 보험은 국민에게 발생한 사회적 위험을 보험 방식으로 대처해 국민의 건강과 소득을 보장하는 제도예요. 사회 보험에는 건강 보험, 고용 보험, 산재 보험 등이 있어요. 공공 부조는 몸이 불편하거나, 나이가 많거나, 생활 유지가 힘든 사람들이 생활을 이어 나갈 수 있게 돕고, 자립을 지원하는 제도예요. 사회 서비스는 주거, 문화, 환경 등의 분야에서 인간다운 생활이 보장되도록 서비스를 제공하는 제도예요.

여러분도 여러 복지 혜택을 받고 있어요. 몇 가지만 살펴볼까요? 먼저 무상 의무 교육이 있어요. 이를 통해 모든 국민이 신분이나 경제적 지위에 관계없이 공평하게 교육을 받을 수 있어요. 2021년부터는 고등학교 전 과정도 의무 교육 대상으로 지정되어 무상으로 교육을 받게 되었지요. 또, 만 9세 이상 만 18세 이하의 청소년은 '청소년증'을 발급받을 수 있어요. 청소년증으로는 대중교통비나 박물관 입장료 할인 등 다양한 혜택을 받을 수 있답니다.

최근 주목을 모으고 있는 복지 제도로 '기본 소득'이 있어요. 기본 소득이란 국가가 아무 조건 없이 모든 구성원에게 지급하는 소득이에요. 재산이나 노동에 관계없이 모든 국민이 최소한의 인간다운 생활을 유지할 수 있도록 국가가 책임을 진다는 취지지요. 우리나라도 코로나19로 국민들의 삶이 어려워지자 '재난지원금'을 온 국민에게 지급하는 등의 유사한 복지를 시행한 적이 있어요. 기본 소득은 아직 여러 나라에서 활발하게 논의되고 있는 실험적인 제도예요.

복지 국가

복지 국가는 국민들이 인간다운 생활, 행복한 삶을 누릴 수 있도록 노력하는 국가를 뜻한다. 우리나라 역시 '국가는 사회 보장 및 사회 복지의 증진에 노력할 의무를 진다'는 내용을 헌법에 담아 복지 국가로 나아갈 것임을 선언한 국가다. 대표적인 복지 국가 스웨덴을 살펴보자. 스웨덴은 학교, 보육, 건강, 연금, 노인 복지, 사회 복지 사업 등 대부분을 국가가 무상 제공한다. 이로 인해 국민의 세금 부담률이 무척 높다. 스웨덴 국민의 소득세율은 평균 30퍼센트에 이르고 부가 가치세는 25퍼센트 수준으로 덴마크와 함께 세계 최고 수준이다.

사회 6-1 | 2. 우리나라의 경제 발전 | 1) 우리나라 경제 체제의 특징

#자유 경쟁

물건의 값은 어떻게 정해질까요?

30초 해결사

물건의 가격은 물건을 필요로 하는 사람인 수요자와, 물건을 만들어 공급하는 사람인 공급자 간의 관계를 통해 결정돼요. 공급자보다 수요자가 많아지면 물건의 가격이 올라가요. 반대로 수요자보다 공급자가 많아지면 물건의 가격이 내려가지요. 수요와 공급이 일치하게 되면 물건의 가격이 안정되는데, 이를 '수요 공급의 법칙'이라고 해요.

• 시장: 물건이나 서비스를 사려는 사람과 팔려는 사람이 모여 거래하는 곳을 말해요.

#시장 #수요 공급의 법칙 #애덤 스미스

"시장은 보이지 않는 손이 움직인다."

영국의 경제학자 애덤 스미스(1723~1790)가 한 말이에요. 애덤 스미스는 '경제학의 아버지'라고 불릴 만큼 경제학에 큰 영향을 미친 사람이에요. 구성원 각자가 이기심에 따라 자유로운 선택을 하면 보이지 않는 원리에 따라 물건의 가격이 결정된다고 생각했지요.

> 우리가 맛있는 저녁을 먹을 수 있는 것은 정육점 사장, 빵집 사장의 자비심 덕분이 아니라 자신의 이익을 추구하는 그들의 욕구 때문이다.
>
> – 애덤 스미스, 『국부론』

만약 빵을 원하는 사람에 비해 빵이 부족하면 자연스럽게 빵의 가격이 올라가요. 반대로 빵을 원하는 사람에 비해 빵이 많으면 빵의 가격이 내려가지요. 또 빵집이 많아지면 서로 경쟁을 하게 되므로 가격에 변동이 생겨요. 이처럼 시장에서는 다양한 요인이 작용하여 자연스럽게 가격이 조절되는데, 이를 애덤 스미스는 '보이지 않는 손'이라고 설명한 것이지요.

즉, 개개인들은 공익을 추구하려는 의도 없이 오직 자신의 이익만을 추구하지만, 시장의 보이지 않는 손에 이끌려 결과적으로 공익에 이바지하게 된다는 이론이에요. 애덤 스미스는 이로 인해 경제가 발전하고, 결과적으로 사회 전체의 복지가 나아질 수 있다고 보았어요.

애덤 스미스의 자본주의 이론은 오늘날에도 큰 영향을 주고 있어요. 또, 케인스의 '수정 자본주의' 등의 다양한 이론이 등장하기 위한 발판이 되었어요.

국가는 경찰 역할만 수행해!

애덤 스미스는 경제 활동에 있어서 개인의 자유를 무엇보다 중요하게 생각했다. 애덤 스미스가 살았던 시대는 왕이 절대적인 권력을 휘두르는 절대 왕정 체제였다. 애덤 스미스는 국가가 풍족해지기 위해서는 시장에 대한 국가의 간섭이 최소한으로 줄어야 하며, 국가는 오직 다른 나라와의 전쟁을 대비하고 범죄로부터 국민을 보호하는 역할 정도만 해야 한다고 주장했다. 이처럼 역할이 축소된 정부를 '작은 정부' 또는 '야경국가夜警國家'라고 부른다. '야경'은 밤에 순찰을 돌며 안전을 지키는 일 또는 그런 일을 하는 사람을 뜻하는 단어다.

사회 6-1 2. 우리나라의 경제 발전 1) 우리나라 경제 체제의 특징

#자유 경쟁

경쟁은 무슨 장점이 있어요?

30초 해결사

한 종류의 상품을 여러 회사가 생산할 경우 회사들은 소비자가 자기 회사 물건을 선택하도록 하기 위해 상품의 값을 내리거나, 보기 좋게 만들거나, 더 질 좋은 상품을 생산하는 등 서로 다양한 방법을 통해 경쟁을 해요. 덕분에 소비자는 그중에서 가장 좋은 물건을 선택할 수 있게 되지요. 회사도 더 좋은 물건 또는 서비스를 개발하기 위해 노력하게 되므로 더 많은 이윤을 얻을 수 있어요.

• 경제 주체: 경제 활동을 하는 단위를 뜻해요. 가계家計, 기업, 정부 등이 있어요.

#치킨 게임

오늘날 경제의 특징 중 하나는 '경쟁'이에요. 시장에서 이루어지는 경쟁에는 많은 장점이 있어요. 자유로운 경쟁이 이루어질 때 경제 주체들은 더 좋은 상품, 더 많은 상품을 만들기 위해 노력하게 돼요. 또, 기술과 경영 지식이 발전하는 계기가 되기도 하지요. 기술과 경영 지식이 발전하면 생산성이 높아지고, 이로 인해 경제 주체의 소득 또한 늘어나요. 그렇기 때문에 외부에서 누군가 개입하지 않아도 생산자들은 더욱 열심히 일하고, 소비자를 만족시키려 노력하는 것이지요.

하지만 경쟁이 모든 상황에서 긍정적인 것은 아니에요. 지나친 경쟁이 일어나면 오히려 생산성이 저해되고, 다른 가치가 경시되는 등 여러 문제가 발생해요.

공정하지 않은 상황에서 경쟁이 이뤄지기도 해요. 조건이 좋지 않아 동일하게 경쟁에 참여할 수 없는 경우, 노력했지만 낙오된 경우, 특정 경제 주체가 시장을 독점한 경우 등 시장의 공정한 규칙이 깨졌을 때 경쟁은 사회를 분열시키고, 갈등을 심화시키는 원인이 돼요.

경쟁의 장점은 살리되, 경쟁으로 발생하는 문제점을 보완하기 위해 국가는 공정 거래 위원회를 설립해 불공정 거래를 감시하고 있답니다.

경쟁의 어둠, 치킨 게임

치킨 게임chicken game이란 차에 탄 2명의 운전자가 서로 마주 보고 돌진하여 먼저 겁을 먹고 핸들을 돌리는 사람이 지는 게임이다. '치킨'은 닭이라는 뜻도 있지만, 겁쟁이라는 뜻도 있다. 만약 치킨 게임에 참가한 두 운전자가 모두 핸들을 돌리지 않고 버티면 둘 다 크게 다칠 것이다. 핸들을 늦게 돌릴수록 사고가 날 위험도 커진다.

기업들도 종종 치킨 게임을 한다. 경쟁사를 이기기 위해 손실이 나는 것을 감수하면서까지 제품과 서비스를 낮은 가격에 판매한다. 결과적으로 승리를 거두더라도, 그것은 큰 손해를 입은 뒤의 일이다. 또한 치킨 게임이 벌어졌다는 사실만으로 같은 업종에 속한 기업들 모두가 손해를 입게 된다.

사회 6-1 · 2. 우리나라의 경제 성장 · 2) 우리나라의 경제 성장

#경제 성장

우리나라가 굶었던 시절이 있었다고요?

30초 해결사

1945년 우리나라는 일본으로부터 해방되며 광복을 맞이했어요. 오랜 식민지 착취를 통해 나라 안의 물자가 턱없이 부족한 상황에서, 1950년 6·25 전쟁까지 겪게 되었지요. 그러면서 나라의 산업 시설이 대부분 파괴되는 등 뼈아픈 손실을 입었어요. 이 시기에는 많은 국민이 가난과 굶주림에 시달렸어요.

#한강의 기적   #국제 경제 협력 개발 기구   #국내 총생산   #국민 총행복

1960년대만 해도 우리나라의 경제는 국제 연합(UN) 가입국 가운데 최하위를 달리고 있었어요. 그런 상황에서 이뤄진 가파른 경제 성장은 전 세계의 주목을 받았어요. 이를 두고 '한강의 기적'이라고 부르기도 해요. 제2차 세계 대전이 끝난 후 독일이 이뤄 낸 경제 기적, '라인강의 기적'에서 따온 이름이지요.

박정희 정부는 1962년부터 경제 개발 5개년 계획을 실시하고, 수출 중심으로 산업의 구도를 바꾸었어요. 그 결과, 국내 총생산(GDP)이 2001년 5,046억 달러에서 2019년에는 3배가 넘는 1조 6,463억 달러로 늘어났어요. 우리나라의 놀라운 성장은 '잘 살아 보자'는 마음으로 열심히 노력한 국민과 정부 정책이 잘 맞물려 이뤄진 성과였어요. 그 결과 1996년에는 대부분 선진국으로 구성된 국제 경제 협력 개발 기구인 OECD에 세계 29번째로 가입한 국가가 되었지요. 2022년 기준으로 우리나라의 경제 규모는 전 세계 191개국 중 10위 수준이에요.

오늘날 우리나라는 휴대 전화, 반도체, 자동차, 화학, 철강 등 여러 분야에서 세계적인 경쟁력을 갖추고 있어요. 또 최근에는 음악, 게임, 웹툰 등 문화 콘텐츠가 새롭게 우리나라를 대표하는 산업으로 떠오르고 있지요.

 ## GDP와 GNH

GDP Gross Domestic Product는 일정 기간 국가에서 생산된 시장 가치의 합, 즉 국내 총생산을 나타내는 지수로, 그 나라의 경제 규모를 가늠해 볼 수 있는 수치가 된다. 그러나 생산물의 시장 가치만으로 수치를 내기 때문에 국가의 성장을 GDP만으로 판단하기는 어렵다는 단점이 있다. 또 빈부 격차나 가사 노동과 같이 눈에 보이지 않는 요소는 GDP에 반영되지 않는다. 이를 보완하기 위한 지표로 GNH Gross National Happiness가 있다. 국민 총행복을 수치로 나타낸 것인데 GDP로는 측정이 어려운 지속 가능한 발전, 경제적 자립, 자연 보호, 고유문화 계승, 민주적 행정 체제, 종교 활동 등을 모두 포함해 계산한다. 국제 연합UN이 2021년 발표한 '세계 행복 보고서'를 보면, 156개 국가 중 우리나라의 GNH는 62위에 그쳤다. 이는 경제 규모에 비해 낮은 순위로, 앞으로 우리나라가 더욱 노력해 나가야 할 부분이다.

사회 6-1 · 2. 우리나라의 경제 성장 · 3) 세계 속의 우리나라 경제

#보험

런던 대화재가 보험을 만들었다고요?

30초 해결사

1666년, 영국 런던에서 대화재가 발생했어요. 5일간 불길이 계속되었고, 1만 3,000여 채의 건물이 불에 타 수많은 이재민이 생겨났지요. 끔찍한 재해를 겪은 런던 시민들은 혹시 모를 사고에 대비하고 싶다는 생각을 하게 되었어요. 그렇게 해서 최초의 보험, 화재 보험이 생겨났어요.

- 보험: 갑작스러운 사고, 질병 등에 대비해 미리 일정한 돈을 모아 두었다가 손해를 보상해 주는 제도예요.

#사보험 #공보험

보험은 크게 생명 보험과 손해 보험으로 나눌 수 있어요. 찬찬히 살펴볼까요?

생명 보험	사람이 생명을 잃거나 질병에 걸릴 경우 경제적으로 보상해 주는 보험이에요. ㉮ 암 보험, 종신 보험 등
손해 보험	화재, 교통사고, 건물 붕괴, 강도, 도난과 같은 갑작스러운 사고로 다치거나 죽는 등 신체상의 손해를 입거나, 재물 손해를 입었을 때 그 손해를 보상해 주는 보험이에요. ㉮ 화재 보험, 자동차 보험, 여행 보험 등

꺅, 무서워! 저도 생명 보험에 가입할 수 있나요?

우리나라에는 15세 미만 어린이나 청소년이 가입할 수 있는 사망 보험이 없단다. 잘못하면 돈을 노린 범죄의 대상이 될 수도 있기 때문에, 스스로 보험 가입을 결정할 수 있는 나이가 되어야 보험에 가입할 수 있어.

우리나라는 자동차를 가진 사람이라면 누구든 자동차 보험을 들도록 의무화하고 있대.

위에서 설명한 보험들은 모두 사보험이에요. 개인이 알아서 선택하여 들 수 있는 보험이지요. 보험 중에는 국가 차원에서 운영하며, 모든 국민이 의무적으로 들어야 하는 보험도 있어요. 이런 보험을 공보험이라고 해요.

대표적인 공보험으로는 건강 보험이 있어요. 건강 보험은 질병이나 부상으로 치료비의 부담이 커지는 것을 덜고자 만들어진 보험으로, 모든 국민은 건강 보험에 가입해 보험료를 납부해야 해요. 그렇게 모인 보험료는 국민 건강 보험 공단이 관리하며 국민들의 의료비로 지원해 주고 있지요. 우리나라는 건강 보험 체계가 무척 잘 갖추어져 있는 나라로 손꼽힌답니다.

세계의 특이한 보험

일본에는 무덤 앞에 세워 둔 비석이 훼손될 것에 대비하는 보험이 있다. 지진, 홍수 등 천재지변이 잦은 나라 특성상 비석 파손이 잦아 만들어진 보험이다. 네덜란드에는 직원들이 꾀병을 부리며 출근하지 않을 경우에 대비한 '결근 보험'이 있다. 미국의 재미있는 보험 중에는 UFO의 출현을 걱정하는 이들을 위한 것이 있다. 이 보험에 가입하면, UFO에 납치되거나 UFO의 공격으로 사망할 경우 보험금을 받을 수 있다.

| 사회 6-1 | 2. 우리나라의 경제 성장 | 3) 세계 속의 우리나라 경제 |
| 사회 6-2 | 2. 통일 한국의 미래와 지구촌의 평화 | 3) 지속 가능한 지구촌 |

#국제 교류

내가 먹은 과자로 세계 여행을 할 수 있다고요?

30초 해결사

과자 봉지의 뒷면을 보면, 재료의 원산지가 적혀 있지요. 세계 여러 나라 간 교류가 활발해지면서 다양한 농산품의 수입이 늘어났어요. 우리나라 회사에서 만든 과자라고 해도 재료는 여러 나라에서 수입된 농산품인 경우가 많아요. 우리나라 역시 많은 물품을 수출하고 있지요.

- 수입: 다른 나라로부터 상품이나 기술을 사들이는 것을 뜻해요.
- 수출: 우리나라의 상품이나 기술을 다른 나라로 팔아 내보내는 것을 뜻해요.

#무역 #세계화 #푸드 마일리지 #로컬 푸드

우리나라에서 생산되는 제품 중에는 여러 나라에서 수입한 재료로 만들어지는 것이 많이 있어요. 재료만 수입해 우리나라에서 제작하는 제품도 있고, 해외에서 제작까지 한 뒤 마무리 작업만 국내에서 하는 제품도 있지요. 재료의 원가나 질 등 다양한 이유로 점점 제품의 원산지가 다양해지고 있어요.

그러면서 생긴 개념 중 하나가 '푸드 마일리지'예요. 푸드 마일리지는 만들어진 음식의 재료가 얼마나 많이, 또 얼마나 멀리서 왔는지를 알려 주는 지표예요.

> 푸드 마일리지는 재료 물량에 거리를 곱해서 구한단다. 거리가 멀수록, 양이 많을수록 푸드 마일리지가 높겠지?

저렴한 원재료를 사용하는 것은 좋지만, 푸드 마일리지 값이 높으면 불필요한 에너지 소비가 많아져 환경에 나쁜 영향을 미쳐요. 식품을 운반할 때는 대부분 화석 연료를 사용하기 때문이에요. 또 이동 거리가 길수록 식품을 신선하게 보존하기 위해 방부제와 같은 화학 약품을 많이 사용하게 되는데, 이 과정에서도 환경 오염이 발생하지요.

오늘 식탁에 올라온 음식을 보면서, 이 음식은 어디서 온 음식일지 생각해 보는 것도 의미 있겠지요?

개념연결 로컬 푸드

'로컬'은 지역이라는 뜻이다. 로컬 푸드는 지역에서 생산된 음식, 그중에서도 농산물을 의미한다. 장거리 이동이나 유통을 거치지 않고 생산지 인근에서 판매하기 때문에 탄소 배출량을 줄일 수 있고, 또 유통비가 절약되어 저렴하다. 탄소 배출량을 줄여야 한다는 목소리가 높아지면서 시장이나 대형 마트에서도 로컬 푸드 코너를 자주 찾아볼 수 있게 되었다. 또 지역에서 나는 농산물을 소비하는 것이므로, 지역 경제 활성화에도 도움이 된다.

사회 6-2 3. 통일 한국의 미래와 지구촌의 평화 3) 지속 가능한 지구촌

#6차 산업

6차 산업이 무엇인가요?

30초 해결사

6차 산업이란 1차 산업에 2차 산업 및 3차 산업이 결합된 산업 형태를 뜻해요. 1×2×3=6에서 유래한 이름이에요.

- 1차 산업: 자연환경을 이용해 물자를 생산하는 산업
  - ㉑ 농업, 임업, 축산업, 수산업 등
- 2차 산업: 1차 산업의 생산물을 가져와서 완성된 제품을 생산하는 산업
  - ㉑ 제조 공업, 토목 건축업 등
- 3차 산업: 사람들에게 서비스를 제공하는 산업
  - ㉑ 관광업, 통신, 금융 등

#1차 산업 #2차 산업 #3차 산업

위의 세 농부는 모두 콩을 키우고 있어요. 콩을 키워 수입을 얻는 농부 1은 1차 산업에 종사한다고 말할 수 있어요. 콩도 팔고, 그 콩으로 두부와 된장을 만들어 팔기도 하는 농부 2는 1차 산업과 2차 산업에 동시에 종사한다고 말할 수 있어요. 농부 3을 살펴볼까요? 농부 3은 콩과 그 2차 생산품을 팔 뿐만 아니라, 두부 만들기 체험장도 운영하고 있지요. 두부 만들기 체험장은 서비스 산업, 즉 3차 산업에 해당돼요. 따라서 농부 3은 1차 산업, 2차 산업, 3차 산업에 모두 종사한다고 말할 수 있어요.

이처럼 1차 산업을 기반으로 하여 2차 산업 및 3차 산업을 연계함으로써 새로운 부가 가치를 창출하는 산업을 모두 6차 산업이라고 불러요. 농부 2와 농부 3은 모두 6차 산업에 종사한다고 말할 수 있겠지요?

오늘날에는 많은 1차 산업 종사자들이 1차 산업뿐만 아니라 다양한 연계 산업에 나서고 있어요. 그럼으로써 지역 경제가 활성화되고, 새로운 관광 상품이 개발되는 등의 효과가 발휘되고 있지요. 또한 새로운 부가 가치를 창출할 수 있어 소득에도 도움이 된답니다.

개념연결 대표적인 6차 산업, '상하농원'

'상하농원'은 2016년 매일유업이 전라북도 고창군 상하면에 지은 농어촌 테마 공원이다. 상하농원에서는 배추, 수박 등 친환경 농산물과 젖소 목장에서 생산한 유기농 우유를 판매하고 있다. 또 농원 및 고창군에서 생산되는 과일, 우유, 돼지고기 등을 활용해서 만든 잼이나 소시지 같은 다양한 가공품을 상하농원 브랜드로 판매한다. 이 밖에 '빵 만들기 체험'이나 '목장 체험' 등 친환경 먹거리와 관련된 다양한 체험 활동을 제공하고, 자연을 그대로 즐길 수 있는 숙소 '파머스 빌리지' 등을 운영해 많은 관광객을 유치하고 있다. 상하농원은 고창군의 농민, 어민, 축산민과 직접 교류하며 다양한 부가 가치를 고민하는 6차 산업의 본보기라 할 수 있다.

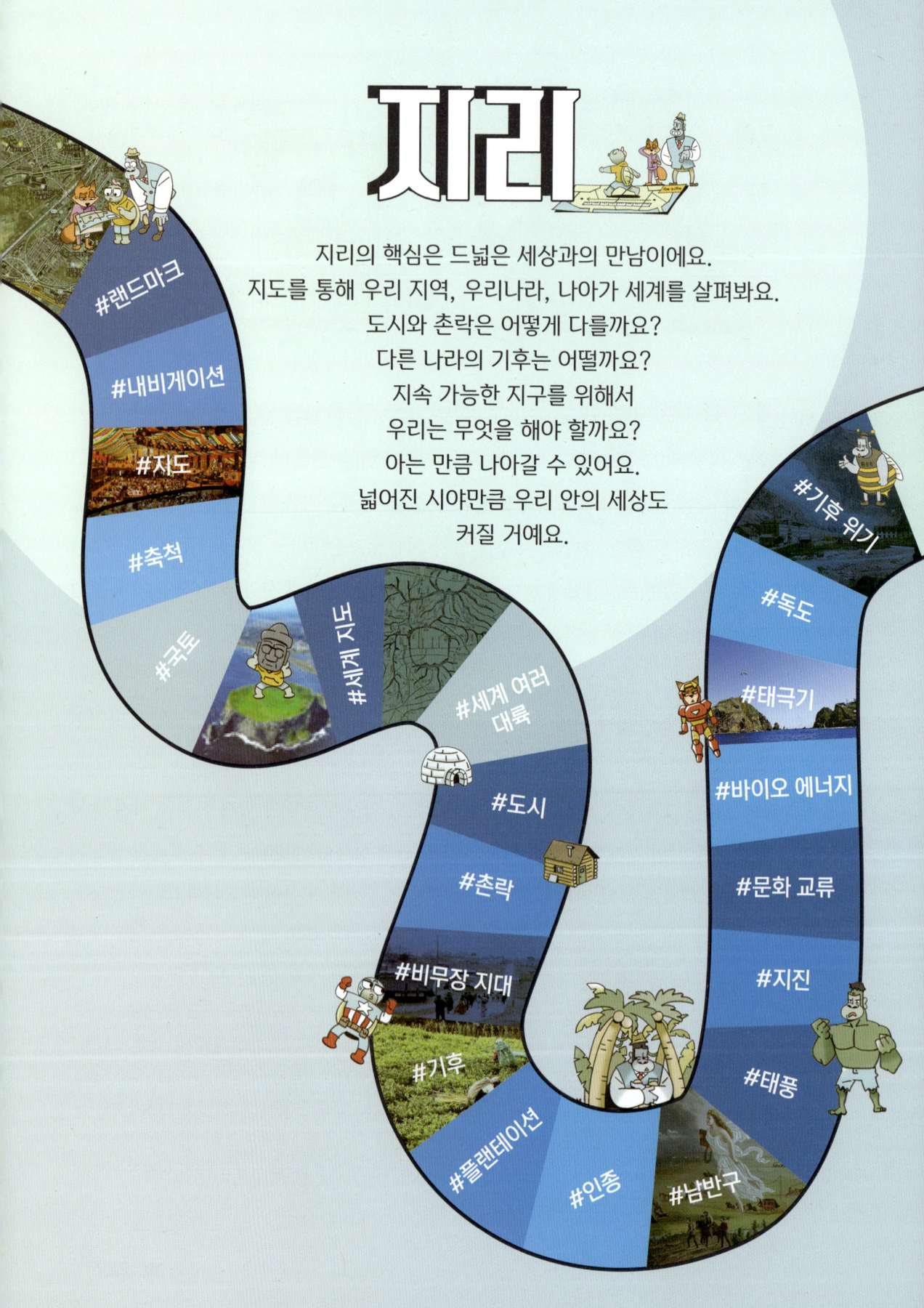

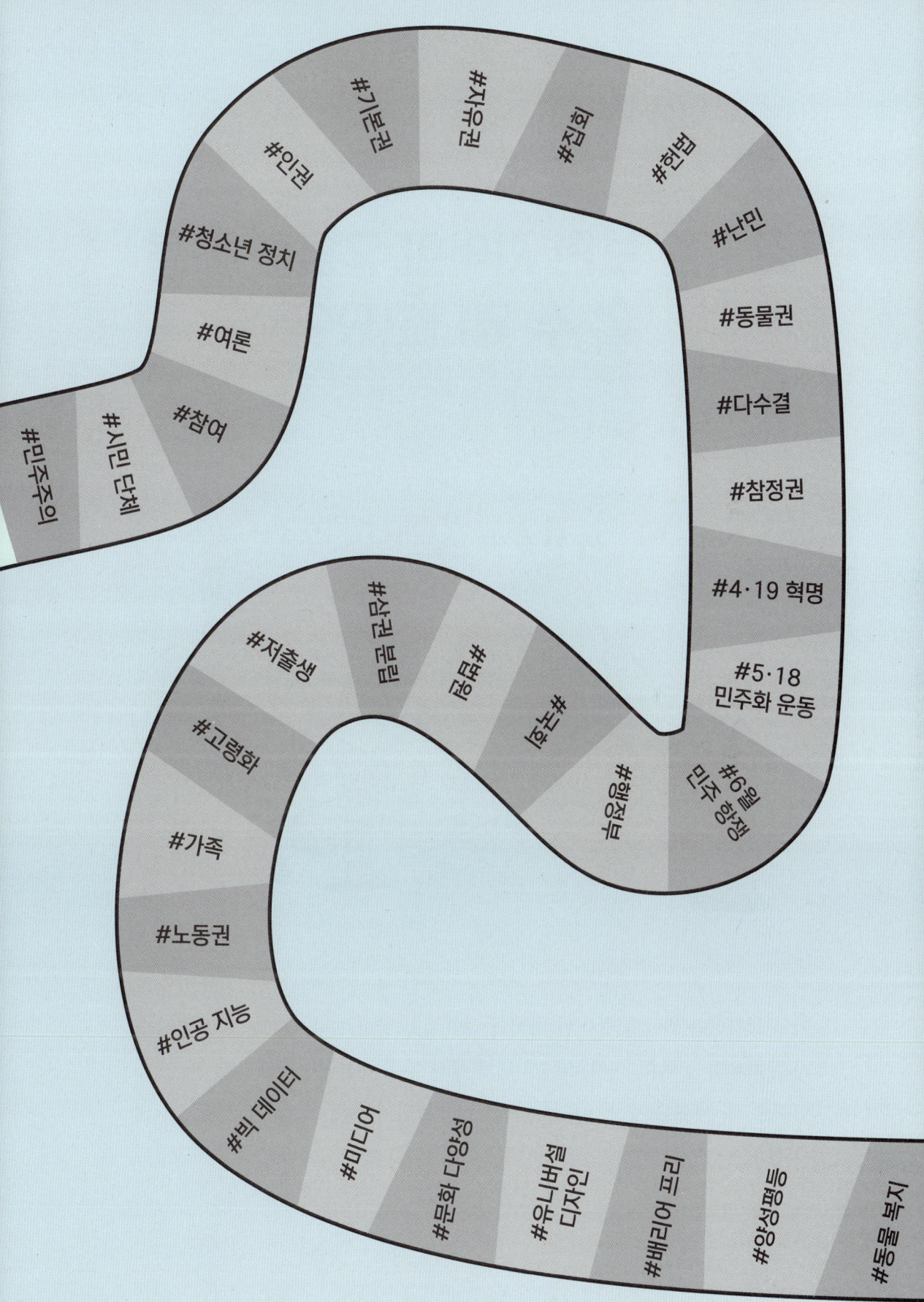

사회 3-1 | 1. 우리가 사는 곳 | 1) 우리 생활 속 여러 장소에 대한 경험과 느낌

#랜드마크

교가를 보면 지역의 유명한 곳을 알 수 있다고요?

30초 해결사

학교 교가에는 학교를 둘러싼 지역의 대표적인 장소가 나오지요. 여러분도 교가를 떠올려 보세요. 가사 속에서 내가 사는 곳의 대표 명소가 어디인지 알 수 있어요. 각 지역을 생각하면 떠오르는 대표적인 명소를 랜드마크(landmark)라고 불러요.

#교가

제주 대정초등학교 교문

"한라산 줄기 뻗어 모슬봉 되고
태평양 푸른 바다 변함없듯이
예쁘게 자라나는 대한의 새싹
장하고 씩씩하다 대정교 어린이"

제주 대정초등학교 교가에는 '한라산', '모슬봉' 등 제주도를 대표하는 자연물이 나타나 있어요. 그런데 이렇게 크고 거창한 것만 지역을 대표하는 랜드마크가 되는 것은 아니에요. 우리 동네의 소소해 보이는 건축물도 랜드마크가 될 수 있어요. 제주 대정초등학교의 개교 100주년을 맞아 만들어진 교문도 지역의 명물로 손꼽히는 랜드마크랍니다.

프랑스 파리의 에펠탑, 미국 뉴욕의 자유의 여신상 등 유명한 건축물은 도시를 넘어 나라를 대표하기도 하지요. 랜드마크는 다른 곳에 사는 사람들에게 해당 지역을 알릴 뿐만 아니라 그 지역에 사는 사람들에게 자긍심을 심어 주면서 지역에 관심과 애정을 갖도록 해요.

개념연결 교가를 바꾼 학생들

인천 강화여고 학생들은 교가에 적힌 "여자다워라"라는 표현이 시대적 흐름에 적절하지 않다고 생각하여 교가를 바꿀 것을 제안했다. 교가의 원저작자를 존중하는 마음과 학교의 전통을 고려하여 가사 전체가 아닌 일부만 변경하기로 하고, 2017년 입학생부터는 후반부 가사가 "지혜로워라, 한 흰 샘의 은수 되어라"로 바뀐 교가를 부르게 되었다. 달라진 시대 흐름을 반영하면서 민주적으로 교가를 새롭게 바꿔 낸 것이다.

강화여고의 새로운 교가
향곡의 문화 터전 강화여고
칠선의 후예들이 한곳에 모여
한배님 끼치신 뜻 계승하려네
아- 아- 참다워라 지혜로워라
한 흰 샘의 은수 되어라

사회 4-1 — 1. 지도로 만나는 우리 지역 — 1) 지도의 읽기와 활용

#지도

놀이동산을 잘 이용하는 비법이 있다고요?

30초 해결사

놀이동산에 가면 어떤 놀이 기구가 어디에 있는지, 내 위치가 어디인지 등을 알 수 있도록 곳곳에 놀이동산 안내 지도가 배치되어 있어요. 안내 지도에는 놀이 기구 탑승 조건이 써 있어서 키에 따른 이용 조건이나 어린이 전용 놀이 기구 등을 찾아볼 수 있고, 내가 있는 위치에서 가장 가까운 화장실이나 편의점 등의 편의 시설을 찾을 수도 있어요.

#안내도 #관광 지도

지도는 땅의 모습을 일정하게 줄이고 기호 등을 사용해서 나타낸 그림이에요. 한 번도 가 본 적 없는 음식점에 갈 때 지도로 위치를 확인해 본 적 있나요? 버스 정류장이나 지하철역에 붙어 있는 노선도도 지도의 일종이랍니다. 이처럼 우리는 생활 속에서 지도를 자주 사용하고 있어요.

지도는 사용하는 목적에 따라 분류할 수 있어요. 먼저 국가가 전 영토에 대해 통일된 축척으로 만드는 지도인 일반도가 있어요. 지역의 지형 특징, 도로망, 하천 등을 한눈에 파악할 수 있지요. 특정한 주제나 목적을 위해 만들어진 지도는 특수도라고 해요. 사람들이 어디에 많이 사는지를 나타낸 인구분포도, 관광지의 정보를 나타낸 관광 지도, 자전거 도로를 알 수 있는 자전거 교통 지도, 기후의 분포를 알 수 있는 기후분포도 등이 해당되지요.

고지도(대동여지도 도성도)
(출처: 『서울 지도』, 2006.)

종이 지도(최신 서울 특별시 전도)
(출처: 『서울 지도』, 2006.)

인터넷 전자 지도

비행기도 없던 조선 시대에 그린 지도라니 신기해.

나도 스마트폰으로 인터넷 전자 지도를 써 본 적 있어.

개념연결 세계를 표현한 가장 오래된 지도

현재 남아 있는 세계 지도 중 가장 오래된 지도는 고대 바빌로니아 지방(현 이라크 남부)의 점토판 지도다. 기원전 700년경 점토판에 그려진 지도로, 지도의 중심에는 바빌로니아의 수도인 바빌론과 유프라테스강, 티그리스강이 남북 방향으로 평행하게 그려져 있다.

바빌로니아 점토판 지도
(출처: 국토 지리 정보원)

지도를 보면 당시 바빌로니아 사람들의 세계관을 알 수 있다. 그들은 육지가 바다 위에 떠 있다고 상상했고, 크기가 다른 2개의 원을 지도에 그려 이를 나타냈다. 안쪽의 작은 원은 육지를 나타내는데, 그 육지의 중심에는 바빌론이 있다고 생각했다. 바빌론이 세상의 중심에 위치해 있다고 여겼던 것이다. 작은 원 밖에 있는 큰 원은 바다를 표현한 것이다. 큰 원 밖의 삼각형으로 표시된 부분은 바빌로니아인들이 바다 저편에 존재한다고 상상했던 가상의 육지를 나타낸 것이다.

사회 4-1 — 1. 지도로 만나는 우리 지역 — 1) 지도의 읽기와 활용
사회 6-2 — 1. 변화하는 세계 속의 우리 — 1) 우리가 만들어 가는 미래 사회

#내비게이션

말하는 지도가 있다고요?

30초 해결사

운전 중이라 지도를 보기 어려운 상황일 때 내비게이션을 쓸 수 있어요. 내비게이션에 원하는 목적지를 입력하면 프로그램이 자동으로 경로를 찾아내어 목소리와 지도로 길을 안내해 줘요. 교통 정보, 예상 도착 시간까지도 미리 알려 주는 시스템이지요.

#지도 #빅 데이터

"목적지까지 남은 시간은 20분입니다."

"50미터 앞에서 우회전하세요."

자동차를 타고 가다 보면 내비게이션의 안내 정보를 들을 때가 많아요. 내비게이션은 항해한다는 뜻의 라틴어 '내비게이트(navigate)'에서 유래했어요. 처음에는 군사용으로 개발되었다가 지금은 일반 차량 등에 널리 쓰이게 되었지요.

내비게이션은 어떻게 작동하는 것일까요? 내비게이션이 운전자의 실시간 위치를 알 수 있는 것은 GPS(위성 항법 시스템) 덕분이에요. GPS는 지구 주위를 도는 3개의 GPS 위성에서 발사된 신호와 시간 오차를 확인하는 1개의 위성까지 최소 4개 이상의 위성을 통해 얻은 정보로 정확한 위치를 파악하고, 이렇게 수집한 정보를 내비게이션용으로 제작된 전자 지도와 연결해서 화면에 표시해요. 수시로 도로 상황을 확인하고 테스트를 거쳐 업그레이드하기 때문에 정확도가 높아요. 정확한 전자 지도를 만들기 위해서는 지도 데이터, 도로 데이터, 전화번호 검색 데이터 등 수많은 데이터가 필요해요.

(출처: 대한항공)

  내비게이션과 빅 데이터

"지금 해당 음식점으로 10대의 차가 가고 있습니다."
오늘날 운전자 대부분은 내비게이션을 사용한다. 그리고 많은 사람들이 내비게이션을 사용하며 쌓인 정보가 빅 데이터로 활용되고 있다.

내비게이션은 빅 데이터 정보를 접목하여 목적지까지 가는 길에 지나가는 지역별 유명 맛집과 여행 정보 등을 제공한다. 시시각각 도로 상황을 분석해 차가 덜 막히는 길을 추천해 주기도 한다. 사용자가 많아질수록 빅 데이터가 쌓여 다양하게 활용된다. 휠체어나 유모차를 사용하는 시민들을 위해서는 주변 공원 정보나 편의 시설을 안내하는 등 원하는 목적지에 보다 편리하게 접근할 수 있도록 맞춤 정보를 제공하기도 한다.

사회 4-1 ─ 1. 지도로 만나는 우리 지역 ─ 1) 지도의 읽기와 활용
사회 4-2 ─ 2. 지역문제를 해결하고 지역을 알리려는 노력 ─ 1) 지역문제를 해결하려는 노력

#안전 지도

지도가 동네를 안전하게 바꿀 수 있다고요?

30초 해결사

우리가 살아가는 동네의 위험한 곳과 안전한 곳을 표시한 지도를 안전 지도라고 해요. 안전 지도를 만드는 것은 그 지역의 위험한 곳을 파악해 사고를 예방하고, 동네를 안전하게 바꾸기 위한 것이에요. 실제로 안전 지도를 만들고 구청이나 군청 등에 제안해서 동네를 안전하게 바꾼 학생들도 있어요.

#지도 #심상 지도

"음악 학원이랑 햄버거 집 사이 골목길은 가로등이 없어 어둡고, 무단 주차된 차가 많아서 길이 좁아요. 자전거를 타다가 넘어지기도 쉽고, 걸어가다가 차에 부딪힐 때도 있어요."

서울수송초등학교 학생들은 통학로와 동네를 직접 조사해서 안전 지도를 만들고, 강북구청장에게 편지를 보냈어요. 또 다른 위험 요소였던 택시 회사 출입구에 과속 방지 턱과 반사경을 설치해 달라는 내용도 함께 작성해 넣었지요. 이 편지를 받은 강북구청에서는 가로등을 설치하고 무단 주차 문제 해결에 나섰어요. 그리고 택시 회사에 학생들 의견을 전달하여 차고지에서 나오는 길에 과속 방지 턱을 설치하고, 운전자에게 안전 교육을 실시하겠다는 약속을 받았어요. 학생들이 직접 만든 안전 지도 덕분에 동네가 안전하게 바뀐 것이지요.

직접 지도를 만들면서 우리가 살고 있는 동네를 안전하게 만들 수 있다는 것이 멋지지 않나요? 여러분도 안전 지도를 만들어 보면 어떨까요?

서울수송초등학교 학생들의 안전 지도 활동 모습과 편지

그리는 사람의 마음이 담긴 마음 지도(심상 지도)

지도는 꼭 정확한 정보만 나타내는 것이 아니다. 떠오르는 생각이나 느낌을 지도로 표현하는 마음 지도(심상 지도)도 있다. 마음 지도는 지도를 그리는 사람의 마음속에 있는 장소에 대한 정보를 지도의 모습으로 나타낸 것이다. 같은 장소라도 사람마다 다르게 느끼고 표현할 수 있으므로 지도의 모양이 똑같지는 않다. 마음 지도로 늘상 이용하는 학교 통학로를 그려 보자. 학교와 집 사이에 어떤 곳이 있는지, 혹시 위험한 곳은 없는지 생각해 보고 또 여러분이 즐겨 이용하는 장소나 소개하고 싶은 곳을 지도로 표현해 보자.

 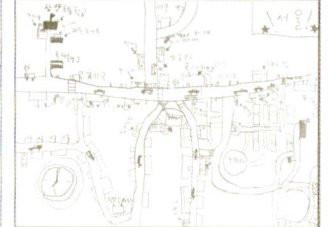

사회 4-1 | 1. 지도로 만나는 우리 지역 | 1) 지도의 읽기와 활용

#지도 기호

지도에 비밀 약속이 있다고요?

30초 해결사

지도는 땅의 모습을 압축하여 한눈에 보여 줘요. 이때 약속된 기호를 알면 지도를 쉽게 읽을 수 있어요. 지도는 건물, 자연환경 등을 기호로 나타내고 축척, 방위, 등고선 등을 활용해서 입체적인 지형을 평면에 나타낸 그림이거든요. 지도를 읽을 때 이런 약속들을 이해하면, 실제 땅의 모습을 쉽고 빠르게 확인할 수 있어요.

#지도 #방위표 #등고선

지도에 쓰이는 기호는 실제 땅의 모양이나 건물의 모습과 비슷해서 읽기가 쉬워요. 복잡한 건물 등은 특징을 살려 표현하기도 하지요. 산, 논, 성곽 등은 실제 모습을 바탕으로 만든 기호이고, 시청이나 병원, 온천 등을 나타내는 기호는 대략의 특징을 잡아서 표현한 것이에요. 지도를 보며 기호가 의미하는 것을 알아볼까요?

기호	의미	기호	의미
⚑	학교	◉	도청·특별시청·광역시청
▲	산	◎	시청·군청·구청
～	하천	卍	사찰
⚬⚬⚬	과수원	✉	우체국
ılı ılı	밭	┼▭┼	철도
⊥⊥⊥	논	♨	온천

지도에 쓰이는 여러 가지 기호

방위표

지도에서는 기호뿐 아니라 방위표를 사용해 동서남북의 위치를 표시해요. 일반적으로 지도에 방위 표시가 없으면 보이는 그대로 위쪽이 북쪽이에요. 방위표를 통해 사람이나 건물이 향한 방향과 관계없이 위치를 나타낼 수 있어요.

개념연결 등고선

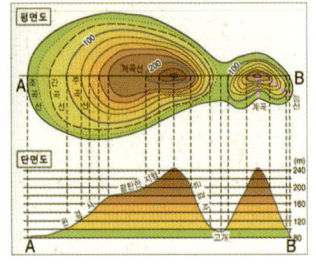

등고선(출처: 국토 지리 정보원)

지도에서는 등고선을 활용해 높낮이를 효과적으로 나타낸다. 등고선은 평균 해수면으로부터 같은 높이의 지점을 연결한 선이다. 등고선을 이용하여 땅의 모양, 높이, 경사도 등을 알 수 있다. 즉, 등고선은 지형을 위에서 바라본 모습이다. 등고선을 이용하여 지형을 옆에서 바라본 모습을 그릴 수 있는데 이러한 그림을 '단면도'라고 한다. 단면도에는 땅의 모양, 경사도 등이 나타나 있다. 단면도를 그려 보면 등고선의 간격이 넓은 지역은 경사가 완만하고, 등고선의 간격이 좁은 곳은 급경사가 나타나는 것을 알 수 있다.

지리 **239**

사회 4-1 | 1. 지도로 만나는 우리 지역 | 1) 지도의 읽기와 활용

#축척

지도 속 막대 모양 자는 무엇일까요?

30초 해결사

입체적인 지형을 일정한 비율로 줄여 평면인 지도로 옮길 때, 축척은 가장 기초가 되는 요소예요. 지도는 크기를 얼마나 줄이는지에 따라 실제 거리와 지역의 모습을 효율적으로 나타낼 수 있어요. 대한민국 전도처럼 넓은 지역을 한눈에 담은 지도는 세부 지역까지 살펴보기는 어렵지만 전체의 모습을 볼 수 있어요. 반면, 학교 주변을 담은 지도 등은 넓은 지역의 모습을 보여 주긴 어렵지만 학교 주변의 도로, 건물 등 세세한 정보를 담고 있어요.

#지도 #대축척 지도 #소축척 지도 #대동여지도

지도 안에 축척을 나타낼 때 비례법, 분수법, 막대 모양의 축척자를 사용할 수 있어요. 지도에서 두 지점 간의 거리를 재어 축척에 곱하면 실제 거리가 되지요. 가령 축척이 1:5,000인 지도가 있다면, 이 지도 위의 1센티미터는 실제 지표에서의 5,000센티미터(50미터)와 같아요.

실제 지형을 축소한 정도에 따라 소축척 지도와 대축척 지도로 나눌 수 있어요. 소축척 지도와 대축척 지도는 상대적인 개념이기 때문에 명확하게 구분하기는 어렵지만, 일반적으로 축척이 1:100,000보다 작으면 소축척 지도, 1:50,000보다 크면 대축척 지도라고 해요.

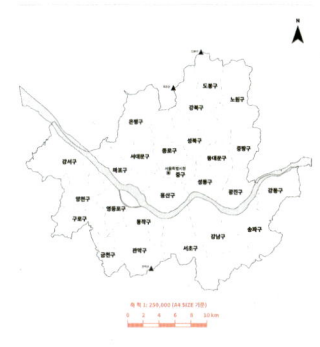

소축척 지도	대축척 지도
넓은 지역을 간략하게 보여 준다.	좁은 지역을 자세하게 보여 준다.
일반적으로 축척이 1:100,000보다 작다.	일반적으로 축척이 1:50,000보다 크다.

(지도 출처: 국토 지리 정보원)

 『대동여지도』

『대동여지도』는 조선의 지리학자 김정호가 만든 지도다. 모두 펼치면 가로 약 3.8미터, 세로 약 6.7미터로 건물 3층 높이에 가까운 크기로, 원본 지도를 접으면 책처럼 만들 수 있다. 산줄기와 물줄기, 고을과 도로 등 자연과 인문 지리 정보가 모두 담겨 있어 전국의 지리 지식을 쉽게 얻을 수 있었으며 정확성이 오늘날의 지도에 견주어도 큰 차이가 없을 정도로 높다. 기호를 사용하고 있어 지도 읽기가 편리하고, 방안표로 축척을 알 수 있으며, 도로 위에 10리 방점이 찍혀 있어 거리 계산도 가능하다. 무엇보다 목판 인쇄본으로 제작되어 널리 보급할 수 있었으므로 당시로서는 획기적인 지도였다. 이에 『대동여지도』 중 3건이 대한민국 보물로 지정되었다.

사회 4-1	1. 지도로 만나는 우리 지역	1) 지도의 읽기와 활용
사회 5-1	2. 우리 사회의 과제와 문화의 발전	3) 새로운 매체와 문화 발전
사회 6-2	1. 변화하는 세계 속의 우리	1) 우리가 만들어 가는 미래 사회

#지리 정보 체계(GIS)

지도 한 장으로 감염병을 막았다고요?

30초 해결사

1854년 영국 런던에서 콜레라 전염병 사망자가 늘어나자 대중의 공포심이 커져 갔어요. 의사 존 스노는 콜레라 환자가 발생한 곳을 표시하며 감염 지도를 만들었고, 이 지도를 기반으로 감염 경로를 파악해 피해를 줄일 수 있었어요.

- 콜레라: 콜레라균 감염에 의한 급성 장관 질환으로 일반적으로 오염된 물이나 음식을 통해 전파되고, 극심한 탈수 현상이 일어날 수 있어 심하면 사망에 이르는 전염병이에요. 인도 벵골 지역의 풍토병이었으나, 영국이 18세기 말 인도를 점령하는 과정에서 영국을 포함해 전 세계로 퍼져 나갔어요.

#커뮤니티 매핑

"옆 동네에 시름시름 앓다가 목숨을 잃은 사람이 또 생겼대."

19세기, 콜레라가 영국 런던을 덮쳤을 때 아무도 발병 원인을 알지 못했어요. 영국 정부와 일부 사람들은 공기를 통해 전염되는 것이라고 주장하기도 했지요. 내과 의사인 존 스노는 콜레라의 원인을 찾기 위해 콜레라에 걸린 사람들이 사는 곳을 지도에 표시했고, 콜레라가 집중 발생한 곳에 공동 펌프가 있다는 것을 알게 되었어요. 이를 통해 콜레라가 오염된 식수를 통해 퍼진다는 사실을 밝힌 존 스노는 공동 펌프 사용 금지를 제안했어요. 의사가 만든 지도 한 장이 영국 시민의 생명을 구하고, 런던시에 상하수도 시스템을 도입하게 했으며 공중 보건의 선진화를 이끈 것이지요. 존 스노의 콜레라 감염 지도는 오늘날 '지리 정보 체계(GIS)'의 시초라고 할 수 있어요.

GIS는 인간 생활에 필요한 지리 정보를 컴퓨터에 체계적으로 입력하여 효율적으로 쓰기 위한 정보 시스템이에요. 현실 생활에 밀접한 모든 정보를 다루고 있어 다양한 분야에서 활용되지요. 존 스노가 지도 정보로 환경 정보를 예측한 것처럼 수질 정보, 폐기물 정보 등의 정보를 구축해 각종 환경 변화 예측에 활용하기도 해요.

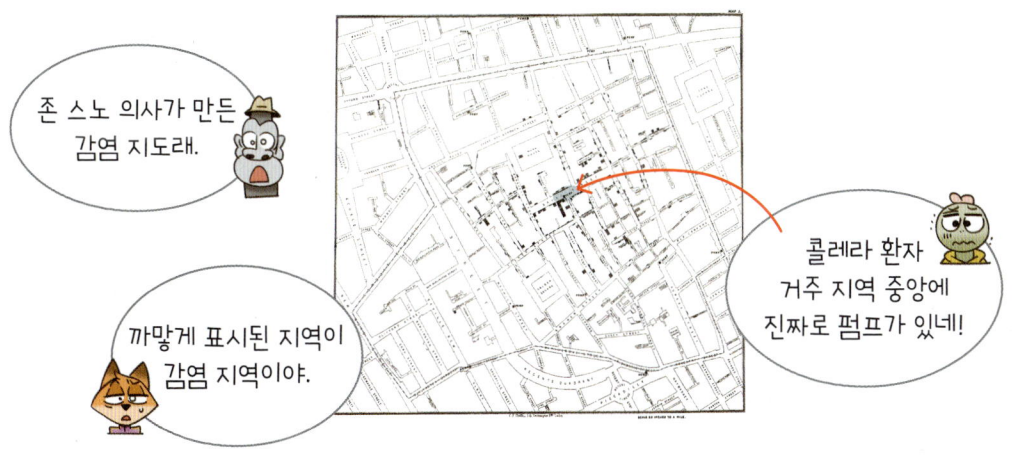

생활 속에서 다양하게 사용되는 지리 정보

코로나19 사태 초기 우리나라에는 이동 위치에 따라 코로나 관련 정보를 보여 주는 사이트와 애플리케이션이 등장했다. 일례로 '코로나 알리미' 애플리케이션은 실시간 확진자의 경로와 인근 보건소 정보를 제공한다. 여기서 더 발전된 수많은 애플리케이션이 시시각각 개발되어 코로나19 사태 대응에 도움을 제공했다. 이러한 애플리케이션들은 정부(질병 관리 본부)에서 제공하는 확진자 데이터를 기반으로 신뢰성을 높였다. 공공 데이터와 시민들의 참여로 만들어진 데이터를 지리 정보에 활용하여 코로나19 위기 상황을 극복해 나간 것이다. 지도가 단순히 위치 정보만을 주는 것이 아니라 현실 문제를 해결하기 위한 도구로 활용되면서 새로운 변화를 만들고 있다.

사회 4-1 · 1. 지도로 만나는 우리 지역 · 1) 지도의 읽기와 활용
사회 6-2 · 1. 세계 여러 나라의 자연과 문화 · 1) 지구, 대륙 그리고 국가들

#세계 지도

거짓말을 하는 세계 지도가 있다고요?

30초 해결사

둥근 구 모양의 지구를 평면의 지도로 만들 때는 실제 모습이 다르게 표현될 수밖에 없어요. 지도를 만드는 과정에서 뜻하지 않게 더 크게 그려야 할 때도 있지요. 일부러 거짓말을 하는 것은 아니지만 실제 모습과는 차이가 생기는 것이에요.

#축척 #지하철 노선도

둥근 구 모양의 지구를 지도로 표현하는 과정에서 땅의 모양, 면적 등은 실제와 다르게 나타나요.

네덜란드의 지리학자인 메르카토르가 개량한 투영 도법으로 제작한 세계 지도는 지금까지도 전 세계적으로 널리 이용되고 있어요. 이 지도는 당시 항해사들에게는 좋은 지도였지만, 고위도로 갈수록 실제보다 면적이 크게 그려지는 문제가 있었어요.

이에 독일의 역사학자이자 지도 제작자였던 페터스는 지구의 정확한 모습을 지도로 표현하기 위해 각 나라 면적의 상대적 비율을 반영한 지도를 만들었어요. 하지만 페터스 도법의 지도 역시 각 지역의 모양이 실제 모습과는 차이가 있어요.

두 지도는 있는 그대로 땅의 모습을 보여 줄 수 없다는 것을 알려 주는 사례랍니다.

메르카토르 도법을 사용한 세계 지도

페터스 도법을 사용한 세계 지도

실제와 다른 지하철 노선도

지하철 노선도는 역의 위치를 찾고, 지하철이 어느 방향으로 가는지 확인하기 위해 만들어진 지도다. 실제 지도에 나타난 지형과는 차이가 있지만, 사람들은 지하철 노선도를 불편 없이 잘 사용하고 있다. 지하철 노선도에는 실제 지도의 정보는 생략되고 지하철이 다니는 길을 따라 역의 이름이 차례대로 표시되어 있다. 역과 역 사이의 실제 거리보다는 지하철이 어떤 역들을 지나는지가 더 중요한 정보이기 때문이다. 승객들이 빠르고 편리하게 살펴볼 수 있게 만든 지하철 노선도와 실제 지도를 비교해 보자.

(출처: 네이버 지도)

사회 4-2 › 3. 다양한 환경과 삶의 모습 › 2) 도시의 특징과 생활 모습
사회 5-1 › 1. 국토와 우리 생활 › 3) 우리 국토의 인문 환경

#도시화

우리나라 사람들이 많이 모여 사는 곳이 바뀌었다고요?

30초 해결사

건설업, 제조업 등 공업이 발달하기 전에는 농사를 짓기 좋은 평야가 많은 남서부 지역의 인구 밀도가 높았어요. 하지만 공업이 발달하면서 서울을 중심으로 수도권과 산업 시설이 발달한 공업 지역에 인구가 모여들었어요. 산업의 변화에 따라 인구와 기반 시설이 늘어나며 그 지역의 중심이 되는 곳이 도시가 되어 온 것이지요.

- 인구 밀도: 일정 지역 내 단위 면적에 대한 인구수의 비율로, 지역 내에 거주하는 인구의 과밀한 정도를 나타내요.

#인구 분포 #인구 밀도 #인구 이동

도시는 지역의 경제·정치·문화의 중심이에요. 서울이나 뉴욕 같은 대도시의 경우 약 1,000만 명의 사람들이 모여 살고 있지요. 국적을 불문하고 사람들은 일자리가 풍부하고 문화 공간을 비롯한 편의 시설이 많고 교통이 편리한 도시로 몰려들어요. 인구 수요에 따라 새로운 도시들이 생겨나기도 하는데, 도시의 수가 증가하거나 도시에 거주하는 인구의 비율이 높아지며 도시의 생활 양식이 확대되는 과정을 '도시화'라고 해요.

과도한 도시화는 문제가 될 수 있어요. 한국의 수도권은 국토 총면적의 12퍼센트를 차지하지만 우리나라 인구의 절반 가까이가 여기에 몰려 있어요. 이와 같은 수도권 집중 현상은 지역의 균형 있는 발전을 더디게 해요. 정부는 우리나라 지역이 골고루 발전하도록 자본, 기술, 노동력 등 생산 요소를 여러 지역으로 퍼트리거나, 국가 주도로 행정 기관을 옮기기도 해요. 세종특별자치시와 같은 행정 도시를 비롯해 정부의 공공 기관을 여러 지역으로 분산하는 방법이 지역 발전에 도움이 되고 있어요.

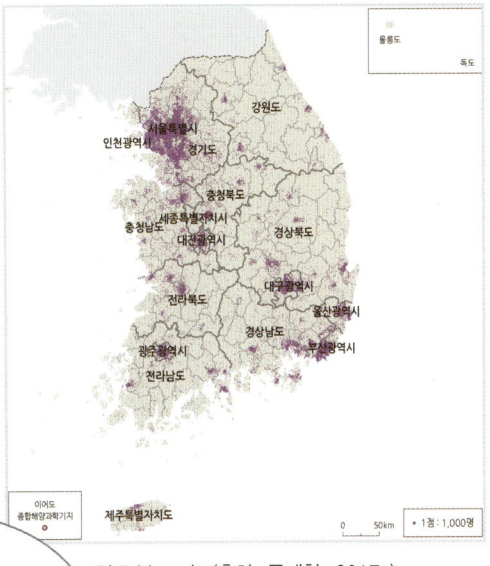

인구 분포 지도(출처: 통계청, 2017.)

> 서울과 경기도, 그리고 광역시에 인구가 밀집되어 있구나.

한반도의 야경

한반도의 야경을 보면 밝게 빛나는 부분과 어두운 부분이 눈에 들어온다. 빛나는 부분은 도시의 모습이다. 서울을 중심으로 수도권의 밤은 환하게 보인다. 사람들이 도시에 모여 살고, 활발하게 경제 활동을 하기에 이런 모습이 나오는 것이다. 이에 비해 북한은 평양 등 일부를 제외하면 깜깜하게 보인다. 남북이 평화롭게 통일되면 한반도의 야경은 달라질 것이다. 인공위성을 통해 바라본 한반도의 야경에서 도시의 위치뿐만 아니라 평화롭게 살아가는 미래를 함께 생각해 볼 수도 있다.

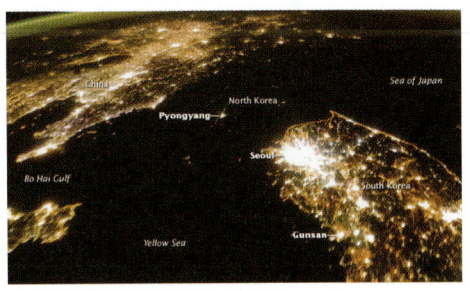

(출처: NASA earth observatory)

사회 4-2　3. 다양한 환경과 삶의 모습　2) 도시의 특징과 생활 모습

#도시 문제

왜 버스가 도로 한가운데로 다니나요?

30초 해결사

도시는 촌락에 비해 인구와 차량이 많아요. 출퇴근 시간에는 버스, 승용차 등이 섞이는 탓에 도로가 자주 막히지요. 1996년 서울시는 교통 혼잡 등을 개선하고자 가로변에 정류장이 있는 기존 버스 차로 대신 도로 한가운데에 '중앙 버스 전용 차로'를 만들었어요. 중앙 버스 전용 차로는 교통 질서를 지키게 하고, 교통 사고 건수를 줄이는 데 도움이 돼요.

#버스 전용 차로　#차 없는 날

도시 곳곳에서 교통 체증 문제, 주차 문제를 비롯해 대기 오염 등 환경 문제가 생겨나고 있어요. 이런 문제들을 어떻게 해결할 수 있을까요?

먼저, 버스나 지하철 등 대중교통을 적극적으로 이용하는 방법이 있어요. 출퇴근 시간처럼 도로 상황이 복잡할 때 중앙 버스 전용 차로를 이용하는 버스를 타거나, 차가 아닌 지하철을 이용하면 신속하고 쾌적하게 이동할 수 있어요.

짧은 거리를 이동할 때는 자전거를 이용하는 방법도 있어요. 자전거는 탄소를 배출하지 않아 대기 오염을 줄이고 건강도 챙길 수 있는 친환경 교통수단이에요. 시민들의 자전거 이용을 늘리기 위해 각 지자체는 공유 자전거 사업을 벌이고 있어요. 더불어 자전거 전용 도로를 만들거나 잘 관리해서 시민들이 자전거로 안전하게 이동할 수 있도록 노력하고 있어요.

정부는 오래된 도로를 정비하여 도로망을 정리하거나 교통 시설을 공급해요. 고속 도로에서 승용차 이용을 줄이고 대중교통수단인 고속버스를 편리하게 이용할 수 있도록 버스 전용 차로제를 시행하며 교통 체증을 해결하기도 해요.

우리도 자가용 대신 걷기와 자전거, 대중교통을 이용함으로써 살기 좋은 도시를 만들기 위한 작지만 뜻깊은 실천에 함께 참여해 볼까요?

서울시의 공공 자전거, '따릉이'

세계 '차 없는 날'

1997년 프랑스 라로셸에서는 도시와 환경 문제 해결을 위해 도심지에서 승용차 운행을 자제하자는 시민운동이 펼쳐졌다. 이 운동은 전 세계 1,500여 도시로 확대되어 매년 행사가 개최되고 있다. 더불어 대기 오염, 교통 문제, 에너지를 함께 생각하는 환경 운동으로서 유럽에서는 '차 없는 주간'으로 발전하고 있으며 매년 1억 명 이상이 참여하는 세계적인 행사로 나아가고 있다. 서울시에서도 2007년부터 매해 9월 10일 '서울 차 없는 날'을 실시해 대중교통 이용을 권고하고 있다.

사회 4-2 | 3. 다양한 환경과 삶의 모습 | 1) 지역의 다양한 환경과 변화

#촌락

급식 재료는 어디에서 오나요?

30초 해결사

학교 급식은 주로 우리 농수산물을 재료로 써요. 우리 농수산물은 도시가 아닌 농촌, 어촌, 산지촌에서 생산돼요. 이를 묶어 촌락이라고 해요. 촌락은 도시에 비해 인구수가 적고 산과 바다, 들판 등 자연과 맞닿아 있는 곳이 많아요.

• 푸드 마일리지: 우리가 먹는 음식 재료가 얼마나 멀리서부터 온 것인지 수치로 나타낸 것이에요. 음식의 양(t)에 이동 거리(km)를 곱해서 구해요.

#농촌 #어촌 #산지촌 #푸드 마일리지 #로컬 푸드

우리가 먹는 음식 재료들이 얼마나 먼 거리에서 오는지 푸드 마일리지로 가늠해 볼 수 있어요. 푸드 마일리지 값이 큰 음식은 지구 환경뿐만 아니라 우리 건강에도 좋지 않아요. 푸드 마일리지 값이 크면 이동 거리가 길다는 것이므로 식재료에 방부 처리가 되어 있고, 온실가스 배출량도 높이기 때문이에요. 이러한 문제는 가까운 촌락에서 농수산물을 소비하는 것으로 해결할 수 있어요. 이를 '로컬 푸드'라고 불러요. 로컬 푸드란 반경 50킬로미터 이내에서 생산된 농수산물을 뜻하는데, 운송 거리가 짧기 때문에 신선한 상태로 만나 볼 수 있지요.

그렇다면 우리나라 농수산물은 주로 어디에서 생산될까요? 우리나라 인구의 90퍼센트는 도시에 살지만, 도시는 국토 면적의 약 20퍼센트에 불과해요. 국토 대부분은 바로 촌락이 차지하고 있지요. 촌락에 사는 사람들은 자연환경을 이용해 농수산물을 생산해요. 촌락의 종류와 특징을 그림으로 살펴볼까요?

도시와 촌락이 함께하는 '상생상회'

도시의 소비자와 촌락의 생산자가 만나는 활동이 늘고 있다. 도시와 촌락이 자매결연을 맺어 신선한 농수산물을 소비자인 도시 사람들에게 제공하는 활동이 그 예다. 서울시가 운영 중인 '상생상회'에서는 전국 각 지역에서 생산된 농수특산물과 가공식품 4,646개를 만날 수 있다. '둘 이상 서로 도우며 다 같이 잘 산다'는 의미가 담긴 상생상회는 생산자에게 직접 농수특산물을 판매하는 기회를 주고, 소비자에게는 전국 곳곳의 안전하고 질 좋은 먹거리를 구입하는 기회를 준다. 이렇게 도시와 촌락이 더불어 발전하도록 돕는다.

사회 5-1 → 1. 국토와 우리 생활 → 1) 우리 국토의 위치와 영역
사회 5-2 → 2. 사회의 새로운 변화와 오늘날의 우리 → 2) 일제의 침략과 광복을 위한 노력

#한반도 지도

한반도 지도의 모습이 왜 토끼에서 호랑이로 바뀌었을까요?

30초 해결사

일제가 한국을 강제 합병한 시기에 일본인 지리학자가 한반도 지도를 토끼 모양으로 그린 뒤 "반도가 토끼를 닮아서 조선인들이 겁이 많고 수동적"이라고 했어요. 이에 맞서 최남선은 호랑이 모양의 한반도 지도를 다시 그렸지요. 이처럼 지도는 땅의 모습을 나타낼 뿐만 아니라 당시 사람들의 생각을 반영하기도 해요.

- 식민 사관: 한반도의 식민지 지배를 정당화하고 한국인을 쉽게 통치하기 위해 일제가 조직적으로 만들어 한국인에게 주입시키려 한 역사관이에요.

#지도 #식민 사관 #무궁화 수 지도

무궁화 자수가 놓인 「무궁화 수 지도」가 참 예쁘지요? 독립운동가이자 교육자였던 남궁억 선생이 만든 도안이에요. 남궁억 선생은 일제 강점기 1910~1918년에 배화학당 교사로 근무하면서 대한민국 지도에 무궁화와 태극기를 수놓는 교육으로 학생들에게 애국정신을 알렸어요. 「무궁화 수 지도」는 민족정신을 담은 상징물이라고 할 수 있지요.

일제의 토끼 모양 지도에 맞서 최남선은 "한반도에는 범과 같은 진취적인 기상이 넘친다"면서 호랑이 모양으로 새롭게 지도를 그렸어요. 대륙을 향해 앞발을 치켜들고 포효하는 호랑이의 모습을 볼 수 있지요.

이 호랑이 모양의 지도 덕분에 생겨난 이름이 있어요. 호미곶은 경상북도 포항시 남구에 위치한 곳으로, 호랑이의 꼬리 쪽에 위치해 있다고 해서 이런 이름이 붙었어요. '곶'은 육지가 바다를 향해 뾰족하게 나와 있는 부분을 뜻해요.

여러분은 어떤 모양의 한반도 지도가 가장 마음에 드나요?

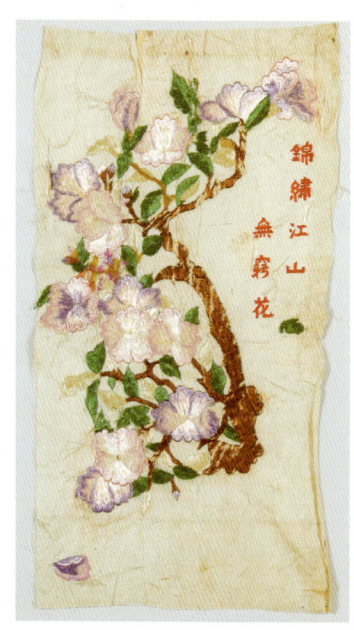

「무궁화 수 지도」
(출처: 국립 여성사 전시관)

「근역강산 맹호 기상도」
(출처: 고려대학교 박물관)

검은 줄무늬가 우리나라 산줄기처럼 보이지 않니? 우리나라도 동쪽의 산맥을 따라 산줄기들이 뻗어 있거든.

코끼리를 닮은 태국, 장화를 닮은 이탈리아

우리나라 지도가 호랑이 모양을 닮은 것처럼 세계 여러 나라의 지형도 나라별로 닮은 동물과 사물이 있다. 예를 들면 이탈리아 지도는 장화 모양을 닮았다. 또 태국의 지도는 코끼리를 닮았다. 세계 지도를 살펴보면서 나라별로 닮은 동물이나 사물을 찾아보자.

사회 5-1 — 1. 국토와 우리 생활 — 1) 우리 국토의 위치와 영역
사회 6-2 — 2. 통일 한국의 미래와 지구촌의 평화 — 1) 한반도의 미래와 통일

#한반도 비무장 지대

한반도의 비무장 지대는 어떤 곳인가요?

30초 해결사

1953년, 3년에 걸친 한국 전쟁(6·25 전쟁)이 끝나고 남한과 북한 사이에는 휴전선이 생겼어요. 남한과 북한은 즉각 휴전선에서 2킬로미터씩 뒤로 후퇴하고 그 사이를 한반도 비무장 지대(DMZ)로 만들었어요. 한반도 비무장 지대는 군대가 머무르거나 무기를 배치하거나 군사 시설을 세울 수 없도록 약속한 곳이에요.

#DMZ   #휴전선   #아이스크림 고지

한반도의 비무장 지대가 최근 새롭게 주목받고 있어요. 수십 년 동안 사람의 출입이 금지되면서 자연이 보존되었고 멸종 위기 1급의 산양 등 다양한 멸종 위기 야생 동식물이 발견되며 생태계 연구에 있어 중요한 장소가 되었거든요. 또한 드넓은 습지와 평야는 시베리아, 몽골 등 동북아 철새들의 보금자리이자 이동 경로이기도 하지요.

군사 분계선(휴전선)에서 남북으로 2킬로미터씩 떨어진 지대가 비무장 지대다.(출처: 판문점 트레블 센터)

사람들의 출입이 엄격하게 금지된 비무장 지대에도 사람이 살고 있는 곳이 두 군데 있어요. 1953년 7월 정전 협정을 체결할 때 남한과 북한은 비무장 지대에 각각 한 곳씩 마을을 두기로 했고 그렇게 생겨난 마을이 남한의 대성동 마을, 북한의 기정동 마을이에요. 대성동 마을은 주변의 자연환경은 빼어나지만 지리적으로 북한과 가깝기 때문에 불편한 점이 많아요. 저녁 7시에는 집집마다 인원 점검이 실시되고, 밤 12시부터 새벽 5시까지는 통행이 금지되거든요. 외지 사람들은 오전 9시부터 오후 5시 30분까지만 출입이 가능해요. 대성동 마을 주민들은 이동이 자유롭지 못하고 불안한 상황 속에서도 평화와 통일을 꿈꾸며 대한민국 국민으로서 생활하고 있어요.

(출처: 행정 안전부 운영 '디엠지기')

아이스크림 고지

강원도 철원군 동송읍 벌판에는 219미터의 작은 산이 우뚝 솟아 있다. 마치 벌판에 작은 소나무를 한 그루 꽂아 놓은 것과 같다 하여 삽송봉, 삽슬봉이라고 불렀으며 또는 투구처럼 생겼다고 해서 투구봉이라고 불렀다. 지금은 6·25 전쟁 때 남북한의 치열한 쟁탈전으로 포탄이 떨어져 아이스크림이 녹듯 흘러내리는 산의 모습과 같았다고 표현한 유엔군 병사의 말을 따 아이스크림 고지라는 새로운 이름으로 부르고 있다.

사회 5-1 · 1. 국토와 우리 생활 · 2) 우리 국토의 자연환경
사회 6-2 · 1. 세계 여러 나라의 자연과 문화 · 1) 지구, 대륙 그리고 국가들

#기후

우리나라 지역마다 집 모양이 달랐다고요?

30초 해결사

우리나라는 남북으로 길게 자리 잡고 있어 남부 지방과 북부 지방 사이의 기온 차가 커요. 또한 태백산맥과 바다가 깊은 동해안이 같은 위도의 서해보다 겨울에 따뜻하고 여름에 시원하지요. 우리 조상들은 가옥의 형태를 다르게 만들어 자연에 적응해 왔어요.

#날씨   #가옥   #지구 온난화

지역마다 집의 모양이 다른 것은 기후 때문이에요. 기후와 날씨는 비슷한 것 같지만 다른 개념이에요. 날씨는 비가 오거나 햇볕이 쨍쨍 내리쬐는 등 시시각각 달라지는 기상 상태를 뜻하고, 기후는 오랜 시간에 걸쳐 지속되어 온 기상 상태를 말해요. 즉, 기후는 오랫동안 이어지는 날씨들의 상태라고 할 수 있어요. 기후에는 어떤 지역의 춥고 더운 변화, 비나 눈이 내리는 양, 바람의 방향과 속도 등 대기의 여러 현상이 포함돼요. 한반도는 기온과 강수량의 차이, 바다의 깊이와 태백산맥 등의 기후 요소에 의해 다양한 가옥 형태를 이루게 되었어요.

중부 너와집 (강원 산간)
나무로 만든 너와를 사용해 지붕을 만들어.

평안도 초가
지붕을 비교적 낮게 만들어 뒤집히지 않고 보온에도 도움이 돼.

중부 기와집
더위와 추위에 모두 대비할 수 있는 ㄱ자 구조로 지어졌어.

제주도 초가
바람을 이겨 내려 초가 지붕을 유선형으로 만들고 격자로 꽁꽁 동여맸어.

울릉도 우데기
겨울에 폭설로 집에서만 생활하는 경우가 많아, 억새 등을 엮어서 벽을 쳤어. 이걸 '우데기'라고 해.

북부 지방은 추운 겨울을 이겨 내기 위해 따뜻한 공기가 빠져나가지 않도록 집을 지었고, 남부 지방은 무덥고 습기가 많아 바람이 시원하게 잘 통하도록 집을 지었대.

기후 변화에 따른 봄꽃 개화 시기

지구 온난화로 기후가 변화하면서 봄꽃이 피는 시기가 달라졌다. 겨울이 점차 짧아지고 3월 평균 기온도 오르는 추세다. 기상청은 우리나라 기후 변화 시나리오에 따른 개나리, 진달래, 벚꽃 등 봄꽃 3종의 개화일 전망 분석 결과를 내놨다. 현재 봄꽃 평균 개화일은 개나리 3월 25일, 진달래 3월 27일, 벚꽃 4월 4일이다. 2070년 온실가스 배출량을 유지하는 조건의 '고탄소 시나리오'에서는 2월에 봄꽃이 필 수도 있다고 한다. 고탄소 시나리오에서는 개화일이 개나리 3월 2일, 진달래 2월 28일, 벚꽃 3월 10일로 앞당겨진다. 부산은 개나리 3월 4일, 진달래 3월 5일, 벚꽃 3월 4일로 당겨진다. 대구의 벚꽃 개화일은 2월 27일로 부산보다 빨라지며, 서울에서도 3월 12일 벚꽃이 피게 된다. 개나리와 진달래가 동시에 피거나 진달래가 더 빨리 필 수도 있다.

사회 5-1 1. 국토와 우리 생활 2) 우리 국토의 자연환경

#김치

김치가 지역마다 특징이 있다고요?

30초 해결사

김치는 우리나라 전통 음식으로, 지역마다 특색이 있어요. 지역별로 김장 시기나 김치 보관 방법이 다르기 때문이에요. 여기에 지역별 특산물과 기온 차이 등으로 인해 다양한 김치가 만들어져요. 북쪽 지방에서는 기온이 낮기 때문에 간을 싱겁게 하고 양념도 담백하게 하여 채소의 신선미를 살리는 반면에, 남쪽에서는 기온이 높기 때문에 빨리 시어지는 것을 막고자 소금과 젓갈을 많이 넣어 짜게 만들어요.

#김장 문화 #유네스코 무형 유산

김치는 지역별 특성과 기후 차이로 그 종류가 다양해요.

지역	특징	종류
평안도	추운 날씨로 김치가 잘 익지 않아 소금을 적게 넣고, 국물이 많아요.	백김치, 동치미, 콩나물국물김치
황해도	새우젓 등을 써 깔끔한 맛이 나요. 고수 같은 향신료를 쓰기도 해요.	보쌈김치, 고수김치, 호박김치
함경도	젓갈보다 명태, 가자미 등 해산물을 많이 써요. 소금으로 간을 하며 고춧가루는 적게 쓰고, 국물은 넉넉하게 해요.	가자미식해, 꿩김치, 대구깍두기
강원도	산에서 채취한 채소를 이용하거나, 오징어와 동태 등 동해 해물을 함께 넣어 김치를 담그기도 해요.	오징어채김치, 더덕김치
경기도	왕실 등 궁중 음식의 영향으로 고급스러운 김치가 발달했어요.	총각김치, 동치미, 보쌈김치
충청도	중간 정도의 간에 소박하고 담백한 편이에요. 부재료로 풋고추와 청각, 미나리를 주로 사용해요.	나박김치, 게국지김치
경상도	다른 지역보다 더운 날씨 탓에 고춧가루와 마늘을 많이 넣고, 소금 간을 세게 해서 맵고 자극적인 편이에요. 남해안의 멸치젓과 갈치속젓을 넣어 맛을 내기도 해요.	부추김치, 콩잎김치
전라도	다른 지역보다 기온이 높아 오래 두고 먹을 수 있도록 간을 세게 해요. 맵고 짠 편이지만 배와 감 등의 과일로 단맛을 보완하여 감칠맛을 더해요.	갓김치, 고들빼기김치
제주도	기후가 따뜻해서 겨울에도 배추가 잘 자라기 때문에 김장을 따로 하는 경우가 적어요. 특색 있는 김치를 만들어 먹어요.	전복김치, 해물김치

유네스코 무형 문화유산, 김장

우리나라에서는 겨울 준비를 위해 오랜 세월 동안 김장을 해 왔다. 고려 시대 이규보가 쓴 시에 '무를 장에 담그거나, 소금에 절인다'는 내용이 있고, 초겨울에 김장한 기록이 19세기 문헌에 나타나 있다. 김장은 봄, 여름부터 양념 재료 등을 준비하고 늦가을과 초겨울에 가족들과 동네 사람들이 수확한 배추와 무 등의 재료를 가지고 모여 함께 한다. 이렇게 만든 김치는 각 가정뿐만 아니라 형편이 어려운 사람들에게도 나누었다. 나눔의 정뿐만 아니라, 한국인의 정체성과 소속감을 보여 주는 김장 문화는 그 가치를 인정받아 2013년 유네스코 인류 무형 문화유산 대표 목록으로 지정되었다.

사회 5-1 · 1. 국토와 우리 생활 · 2) 우리 국토의 자연환경
사회 6-2 · 2. 통일 한국의 미래와 지구촌의 평화 · 3) 지속 가능한 지구촌

#갯벌

우리나라 갯벌이 유네스코 세계 유산이라고요?

30초 해결사

갯벌은 지구의 생물 다양성을 실현하는 생명의 공간이에요. 그 가치를 인정받아 2021년 충남 서천, 전북 고창, 전남 신안, 전남 보성·순천 지역의 갯벌이 유네스코 세계 유산으로 지정되었어요. 다른 나라에서 쉽게 볼 수 없는 환경인 만큼, 영어로도 우리말 발음을 살려 Getbol이라고 표기되어서 더욱 뜻깊어요.

- 갯벌: 하천이 운반해 온 모래와 진흙이 밀물과 썰물 과정을 통해 바닷가에 쌓이면서 만들어진 땅이에요.

#유네스코 세계 유산

갯벌에서 진흙 놀이를 하거나 작은 게들을 관찰해 본 적이 있나요?

갯벌은 다양한 식물, 어패류, 조류 등이 살아가는 생태계의 보물이에요. 시베리아에서 오는 철새를 비롯해 국제 멸종 위기의 새 수십만 마리가 갯벌을 기착지(목적지로 가는 도중에 들르는 곳)로 이용해요. 오염 물질을 깨끗하게 정화하고, 홍수나 태풍 등 자연재해 피해를 줄여 주는 역할도 하지요. 이처럼 생태계의 보존을 위해 반드시 보호해야 하는 갯벌이지만, 인구수에 비해 국토 면적이 작은 우리나라는 갯벌을 간척하여 육지로 만드는 국가사업을 시행해 왔어요. 그 결과 갯벌의 규모가 크게 줄어들었지요.

최근 우리나라 갯벌이 1,300여 만 톤의 탄소를 저장하고 있으며, 해마다 26만여 톤의 이산화탄소를 흡수한다는 연구 결과가 나오면서 갯벌의 탄소 저장고 역할이 새롭게 주목받고 있어요. 이는 연간 승용차 11만 대가 내뿜는 이산화탄소를 흡수하는 양과 맞먹는 양이에요. 갯벌의 가치가 높아지면서 갯벌을 다시 복원하려는 움직임이 늘고 있답니다.

유네스코와 세계 유산

유네스코는 인류 보편적으로 가치를 지닌 자연 유산과 문화유산 들을 발굴, 보존하고자 1972년 '유네스코의 세계 문화 및 자연 유산 보호 협약' 사업을 시작했다.

우리나라의 유네스코 세계 유산은 '석굴암·불국사', '해인사 장경판전', '종묘', '창덕궁', '수원 화성', '경주 역사 유적 지구', '고창·화순·강화 고인돌 유적', '제주 화산섬과 용암 동굴', '조선 왕릉', '한국의 역사 마을, 하회와 양동', '남한산성', '백제 역사 유적 지구', '산사, 한국의 산지 승원', '한국의 서원'이다. 그중 자연 유산은 제주 화산섬과 용암 동굴을 포함해 2건이고 나머지는 모두 문화유산이다. 북한에 있는 고구려 고분군과 개성 역사 유적 지구, 중국 동북 지방 일대 고대 고구려 왕국 수도와 묘지를 합치면 한민족 관련 세계 유산은 18건이나 된다.

사회 5-1 | 1. 국토와 우리 생활 | 1) 우리 국토의 위치와 영역

#제주도

제주도가 유네스코 3관왕이 되었다고요?

30초 해결사

제주도는 2002년 생물권 보전 지역 지정을 시작으로 2007년 세계 자연 유산 등재, 2010년 세계 지질 공원 인증까지 유네스코 3관왕이 되었어요. 제주도처럼 한 지역이 각기 다른 3가지 분야에 지정된 것은 세계적으로도 유례가 없어요. 제주도가 전 세계 사람들이 함께 가꾸며 보전해야 할 소중한 지역이라는 것을 알 수 있어요.

- 오름: 산 또는 봉우리를 뜻하는 제주도 방언이에요. 큰 화산인 제주도 한라산의 주변에 분포하는 작은 화산이에요.

#유네스코 세계 자연 유산

제주도는 우리나라의 대표적인 화산섬이에요. 섬 중심부에는 한라산이 높이 1,950미터로 우뚝 솟아 있고, 산 기슭에는 크고 작은 360여 개의 오름이 있어요. 해 뜨는 오름으로도 불리는 성산 일출봉은 다른 오름들과는 다르게 얕은 수심의 해저에서 화산이 분출해 생긴 수성 화산이라는 특징이 있어요. 제주도에서는 용암이 흐르는 과정에 냉각 속도의 차이로 형성된 용암 동굴도 볼 수 있어요. 거문오름에서 흘러나온 용암류가 경사를 따라 해안가까지 흘러가면서 화산 지형과 용암 동굴을 만든 것이지요. 유네스코 세계 자연 유산으로 지정된 것은 총 10개의 동굴 중 5개예요. 세계 자연 유산으로 등재된 제주도의 한라산, 성산 일출봉, 거문오름 용암 동굴계의 모습을 아래 사진으로 볼까요?

성산 일출봉

(출처: 문화재청)

거대한 성처럼 생겨서 성산, 해돋이가 유명해서 일출봉이라고 부른대.

한라산

남한에서 가장 높은 산이래.

(출처: 문화재청)

거문오름 용암 동굴계

숲이 우거져서 검게 보였기 때문에 거문오름이라고 부른대.

(출처: 문화재청)

만장굴은 제주에서 가장 큰 용암 동굴이야.

개념연결 평화의 섬으로 거듭나고 있는 제주도

제주도 자연은 일제 강점기 때 많이 훼손되었다. 일본군이 제주도에 군사 시설을 설치하고 오름과 해안에 100여 곳이 넘는 요새를 만들었기 때문이다. 일례로 대정읍 비행장을 비롯해 해안 절벽을 요새로 바꿨다. 훼손된 것은 제주 자연만이 아니었다. 제주도 사람들은 강제로 끌려가 요새를 짓는 노동에 시달렸고, 전쟁터로 내몰렸다. 해방을 맞은 뒤에는 1948년, 4·3 사건이라는 뼈아픈 일을 겪으며 수많은 제주도 사람이 목숨을 잃었다. 이런 아픔을 극복하기 위해 2005년 정부는 제주도를 '세계 평화의 섬'으로 지정하고 전 세계에 이를 알리기 위한 정책을 추진하고 있다.

사회 6-2 | 1. 세계 여러 나라의 자연과 문화 | 2) 세계의 다양한 삶의 모습

#편견과 혐오

에스키모가 아니라 이누이트라고요?

30초 해결사

전 세계 사람들은 오랫동안 시베리아, 알래스카, 캐나다 북부, 그린란드 등 북극권에 사는 원주민을 '에스키모'라고 불렀어요. 하지만 이들은 에스키모가 '날고기를 먹는 사람'이라는 뜻인 만큼 이 말은 자신들을 비하하는 표현이 되므로 이누이트(Inuit)라는 명칭으로 불러 달라고 국제 사회에 요청했어요.

#이누이트 #에스키모 #콜럼버스 데이

에스키모처럼 실생활에서 우리가 잘못 알고 쓰는 표현들이 있어요.

동아시아 내륙국인 몽골을 몽고로 쓰는 경우가 그렇지요. 수천 년 동안 북방 민족으로부터 전쟁에 시달려 온 중국인들이 몽골을 비하하기 위해 '우매할 몽蒙'과 '옛 고古'를 썼던 것이 오늘까지 남아 있는 것이에요.

또 다른 하나는 바로 '인디언'이에요. 인도를 향해 항해하던 콜럼버스가 아메리카 신대륙을 인도라고 착각해서 그곳에 살던 아메리카 원주민을 인도인이라고 부른 것이 지금까지도 쓰이고 있는 것이지요.

당시 아메리카 원주민이 입은 손해는 이뿐만이 아니었어요. 1872년에 그려진 「미국의 전진」이라는 그림을 볼까요? 그림 가운데 미국을 상징하는 컬럼비아 여신이 전신선과 철도를 이끌고 그림 왼쪽의 로키 산맥 너머로 행진하고 있어요. 여신의 발치에는 서부로 황금을 찾아 이동하는 백인들도 보여요. 눈여겨 볼 부분은 그림의 왼쪽 아래예요. 외부의 침탈로 아메리카 원주민들이 터전에서 쫓기는 것을 볼 수 있어요. 19세기 백인 이주민들의 서부 개척을 위해 미국 정부는 인디언 추방법을 만들었고 원주민들을 불모지로 내쫓으며 모진 탄압을 가했어요. 19세기 미국 서부 개척은 현재 미국이 강대국이 되는 데 큰 원동력이 되었다고 할 수 있어요. 작품 속 미국의 번영 뒤에 숨겨진 아메리카 원주민들의 희생과 죽음의 역사를 기억해요.

존 가스트, 「미국의 전진」

콜럼버스의 날을 원주민의 날로

미국에서 연방 공휴일인 '콜럼버스 데이'를 '원주민의 날'로 대체하는 지방 자치 단체가 늘고 있다. 미국은 매해 10월 둘째 월요일을 콜럼버스가 아메리카 신대륙을 발견한 날로 기념한다. 1492년 콜럼버스가 신대륙에 상륙한 것을 기념해 미국 정부는 1937년 콜럼버스 데이를 연방 공휴일로 지정했다.

그러나 콜럼버스가 아메리카 대륙을 '발견'하기 이전부터 이미 이 지역에는 토착민이 살았다는 역사적인 사실과 콜럼버스가 아메리카 대륙에 노예 제도를 도입하고 원주민 학살과 문화 파괴를 자행했다는 부정적 인식이 겹쳐져 최근 콜럼버스 데이가 새롭게 평가되고 있다. 학생들이 수업 시간에 콜럼버스를 역사 재판의 당사자로 올려 판결을 내리는 등 콜럼버스 대신 아메리카 대륙의 원래 주인이었던 이곳 사람들을 기억해야 한다는 목소리가 높아지고 있는 것이다.

'콜럼버스 데이'는 없어져야 할까?

미국 역사에 있어 중요한 날이야!

> 콜럼버스는 새로운 뱃길을 개척한 모험가야. 위험을 무릅쓴 그의 도전이 아니었다면 유럽과 아메리카 대륙의 교류는 훨씬 더 늦어졌을 거야. 지금의 미국 역사에서 빼놓을 수 없는 시작점이므로 기념하는 것이 맞아.

'콜럼버스 데이'는 처음 아메리카 대륙을 발견한 모험가 크리스토퍼 콜럼버스를 기념하는 날로, 매년 10월 둘째 월요일이 되면 각지에서 기념 축제와 퍼레이드가 펼쳐진다. 하지만 미국 원주민들의 입장에서는 콜럼버스가 유럽의 착취를 상징하는 인물이라는 반론이 꾸준히 제기되고 있다. 이에 필라델피아, 보스턴 등 일부 주는 콜럼버스 데이 대신 '원주민의 날'을 기념하기로 결정했고, 시카고에서는 콜럼버스 조각상이 철거되기도 했다.

S 콜럼버스는 위인이 아니었어!

" 콜럼버스는 신대륙을 발견한 것이 아니라 원래 있던 아메리카 대륙을 침략한 거야. 콜럼버스로 인해 원래 아메리카 대륙은 식민지가 되었고 원주민들은 착취당했어. 원주민들의 입장에서는 콜럼버스가 비극의 시작이나 마찬가지야. 부끄러운 역사를 기념하는 콜럼버스 데이는 없애는 것이 옳다고 생각해. "

사회 6-2 | 1. 세계 여러 나라의 자연과 문화 | 1) 지구, 대륙 그리고 국가들

#대권 항로

비행기 길은 지구본을 통해 봐야 정확하다고요?

30초 해결사

쭉 펼쳐진 세계 지도는 전 세계를 한눈에 보기 좋지만 둥근 지구를 종이 위에 그린 것이기 때문에 실제 땅 모양과는 달라요. 그래서 비행기 길을 찾을 때는 평면 지도보다는 지구본으로 보는 것이 더 정확해요. 지구는 둥글기 때문에 지구 상 두 지점 사이의 최단 거리는 둥근 구체 위에서 두 지점을 이은 구간이 되지요. 이 길을 비행기 길, 하늘 길 또는 대권 항로라고 해요.

#지구본 #세계 지도

비행기를 타고 우리나라에서 미국으로 가는 가장 빠른 길을 알아볼까요? 평면인 세계 지도로 보면 태평양을 가로질러 가는 것이 빠를 것 같지만, 지구본을 이용하여 거리를 재어 보면 휘어서 지나가는 것이 더 빠르다는 것을 알 수 있어요. 비행기가 이용하는 하늘 길은 대부분 출발점과 도착점을 가장 짧게 연결하는 길, 즉 대권 항로를 이용하거든요. 대권 항로는 지도에서 보면 찾기가 어려워요. 지도는 평면으로 펼쳐져 있어서 막상 구 형태로 된 지구 위 두 지점을 표시하는 것과는 큰 차이가 있기 때문이에요.

각 나라 사이의 대권 항로는 지구본 위에서 재는 것이 정확해요. 지구본은 입체적으로 지구의 모습을 작게 나타낸 모형으로, 지구와 실제로 비슷한 공 모양으로 되어 있거든요. 지구본을 이용하면 세계 지도에 비해 지구의 모습을 정확하게 볼 수 있어요. 하지만 우리가 살고 있는 지역 등 구체적인 지역을 찾아보기는 어려워요. 또한 한눈에 전 세계를 살펴보기도 어렵지요.

이에 비해 세계 지도는 한눈에 세계를 볼 수 있어 편리해요. 다만 둥근 모양의 지구를 평평한 종이 위에 그린 것이므로 북극이나 남극 등 극지방이 실제 면적보다 더 크게 그려지는 것과 같이 정확성이 떨어지는 문제가 있어요.

 **디지털 영상 지도**

최근에는 종이 지도나 지구본이 아닌 새로운 형태의 지도가 주목받고 있다. 바로 디지털 영상 지도다. 과학 기술이 발달하면서 위성 영상이나 항공 사진을 바탕으로 스마트폰이나 내비게이션 등 다양한 기기에서 쉽게 이용할 수 있도록 디지털 정보로 만들어진 지도를 말한다. 디지털 영상 지도는 위성에서 찍은 이미지와 함께 지도, 지형 및 건물의 입체적인 정보를 제공한다. 구글 어스와 같은 지도는 우주에서 보이는 지구의 모습을 그대로 제공해 준다. 인공위성에서 촬영한 모습과 항공 사진, 지리 정보 시스템GIS 등을 결합해 세계 여러 지역들을 3D 영상으로 보여 주는 것이다.

| 사회 6-2 | 1. 세계 여러 나라의 자연과 문화 | 1) 지구, 대륙, 그리고 국가들 |
| 사회 6-2 | 2. 통일 한국의 미래와 지구촌의 평화 | 1) 한반도의 미래와 통일 |

#시차

우리나라와 북한이 시차가 있었다고요?

30초 해결사

우리나라와 북한은 같은 시각인데도 30분 차이가 났어요. 2015년 북한에서 표준시를 우리보다 30분 늦췄기 때문이에요. 만약 오전 11시 45분에 판문점에서 회의를 하기로 했다면 북한 시간으로는 오전 11시 15분이 되는 것이에요. 2018년 남북 정상 회담을 하면서 북한은 표준시를 다시 우리나라 기준으로 맞추기로 했어요.

• 표준시: 국가나 일정한 범위의 지역에서 기준이 되는 시간이에요.

#표준시 #본초 자오선 #서머 타임

지구가 자전하기 때문에 지구 상에는 낮과 밤이 나타나고 지역마다 시차가 생겨요. 지구는 하루 24시간 동안 360°를 자전하므로 경도 15°마다 한 시간씩 차이가 나요. 시간 차이로 인한 교류의 혼란을 없애기 위해 세계 여러 나라는 본초 자오선을 기준으로 국가별 표준 경선과 표준시를 정하여 사용하고 있어요. 자신의 나라를 지나거나 그에 가까운 경선을 기준으로 그 경선의 시각을 표준시로 사용하는 것이지요.

표준시는 동쪽으로 갈수록 시간이 빨라지고, 서쪽으로 갈수록 시간이 느려져요. 이처럼 지역 간 표준시의 차이를 시차라고 해요.

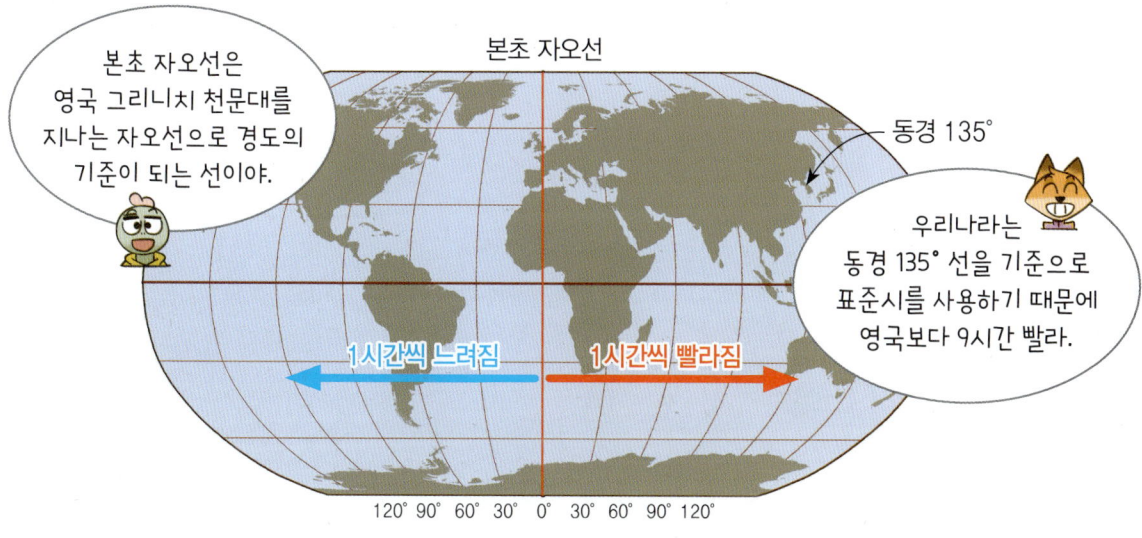

세계의 표준시

서머 타임

한 나라 안에서도 시간을 조정해서 사용하는 경우가 있다. 바로 해가 길어지는 여름철에 평소 시간보다 한 시간 앞당겨 시간을 사용하고 이후 해가 짧아지는 가을철에 원 시간대로 시간을 되돌리는 서머 타임 제도다. 이 제도는 제1차 세계 대전이 일어나며 에너지를 아끼기 위해 유럽에서 먼저 시작되었다. 실제로 서머 타임 제도를 운영하면 낮 시간을 좀 더 알차게 활용할 수 있고 에너지를 절약할 수 있어 미국과 유럽 등에서는 서머 타임을 실시하고 있다. 우리나라도 1988년 서울 올림픽 대회를 앞두고 실시했으나 생활 속 문제들로 폐지했다. 미국에서도 서머 타임 변경으로 인한 시차 적응 문제 등이 제기되어 왔다. 그리하여 미국 연방 상원은 서머 타임을 영구화하는 법안을 가결했다. 이렇게 될 경우 매년 봄과 가을에 시간을 변경하지 않아도 된다. 이 법안은 2023년 11월부터 시행될 예정이다.

사회 6-2 1. 세계 여러 나라의 자연과 문화 1) 지구, 대륙, 그리고 국가들

#플랜테이션

스리랑카는 어떻게 세계적인 차 생산지가 되었을까요?

- 향이 너무 좋아요!
- 킁킁, 신기하다. 그냥 나뭇잎 같은데… 여기가 스리랑카라고요?
- 스리랑카는 차로 특히 유명한 섬나라란다. 여기에는 사연이 있지.

30초 해결사

차나무는 기온이 높고 강수량이 많으며 물이 잘 빠지는 곳에서 자라요. 스리랑카는 인도양에서 불어오는 고온 다습한 계절풍의 영향을 받아 비가 많이 내리는 섬으로, 차나무를 재배하기 위한 최적의 환경을 갖추고 있어요. 스리랑카의 차 농업은 19세기 영국의 식민 통치 시절에 시작되었어요. 당시 유럽에 차 문화가 확산되면서 차의 수요가 급격히 늘자 영국은 식민지였던 스리랑카와 인도에 대규모로 차를 재배했어요. 오늘날 스리랑카의 차는 실론 차로 불리며 세계적으로 큰 인기를 얻고 있어요.

#스리랑카 #계절풍 #몬순

스리랑카 차 농장의 모습

15세기 말, 신대륙을 발견한 유럽 열강들은 식민지를 건설하고 식민지 원주민의 노동력을 착취하여 상품성 있는 작물들을 대규모로 경작하는 플랜테이션 정책을 펼쳤어요. 스리랑카뿐만 아니라 열대 및 아열대 기후 지역에 있는 식민지국들은 카카오, 커피, 사탕수수, 담배 등을 대량으로 생산했지요.

플랜테이션처럼 단일 작물을 대량 생산하면 병충해가 생겼을 때 막대한 피해를 입어요. 그뿐만 아니라 다양한 작물을 키우지 못해 식량 자급률이 떨어지는 문제가 있어요. 이러한 문제들은 고스란히 식민지국이 떠안았어요. 플랜테이션으로 얻은 소득을 자신들이 먹어야 할 농산물을 수입하는 데 쓰는 악순환이 이어졌지요. 스리랑카는 영국의 식민 지배가 끝난 후에도 차를 대량으로 싼값에 키우고 수출하는 정책을 이어 가며 식량 문제에서 벗어나지 못하고 있어요. 이에 스리랑카 정부는 이를 해결하기 위한 다양한 식량 안보 정책을 실시하고 있어요.

개념연결 계절풍의 영향을 받는 남부 아시아와 세계적 다우지

계절풍은 여름과 겨울에 대륙과 해양의 온도차로 인해 풍향이 바뀌는 현상으로 몬순이라고도 한다. 계절풍은 세계 곳곳에 나타나지만 아시아는 세계 최대의 계절풍 지역이다.

겨울에는 대륙 내부에서 바다 쪽으로 불어오는 계절풍의 영향으로 날씨가 대체로 건조하고, 여름에는 바다에서 대륙 내부를 향하여 불어 들어오는 계절풍의 영향을 받아 강수량이 많다. 이로 인해 계절별 강수량 차이가 크다.

이 중에서 인도양과 태평양의 비를 머금은 바람이 내륙으로 불어 들어오는 여름 계절풍의 영향을 받는 시기에 히말라야산맥의 바람받이 사면에는 많은 양의 비가 내린다. 인도의 아삼주와 메갈라야주 일대는 세계적으로 비가 많이 내리는 지역으로 꼽힌다.

사회 6-2 | 2. 통일 한국의 미래와 지구촌의 평화 | 2) 지구촌의 평화와 발전
사회 6-2 | 2. 통일 한국의 미래와 지구촌의 평화 | 3) 지속가능한 지구촌

#사막화

사막화 현상으로 전쟁이 일어났다고요?

30초 해결사

아프리카 사하라 사막 남쪽에서는 계속되는 가뭄과 사막화 현상으로 유목민들이 가축들에게 먹일 풀을 찾아 이동하다가 농사를 짓고 있는 다른 지역 농부들과 마찰을 빚으며 충돌이 일어나고 있어요. 수단 지역에서는 이 충돌이 내전으로 치닫으면서 수많은 사람이 목숨을 잃고, 난민이 되는 상황에 이르렀어요.

- 사헬 지대: 사헬은 아랍어로 '가장자리'를 뜻하며, 사헬 지대는 아프리카 사하라 사막 남쪽에 위치하여 빠르게 사막화가 진행되는 지역이에요.

#사헬 지대   #녹색 만리장성

세계적으로 사막화 현상이 가장 심한 곳은 사헬 지대예요. 사헬 지대와 인접한 국가들은 급속한 사막화 현상으로 인명, 재산 피해를 입고 있어요. 급속한 사막화 현상을 일으킨 원인은 가뭄만이 아니었어요. 인구가 증가하며 식량 수요가 늘어나자, 사헬 지대 인근 주민들이 삼림을 벌목해 땔감을 마련하고 풀이 있는 땅에 가축을 키우면서 결국 토양이 황폐해졌던 것이에요. 한번 황폐해진 사헬 지대의 땅은 초원으로 회복되지 못한 채 사막화를 맞게 되었어요.

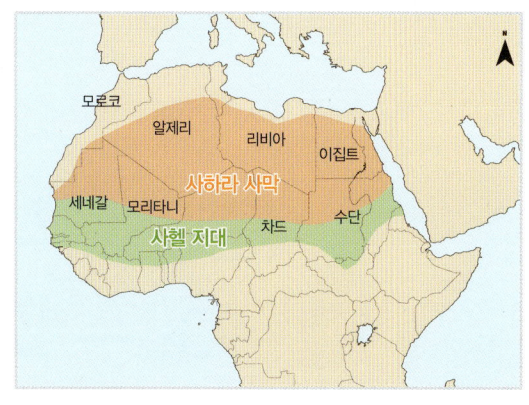

사헬 지대와 인접한 국가들(지도 출처: 국토 지리 정보원)

아프리카 사헬 지대의 사막화 현상은 다른 국가의 환경에도 영향을 끼쳐요. 사헬 지대에서 발생한 모래 먼지는 북아메리카까지 날아가고 있다고 해요.

사막화 현상은 먼 나라에서만 일어나는 문제가 아니에요. 우리나라도 사막화의 영향을 받고 있어요. 인접 국가인 몽골과 중국 서부 일대가 산업화로 개발되며 토양의 사막화가 빠르게 진행되고 있거든요. 우리나라는 매년 봄철마다 대륙의 사막화 지역의 모래 먼지인 황사 현상으로 피해를 입고 있어요.

개념 연결 녹색 만리장성

사헬 지대의 사막화를 막기 위해 아프리카 연합AU과 국제 연합UN이 힘을 모아 초대형 숲을 조성하는 '녹색 만리장성 Great Green Wall' 프로젝트가 진행되고 있다. 이 프로젝트는 아프리카 11개국을 가로지르는 길이 약 8,000킬로미터, 폭 약 15킬로미터에 달하는 규모이며, 중국의 만리장성(6,400킬로미터)보다 1,300킬로미터 더 긴 녹색 장벽을 만드는 것을 목표로 하고 있다. '사하라&사헬 이니셔티브Sahara and Sahel Initiative'라고도 불리는 이 프로젝트는 에티오피아, 말리, 세네갈, 니제르, 수단 등 아프리카의 20개국이 참여하여 사헬 지대의 황폐화된 토지를 회복시키고 지역 주민들의 식량 생산, 일자리 창출 및 평화 증진을 위해 시행하고 있다. 세계은행World Bank, 국제 연합 식량 농업 기구FAO, 아프리카 개발은행AfDB 등으로부터 자금 지원을 받고 있는 전 지구적 공동 대응이라고 할 수 있다.

사회 6-2 | 2. 통일 한국의 미래와 지구촌의 평화 — 2) 지구촌의 평화와 발전

#자원 무기화

식량이나 석유가 무기가 될 수 있다고요?

30초 해결사

식량이나 석유는 총과 칼보다 더 무서운 무기가 될 수 있어요. 사람이 살아가기 위해서는 식량이 꼭 필요하고, 석유는 에너지원으로 현재의 산업 활동을 비롯한 가장 기본적인 경제 활동에 필수적이기 때문이에요. 만약 식량이나 석유가 많은 국가가 이를 무기처럼 사용한다면 전 세계의 국가와 국민을 위협할 수도 있어요.

- 식량 안보: 국가가 인구 증가, 천재지변 등의 각종 재난, 전쟁과 같은 특수한 상황에서도 항상 국민이 일정한 수준의 식량을 소비할 수 있도록 적정 식량을 유지하는 것이에요.

#석유 #식량 안보

2022년 2월 24일, 러시아의 침공으로 시작된 우크라이나와의 전쟁으로 세계 평화가 깨졌어요. 전쟁은 끔찍한 인명 피해와 함께 국제적인 식량 위기를 불러일으켰어요. 세계적인 곡창 지대 우크라이나의 밀 생산량이 전쟁으로 급격히 줄어들자 전 세계적으로 곡물 가격이 크게 올랐고, 밀 수입국들은 밀 가격 상승에 곤란한 상황이 되었어요. 이렇듯 국가의 생존에는 자원의 확보가 중요해요. 식량 외에도 물, 석유 등 필수 자원 확보를 위한 국가 간 경쟁이 치열해지고 있어요. 자원을 두고 갈등, 분쟁하기보다는 서로 조화롭게 사용하는 지혜가 필요하겠지요?

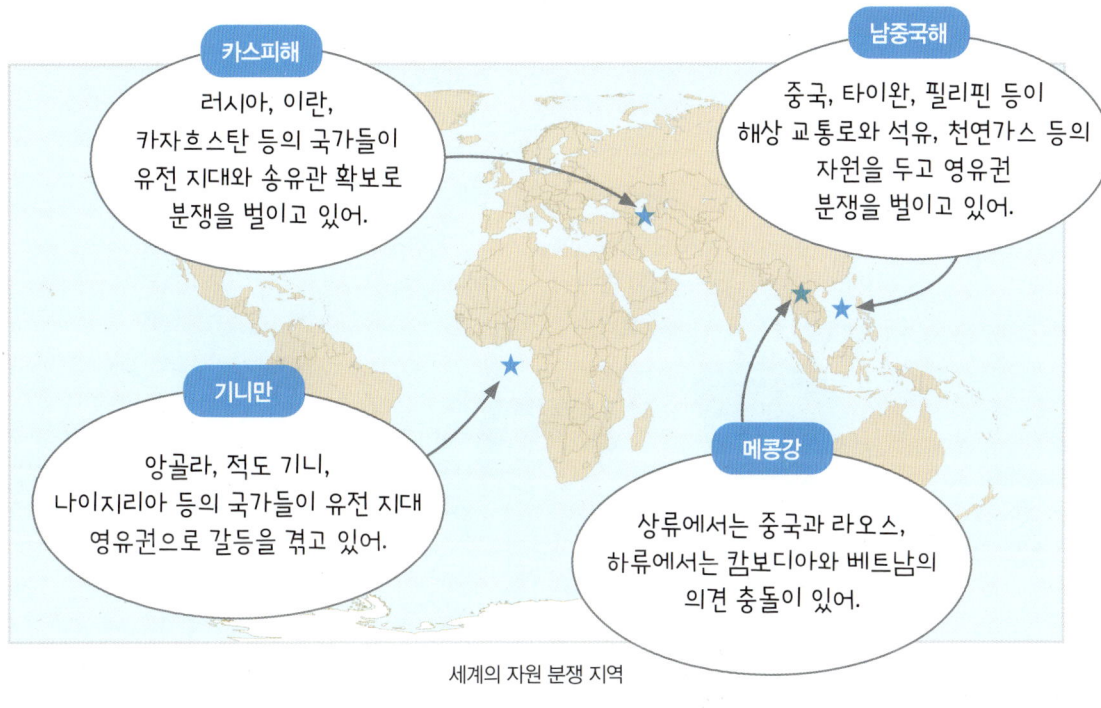

세계의 자원 분쟁 지역

쌀을 수출하던 나라에서 수입하는 나라가 된 필리핀

필리핀은 1980년대까지 쌀을 자급했을 뿐만 아니라 수출했던 나라다. 하지만 농산물 시장이 개방되면서 필리핀 정부는 자국에서 쌀을 생산하지 않고 주변 국가에서 값싸게 들여오면 된다고 생각했다. 이에 쌀농사를 짓던 땅들은 외국계 기업농에게 팔렸고, 바나나 농장으로 바뀌기도 했다. 그러나 정부가 예측한 쌀 생산보다 인구의 증가가 더 빨랐고 필리핀은 식량 위기를 맞이했다. 결국 정부는 쌀 수급에 어려움을 겪었고, 그 피해는 고스란히 필리핀 국민에게 돌아갔다. 우리나라 역시 식량 자급률이 25퍼센트도 채 되지 않는 상황이다. 정부는 필리핀 사례를 거울삼아 식량 자급률을 높이기 위한 여러 노력을 기울이고 있다.

사회 6-2 | 1. 세계 여러 나라의 자연과 문화 | 1) 지구, 대륙 그리고 국가들

#인종

뜨거운 태양 때문에 땋은 머리를 하게 되었다고요?

30초 해결사

흑인의 땋은 머리는 멋을 부리기 위한 것만이 아니에요. 흑인의 머리카락은 우리와 달리 매우 곱슬거리는데, 뜨거운 태양으로부터 두피를 보호하고, 통풍이 잘 되어 머리의 열을 식히는 데 유리해요. 하지만 머리카락이 두껍고 곱슬거리는 정도가 매우 강하기 때문에 그냥 기르면 심하게 엉키기 쉬워요. 그래서 머리를 땋거나 꼬아 관리하는 모습을 많이 볼 수 있답니다.

#인종 차별

사람들의 피부색과 머리카락 등은 왜 모두 다를까요? 이는 각기 다른 환경에 적응하면서 자연스럽게 생긴 현상이에요.

아프리카는 인류가 처음 살기 시작한 대륙이에요. 이곳에 살던 사람들은 강한 자외선을 막기 위해 멜라닌 색소가 많아지면서 피부색이 검어졌어요. 또한 체온이 오르는 것을 막기 위해 체열을 빠르게 내보내는 데 유리한 곱슬머리를 갖게 되면서 오늘날 흑인의 특징을 지니게 되었어요.

한편 추운 북쪽에 사는 사람들은 멜라닌 색소가 줄어들면서 옅은 피부색과 눈동자 색이 나타나도록 진화했고, 오늘날 백인의 특징을 지니게 되었어요. 그리고 추운 북쪽과 더운 적도 사이에 위치한 대륙의 사람들은 비교적 온화한 기후 조건에 맞게 멜라닌 색소의 양이 조절되면서 오늘날 황인의 특징을 지니게 되었어요.

이렇듯 자연환경에 따라 멜라닌 색소의 분포량이 달라지면서 자연스럽게 지금의 다양한 피부색과 신체 특징이 나타나게 되었어요. 그러니 나와 다르다는 이유로 차별을 하는 것은 어리석은 일이겠지요?

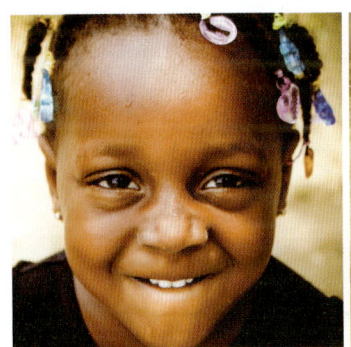

머리카락 색도, 피부색도 다르지만 우리 모두 똑같은 어린이야!

인종 차별

피부색이나 혈통 등이 다르다는 이유로 사람들을 차별하는 것을 인종 차별이라고 한다. 나치 독일 시절에 유대인이나 유색 인종을 차별하고, 미국 사회에서 흑인을 차별하는 경우가 대표적이다.

안타깝게도 여전히 세계 곳곳에 인종 차별이 존재한다. 코로나19가 세계적으로 확산되면서 아시아 사람들에 대한 혐오와 폭력이 일어난 사례가 대표적이다. 또한 미국에서는 백인 경찰의 과잉 진압으로 흑인들이 죽는 일이 계속 일어나면서 '흑인 목숨도 소중하다BLM·Black Lives Matter' 운동이 일기도 했다.

아프리카의 국경선은 왜 반듯한가요?

#아프리카 국경선

30초 해결사

아프리카 지도를 보면 다른 대륙과 달리 국경선이 자로 그은 듯 반듯한 것을 알 수 있어요. 이는 19세기 무렵 유럽 제국주의 열강이 아프리카 국가들의 지리적 특성과 역사를 전혀 고려하지 않고 식민 지배를 하기 편하도록 경도와 위도에 따라 직선을 그어 국경을 나눴기 때문이에요. 아프리카는 서로 언어와 문화가 다른 1,000여 개의 부족이 있는 큰 대륙이에요. 그런데 국경선이 강제로 정해지면서 같은 부족임에도 분단되거나 서로 다른 부족이 한 나라로 묶이는 일이 벌어졌어요.

#제국주의

아프리카는 아시아 다음으로 큰 대륙이에요. 대륙 가운데를 적도가 가로지르고 있어 무더운 지역이 많지요. 아프리카 적도 부근에는 세계에서 가장 큰 사막인 사하라 사막이 있는데, 사하라 사막을 기준으로 북아프리카와 사하라 이남 아프리카로 나누기도 해요. 북아프리카에는 모로코, 리비아, 수단, 알제리, 이집트, 튀니지 등의 나라가 있고 대부분 이슬람교를 믿어요. 사하라 이남 아프리카에는 남수단, 콩고 민주 공화국, 르완다, 에티오피아, 케냐, 남아프리카 공화국 등이 있고 다양한 민족과 언어, 종교, 문화가 존재한답니다.

19세기 제국 열강에 의해 강제로 국경선이 생기고 종교도, 문화도, 언어도 다른 부족들이 하나로 묶이면서 많은 갈등이 생겨났어요. 이런 갈등과 대립은 아프리카 국가들이 식민 지배로부터 독립한 뒤에도 계속 이어져, 잦은 내전의 원인이 되었어요.

대표적으로 르완다의 후투족과 투치족 사이에 벌어진 전쟁인 르완다 내전이 있어요. 후투족은 800만 명에 이르는 르완다 인구의 85퍼센트를 차지하는 다수 부족이에요. 그러나 오랜 세월 소수 부족인 투치족의 지배를 받아 왔지요. 르완다를 식민 지배했던 벨기에가 투치족을 우대하고 후투족을 홀대하는 종족 차별 정책을 펼치며 두 부족 간의 갈등은 더욱 심화되었어요. 독립 이후 정권을 잡은 후투족은 "바퀴벌레를 잡자!"라는 끔찍한 구호를 내세워 투치족을 학살했어요. 이 내전으로 인해 1990년부터 1994년까지 매년 평균 30만 명의 사망자가 발생했으며, 수많은 난민이 피란을 떠났어요. 또 르완다 내전으로 인해 콩고 전쟁이 촉발되기도 했어요.

아프리카 국가들은 식민 지배로 인한 분쟁을 극복하고 서로 협력하기 위해 유엔 아프리카 경제 위원회(ECA)를 설립하는 등의 노력을 하고 있어요.

 **피해자이자 가해자가 된 어린이, 소년병**

아프리카 일부 국가에서 부패한 정권 또는 반군 집단이 어린이, 청소년 들을 강제로 군인으로 만들고 있다. 소년병은 건강하게 성장할 기회를 빼앗긴 채 전투에서 부상을 당하거나 심지어 목숨을 잃는다. 국제 연합UN은 1989년 '아동의 권리에 대한 협약'을 체결하고 만 15세 미만의 아동을 징집 또는 모병하거나 적대 행위에 적극적으로 참여하게 하는 행위를 전쟁 범죄로 규정했다. 소년병 제도를 없애기 위해 전 세계 많은 사람이 함께 노력하고 있다.

사회 6-2 — 1. 세계 여러 나라의 자연과 문화 — 1) 지구, 대륙 그리고 국가들

#국가 상징

국기를 보면 그 나라의 특징을 알 수 있다고요?

30초 해결사

한 나라를 국제 사회에 알리는 데 국가 상징이 쓰여요. 국가 상징에는 국기, 국가, 국화, 국새, 나라 문장 등이 있어요. 그중 국기는 그 나라의 특징을 잘 보여 주는 상징이에요. 나라를 대표하는 국기를 보면 그 나라의 역사와 문화 그리고 자연환경까지도 알아볼 수 있어요.

- 국가 상징: 국제 사회에 자기 나라를 잘 알릴 수 있는 내용을 그림, 문자, 도형 등으로 나타낸 공식적인 징표예요.

#태극기

세계 각 나라는 저마다 그 역사와 문화를 기초로 한 국기 등을 국가 상징으로 정했어요. 각 나라의 국기들을 보면서 어떠한 모습이 담겨져 있는지 알아볼까요?

튀르키예 공화국   알제리   파키스탄

세 국기에는 공통적으로 초승달과 별이 있어요. 튀르키예 공화국, 알제리, 파키스탄처럼 이슬람교를 믿는 나라의 국기에서 자주 볼 수 있는 상징이에요. 초승달은 이슬람교를 의미해요. 이슬람교의 창시자 마호메트가 깨달음을 얻었을 때 초승달이 환히 비추고 있었다는 이야기가 전해져 내려오고 있거든요. 또 사막 지역에 주로 위치한 이슬람 국가들에게는 초승달과 별이 사막 속에서 길잡이 역할을 하기 때문에 중요한 상징이 되었다고 해요.

덴마크   핀란드   스웨덴   노르웨이

덴마크, 핀란드, 스웨덴, 노르웨이 국기 속 십자가 무늬는 깃대에 가까운 왼쪽으로 치우쳐 있지요. 이를 '스칸디나비아 십자'라고 불러요. 스칸디나비아 반도 지역의 국가에서 볼 수 있으며, 기독교 국가임을 나타내요.

유럽 여러 나라 국기에 영향을 준 프랑스 혁명

프랑스 혁명은 세상을 뒤흔드는 역사적 사건이었다. 절대 왕정을 무너뜨리고 국민이 주인인 나라를 만들고자 했던 시민들은 왕의 깃발을 내리고, 자유·평등·우애를 상징하는 파랑·하양·빨강의 삼색기를 국기로 사용했다. 프랑스를 바꾼 혁명의 정신은 이후 유럽 전역으로 퍼져 나갔고, '삼색'은 새로운 시대의 상징이 되었다.

아일랜드 국기에서 초록은 구교도, 주황은 신교도를 뜻하고 하양은 공존과 화합을 뜻한다. 이탈리아 국기는 나폴레옹이 이탈리아를 침공하여 밀라노 공국을 점령한 뒤 일종의 허수아비 국가를 세웠을 때, 밀라노의 상징 색인 빨강과 하양에 시민군 군복 색인 초록을 더해 프랑스 삼색기처럼 깃발을 만들었던 것이 그 기원이다.

프랑스   아일랜드   이탈리아

사회 6-2 | 1. 세계 여러 나라의 자연과 문화 | 1) 지구, 대륙, 그리고 국가들
사회 6-2 | 1. 세계 여러 나라의 자연과 문화 | 2) 세계의 다양한 삶의 모습

#남반구

크리스마스에 해수욕장에서 수영을 하는 나라들이 있다고요?

30초 해결사

지구는 적도를 기준으로 위쪽을 북반구, 아래쪽을 남반구로 나누어 구분해요. 북반구와 남반구는 서로 계절이 정반대예요. 북반구에 있는 우리나라가 겨울일 때, 남반구에 있는 오스트레일리아는 여름이랍니다. 이런 차이가 나타나는 이유는 지구의 자전축이 기울어진 채 태양을 공전하기 때문이에요.

• 공전: 행성이 태양의 둘레를 돌거나 위성이 행성의 둘레를 도는 운동을 말해요.

#북반구 #공전 #적도

지구의 자전축은 공전축에 대해 약 23.5도 기울어져 있어요. 그렇기 때문에 지역별로 햇빛을 받는 시간이 달라 계절이 다르게 나타나는 것이랍니다. 아래 그림을 볼까요? 북반구가 남반구에 비해 상대적으로 태양과 가깝게 기울어져 있는 것을 볼 수 있어요. 이때 북반구는 여름, 남반구는 겨울이에요.

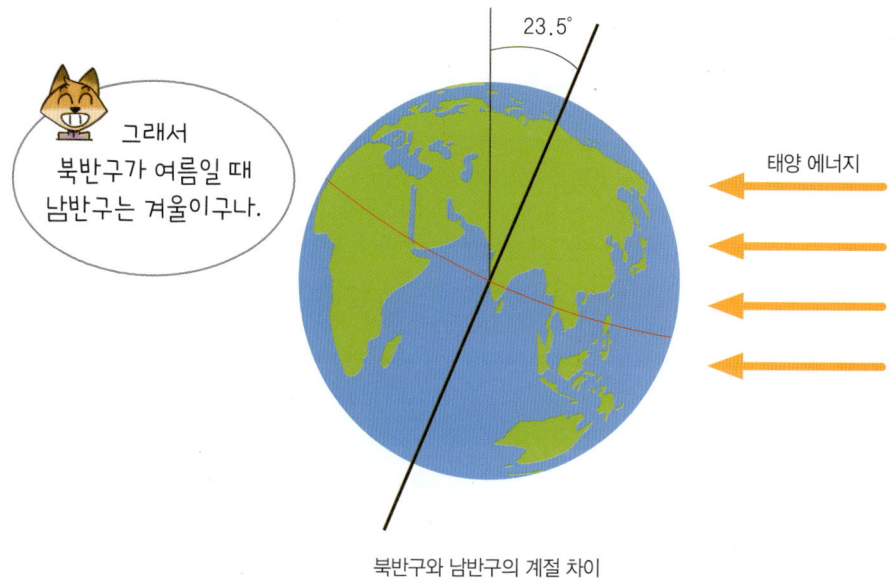

북반구와 남반구의 계절 차이

북반구와 남반구는 계절이 정반대이기 때문에 집의 모양도 달라요. 북반구에 있는 나라들에서는 일조 시간이 긴 남쪽을 향해 집을 짓고 창을 내지요. 반대로 남반구에는 북쪽의 일조 시간이 길기 때문에 북향집이 많은 편이에요.

북반구와 남반구는 밤하늘에 보이는 별자리도 달라요. 또 북반구에서 상현달이 보이면 남반구에서는 하현달이 보인답니다.

개념연결 남반구의 크리스마스

북반구에서는 하얀 눈발을 헤치고 선물을 가져다주는 산타클로스가 익숙하다. 그런데 남반구 국가의 크리스마스 풍경은 조금 다르다. 오스트레일리아는 12월 첫째 주부터 '캐럴 온 더 비치Carol on the beach'라는 행사를 하며 해변에서 다같이 캐럴을 부른다. 산타클로스 복장을 한 사람들이 바다에서 서핑을 하고, 해산물로 만든 음식을 먹으며 하루를 보낸다.

#기후 구분

세계의 기후는 왜 지역마다 다를까요?

30초 해결사

기후는 위도에 따른 태양열, 주변 바닷물의 온도와 지형 등에 따라 달라져요. 그래서 태양에서 가까운 적도 부근과 남극과 북극 지역은 기후가 크게 달라요. 세계의 다양한 기후는 지역마다 고유한 자연환경을 만들고 그곳에 사는 사람들의 의식주와 생활 양식과 사고방식, 기질 등 모든 인간 활동에 영향을 준답니다.

#한대 기후 #냉대 기후 #온대 기후 #건조 기후 #열대 기후 #고산 기후 #쾨펜

세계의 기후 구분은 독일의 기후학자 쾨펜이 정한 기준을 따르고 있어요.

열대 기후	가장 추운 달 평균 기온이 18℃ 이상으로 1년 내내 덥다.
온대 기후	가장 추운 달 평균 기온이 -3~18℃이며 사계절이 뚜렷하다.
냉대 기후	가장 추운 달 평균 기온이 -3℃ 미만이다. 사계절이 나타난다.
한대 기후	가장 더운 달의 평균 기온이 10℃ 미만이며 식물 집단이 자라기 힘들다.
건조 기후	1년 내내 강수량이 50mm 미만으로 식물 집단이 자라기 힘들다.
고산 기후	해발 고도가 높은 지역에서 볼 수 있는 연중 서늘한 기후다.

쾨펜은 세계의 기후를 기온과 강수량에 따라 식생이 자랄 수 있는 기후와 자랄 수 없는 기후로 나눴어요. 식생이 자랄 수 있는 기후는 열대, 온대, 냉대 기후로 구분했고, 식생이 자랄 수 없는 기후는 건조, 한대 기후로 구분했어요. 그리고 해발 고도에 따라 구분한 고산 기후도 있지요.

기후에 따른 음식 문화

벼는 기온이 높고 강수량이 많은 지역에서 잘 자란다. 그래서 여름철이 무덥고 강수량이 많은 아시아 지역은 벼를 재배하는 문화가 발달했다. 밀은 벼에 비해 가뭄과 추위에 강하므로 재배 지역이 넓다. 유럽과 북아메리카의 냉온대 지역이나 오세아니아 지역에서 많이 재배하며, 이에 따라 이 지역은 빵을 주식으로 하는 식생활 문화가 발달했다. 고산 지대인 멕시코, 안데스 산지 지역은 서늘한 지역에서 잘 자라는 옥수수와 감자를 주식으로 한다. 열대 기후에 위치한 나라들은 온도와 습도가 높아 음식이 쉽게 상할 수 있기 때문에 이 지역은 튀긴 음식이나 소금에 절인 음식이 발달했다. 반면 냉대 기후 지역은 낮은 온도로 음식이 쉽게 상하지 않으므로 음식에 소금을 적게 넣는다.

사회 6-2 — 1. 세계 여러 나라의 자연과 문화 — 2) 세계의 다양한 삶의 모습

#기후와 건축

그리스에는 왜 하얀 집이 많을까요?

30초 해결사

그리스의 대표적인 관광지 산토리니 섬은 그림 같은 바다와 하얀 집들이 멋진 장관을 이루지요. 이곳의 사람들은 에게해에 반사되는 강렬한 햇빛을 막기 위해 건물 벽을 흰색으로 칠해요. 흰색은 빛을 반사하기 때문에 빛 흡수량이 낮아져 집이 훨씬 시원해지는 효과가 있어요. 이 외에도 벽이 두껍고 창문이 작아서 뜨거운 공기가 집으로 들어오는 것을 막아 주기도 하지요.

#산토리니 #지중해 #기후

기후와 가옥은 밀접하게 연결되어 있어요. 다양한 기후가 자연환경에 영향을 주었고, 사람들은 주변에서 구하기 쉬운 재료로 집을 짓기 때문이에요. 그중에서 기후 특징이 잘 나타난 가옥 몇 가지를 살펴볼까요?

북극 지역

눈과 얼음을 자르고 쌓아서 만든 이글루가 있어요. 이글루 내부에는 짐승 가죽을 깔아 냉기를 차단하고, 불을 피우기도 해요. 불을 피워도 외부의 냉기 때문에 집이 잘 녹지 않아요.

미국 알래스카주, 러시아 시베리아 등의 지역에서 볼 수 있어요.

건조 기후 지역

기후가 건조하며 유목 생활을 하는 지역에서는 이동이 편리한 천막집을 지어 생활해요.

몽골이나 아프리카 사하라 사막 주변 국가에서 볼 수 있어요.

냉대 기후 지역

침엽수림이 발달한 만큼 침엽수를 이용해 통나무집을 지어요. 지붕은 눈이 쌓이지 않도록 가파르게 설계해요. 통나무집은 튼튼하고 실내 습도 유지에 탁월해요.

핀란드, 캐나다 등의 국가에서 볼 수 있어요.

열대 기후 지역

강이나 바다에서 고기를 잡으며 모여 살기 때문에 물 위에 집을 짓기도 해요. 수상 가옥은 덥고 습한 기후에서 모기와 같은 해충, 무더위를 막아 줘요.

베트남, 태국 등의 국가에서 볼 수 있어요.

기후에 따른 의복

의복은 기온, 강수량, 일사량 등 그 지역의 기후 환경에 영향을 받는다. 겨울이 길고 추운 냉대, 한대 지역에서는 보온성이 뛰어난 동물 가죽이나 털로 만든 의복을 입는다. 일교차가 크고 햇볕이 뜨거운 사막에서는 얇은 천으로 온몸을 둘러싸는 옷을 만들어 입는다. 1년 내내 무덥고 습한 기후가 나타나는 열대 기후 지역에서는 얇고 가벼운 의복을 만들어 입는다.

사회 6-2 | 1. 세계 여러 나라의 자연과 문화 | 1) 지구, 대륙, 그리고 국가들

#태풍

태풍 이름을 짓는 데 원칙이 있다고요?

30초 해결사

태풍에 처음으로 이름을 붙인 것은 호주의 예보관들이었어요. 당시 그들은 태풍에 싫어하는 정치가의 이름을 붙였다고 전해져요. 제2차 세계 대전 이후 미국에서 공식적으로 태풍에 이름을 붙이기 시작했는데, 이때 예보관들은 아내나 연인의 이름을 붙였어요. 2000년대부터는 아시아-태평양 지역 국민들의 태풍에 대한 관심과 경계심을 높이기 위해 각 태풍 위원회 회원국들이 제출한 이름을 태풍 이름으로 사용하고 있답니다.

#열대성 저기압

태풍은 열대성 저기압의 한 종류예요. 세계 기상 기구(WMO)는 열대성 저기압을 중심 부근의 최대 풍속에 따라 아래와 같이 분류하고 있어요.

열대 폭풍
중심 부근 최대 풍속:
17~24㎧

강한 열대 폭풍
중심 부근 최대 풍속:
25~32㎧

태풍
중심 부근 최대 풍속:
33㎧ 이상

우리나라와 일본은 최대 풍속이 초당 17미터(17㎧) 이상인 열대성 저기압 모두를 태풍이라고 불러요. 태풍은 일주일 이상 지속될 수 있고, 같은 지역에서 여러 개의 태풍이 동시에 발생하기도 해요. 태풍에 이름을 붙여 구분하면 혼선을 줄일 수 있고 미리 대비하여 자연 재난 피해를 최소화하는 데도 도움이 돼요.

태풍 이름으로는 태풍 위원회 회원국들이 각국의 고유 언어로 10개씩 제출한 총 140개의 태풍 이름을 순차적으로 사용해요. 태풍이 보통 연간 25개 정도 발생하므로, 전체 이름이 다 쓰이려면 4~5년이 걸려요. 140개의 이름을 모두 사용하면 1번부터 다시 사용해요. 우리 나라는 태풍 위원회에 개미, 나리, 장미, 수달, 노루, 제비, 너구리, 고니, 메기, 나비를 제출했어요. 주로 작고 순한 동물이나 식물 이름으로, 태풍이 온화하게 지나가길 바라는 마음을 담은 것이랍니다.

 지역마다 다른 열대성 저기압의 이름

열대성 저기압은 지역별로 허리케인, 사이클론, 태풍 등의 이름으로 불린다. 북태평양 서쪽에서 발생하면 '태풍', 북대서양과 멕시코 연안에서 발생하면 '허리케인', 인도양이나 남태평양 호주 부근에서 발생하면 '사이클론'으로 부르는 것이다. 호주 인근에서 발생하던 것은 '윌리윌리'라고 불렀는데 2006년부터 사이클론으로 통합하여 부르고 있다.

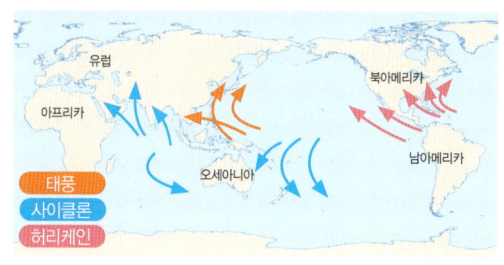

사회 6-2 1. 세계 여러 나라의 자연과 문화 1) 지구, 대륙, 그리고 국가들

#환태평양 조산대

세계에 불의 고리가 있다고요?

30초 해결사

'불의 고리'는 뉴질랜드부터 일본과 태평양, 북아메리카를 거쳐 남아메리카 지역까지 고리 모양으로 된 지역을 가리키는 말이에요. 이 지역에서는 연간 200만 번의 크고 작은 지진이 일어나며, 전 세계 지진의 90퍼센트가 일어나요. 한자로 고리라는 뜻의 '환' 자를 써서 환태평양 조산대라고도 해요.

- 조산대: 판과 판의 경계에서 지진이나 화산 활동이 자주 일어나는데, 이런 활동을 조산 운동이라고 해요. 조산대는 조산 운동이 자주 일어나는 지역이에요.

#불의 고리   #조산 운동

(출처: 물 정보 포털 My Water)

조산대는 환태평양 조산대, 알프스-히말라야 조산대 등이 있어요. 그중 해저 화산 활동이 많은 환태평양 조산대에 위치한 나라들은 지각 변동으로 인한 자연재해에 노출되어 있어요. 일본에서 발생하는 지진과 지진 해일, 남태평양 파푸아뉴기니의 지진 등이 대표적이에요. 우리나라는 불의 고리 지역에서 약간 비켜나 있어 직접적인 피해는 적은 편이지만 지진이나 지진 해일로부터 완전히 안전한 것은 아니에요. 기상청에 따르면 체감 지진 횟수가 2016년 55회에서 2017년 98회로 급격히 늘어났거든요.

정부는 지진으로 인한 피해를 사전에 대비하고자 학교에서 주기적으로 지진 대피 훈련 등을 하도록 하고, 지진 발생 시 행동 수칙을 공개해 일상에서 활용할 수 있도록 하고 있어요.

만약 지진이 발생한다면 어떻게 해야 할까요? 우선 머리를 보호한 채로 건물 안에 대기하다가 흔들림이 멈추면 운동장처럼 낙하물이 없는 넓은 공간으로 대피해야 해요. 건물이 무너질 수도 있기 때문이에요. 학교에서 지진이 발생했다면, 침착하게 책상 아래로 대피한 다음 흔들림이 멈추면 선생님의 안내에 따라 질서 있게 운동장으로 나가야 해요.

 대폭발을 했던 백두산

우리나라는 불의 고리에서 떨어져 있어 일본에 비해 상대적으로 지진이나 화산 활동에 의한 피해가 적다. 그렇다면 백두산은 어떨까? 백두산은 용암을 분출했던 화산이다. 실제로 939년, 화산재로 한반도가 뒤덮일 정도의 대폭발을 했다는 역사적 기록이 있다. 백두산은 완전히 화산 활동을 멈춘 것이 아니다. 과학계에 따르면 100여 년마다 분화했던 백두산은 1925년을 기점으로 화산 활동을 멈췄다. 하지만 화산 분출을 촉진하는 마그마방(마그마로 채워진 공간)이 백두산 천지 하부에 존재한다는 사실이 연구를 통해 밝혀졌다. 여전히 화산 활동이 이어지고 있는 백두산을 잘 관찰하고 측정하면서 혹시 모를 백두산의 화산 폭발을 주의 깊게 대비할 필요가 있다.

사회 6-2　1. 세계 여러 나라의 자연과 문화　3) 우리나라와 가까운 나라들

#동아시아

한국, 중국, 일본의 젓가락이 다 다르다고요?

30초 해결사

한국, 중국, 일본의 젓가락은 저마다 다른 특징이 있어요. 중국의 젓가락은 세 나라 중에서 길이가 가장 길어요. 원탁 중앙에 음식을 담은 공용 접시를 두고 각자 덜어 먹기 때문이에요. 젓가락 끝은 기름진 음식을 집기 편하게 뭉툭한 편이지요. 일본은 생선을 많이 먹는 나라인 만큼, 생선 가시를 잘 발라낼 수 있도록 젓가락이 짧고 끝이 뾰족해요. 한국의 젓가락은 주로 금속 재질로 만들어져서 무게감이 있어요. 반찬을 정확하게 집기 좋지요. 일본과 중국의 나무젓가락과 비교하면 굵기가 가늘고 납작한 편이에요.

#한자 문화　#유교

"중국과 일본은 이웃 나라이지만, 때로는 먼 나라 같아."

한국, 중국, 일본은 지리적으로 가까워 과거부터 활발히 교류해 왔어요. 또한 세 나라는 여러 부분에서 비슷한 문화를 공유하고 있어요. 먼저, 벼를 키우기 좋은 계절풍의 영향을 받아 쌀이 주식이지요. 또 문자 체계가 한자로 이루어져 있어요. 각기 다른 언어를 사용했지만 한자를 통해 글을 주고받을 수 있었어요. 한자를 기반으로 각 국가의 문자 체계도 변했어요. 현재 한국은 '한글', 중국은 '간체자', 일본은 '가나' 문자를 사용하고 있어요.

한자 문화를 통해 세 나라는 불교와 유교도 공유하며 문화적으로 더욱 동질성을 갖게 되었어요. 효孝와 충忠을 중시하는 유교 사상은 지금도 세 나라의 사고 체계와 전통에 스며들어 있지요.

우리나라에서 즐겨 먹는 '짬뽕'을 살펴보면 같은 듯 다른 한국, 중국, 일본의 문화가 서로 영향을 주고 받으며 발전해 온 것을 알 수 있어요. 20세기 초, 일본으로 건너 간 중국인들이 고향의 면 요리를 떠올리며 만든 요리가 '잔폰(나가사키 짬뽕)'이에요. 이 잔폰이 일제강점기 시절 일본에서 우리나라로 전래되면서 빨간 국물의 짬뽕이 된 것이랍니다. 오늘날 우리가 먹는 짬뽕이 한국, 중국, 일본 세 나라의 합작이라니 신기하지요? 이처럼 한국, 중국, 일본은 지리적 인접성을 토대로 공통의 문화를 공유하고 각기 다른 개성을 꽃피우며 발전해 왔고, 동아시아 문화로 자리 잡게 되었어요.

 **닮았지만 같지는 않은 한·중·일 3국 문화**

한국, 중국, 일본 고유의 전통 복장은 세 나라의 개성을 잘 보여 준다. 우리나라는 한복, 중국은 치파오, 일본은 기모노가 대표적이다. 음악극 역시 마찬가지다. 비슷하지만 서로 다르게 발전해 와 우리나라는 창극, 중국은 경극, 일본은 가부키가 대표적이다.

동아시아 세 나라에 불교가 전파되면서 만들어진 탑도 나라마다 차이가 있다. 우리나라에는 화강암이 풍부하기 때문에 주로 돌을 재료로 하는 '석탑'이 많다. 이에 비해 지진이 자주 발생하는 일본에는 나무로 만든 '목탑'이 많다. 중국에는 황토로 벽돌을 굽고 이를 쌓아올려 만든 '전탑'이 많다. 이처럼 같은 탑이라도 나라마다 자연환경에 따라 차이가 있다.

사회 6-2 | 1. 세계 여러 나라의 자연과 문화 | 2) 세계의 다양한 삶의 모습

#문화 교류

짜장면이 우리나라 대표 상징으로 뽑혔다고요?

30초 해결사

짜장면이 김치, 된장, 고추장, 불고기와 함께 문화 체육 관광부에서 선정한 '100대 민족 문화 상징'으로 뽑혔어요. 짜장면은 처음에 인천으로 건너온 중국 무역상을 대상으로 한 음식이었는데, 한국인의 입맛에 맞게 발전하며 우리나라 음식으로 자리매김했어요. 오랜 시간 서민들의 외식 문화를 대표하는 요리로 사랑받고 있지요.

#짜장면 #김치 #난타

130여 년 전 개항장으로 열린 인천 지역에 중국 상인들이 정착하면서 중국의 춘장에 수타면을 비벼 즉석에서 간편하게 만든 '자장멘炸醬麵'을 먹기 시작했어요. 시간이 지나며 자장멘의 느끼함과 짠맛을 줄이고 캐러멜 소스로 단맛을 더해 한국인 입맛에 꼭 맞는 짜장면이 탄생했어요. 오늘날 간편하고 빠르게 먹을 수 있는 짜장면은 한국인의 생활 속에 친숙한 음식으로 자리 잡았어요.

문화 간 교류에 따른 새로운 변화는 과거부터 꾸준히 있었어요. 한국의 대표 음식 김치 하면 빨간 고춧가루에 재료를 버무린 음식이 떠오르지요? 문헌에 따르면 조선 시대 초기까지는 김치의 모습이 백김치에 가까웠을 것이라고 추측해요. 임진왜란 전후로 우리나라에 고추가 전해지면서 고춧가루로 버무린 배추김치가 퍼져 나갔고, 지금의 모습이 완성된 것이지요.

우리나라의 전통 음악과 서양의 뮤지컬 형식이 조화롭게 섞여 새로운 문화로 자리 잡은 공연도 있어요. 우리의 전통 가락인 사물놀이 리듬과 서구의 뮤지컬 양식을 결합한 공연 「난타」는 공연 배우들이 대사 없이도 신나는 리듬과 몸짓으로 '별난 주방에서 발생하는 별난 사건들'을 잘 녹여 내 해외에서도 주목을 받았어요. 세계화 시대, 대중들은 다양한 문화를 체험하며 이해의 폭을 넓히고 새로운 가치를 창조할 수 있어요.

개념연결 근현대의 출발을 열어 가는 도시, 인천

인천광역시는 서울에서 가장 가까운 항구 도시로, 지정학적으로도 역사적으로도 중요한 의미를 갖고 있다. 중국과 교류하던 항구였고, 조선 시대 때는 서구 열강이 처음 모습을 드러낸 곳이며, 강화도 조약 이후에는 국제 항구 도시로서 모습을 갖추게 되었다. 인천광역시에는 당시 상황을 살펴볼 수 있는 근대 건축물들과 다양한 박물관이 있다. 그중에는 짜장면의 역사와 유래 등을 알 수 있는 짜장면 박물관이 있어, 특색 있는 관광 명소 중 하나로 자리 잡았다. 인천광역시는 해외 교류의 관문 역할도 하고 있다. 2001년 문을 연 인천 국제공항은 지속적인 혁신으로 2022년 국제 여객 순위 세계 5위, 국제 화물 실적 순위 세계 2위를 기록했다.

인천에 있는 짜장면 박물관

사회 6-2 2. 통일 한국의 미래와 지구촌의 평화 2) 지구촌의 평화와 발전

#소말리아

아직도 해적이 있다고요?

30초 해결사

소말리아 앞바다에는 해적이 자주 나타나요. 수에즈 운하를 통과하는 배들을 약탈하려는 것이지요. 해적의 약탈 행위는 어떤 경우에도 정당화될 수 없지만, 이들에게는 해적이 될 수밖에 없었던 사연이 있답니다.

• 운하: 사람이나 물건을 실어 나르기 위해 인공적으로 만든 물길이에요.

#해적   #수에즈 운하

소말리아 앞바다는 이집트에서 시작되는 수에즈 운하를 통과하기 위해 반드시 지나가야 하는 곳이에요. 수에즈 운하는 아시아와 유럽을 이어 주는 뱃길이라서 수많은 유조선과 화물선이 드나들어요. 이 운하를 통과하지 못하면 유조선과 화물선은 약 9,000킬로미터를 돌아가야 해요. 7~10일이나 더 걸리는 긴 거리이지요.

1970년대까지만 해도 소말리아는 아프리카에서 살기 좋은 나라로 손꼽혔어요. 하지만 1991년 독재 정권이 군벌 연합의 쿠데타로 무너지면서 소말리아 내전이 시작되었고 가난하고 살기 위험한 나라 중 하나가 되었어요. 내전으로 소말리아 정부가 제 역할을 못 하는 틈을 타서 심각한 문제들이 연이어 일어났고, 국가의 보호를 받지 못한 소말리아 어부들의 생활은 점점 더 어려워졌어요. 더 이상 어업을 할 수 없었던 어부들은 해적으로 활동하기 시작했어요. 이들은 수에즈 운하를 통과하는 선박들을 위협하여 돈을 벌어요. 해적 활동은 분명 잘못된 일이에요. 하지만 소말리아 해적이 등장한 원인을 생각해 볼 필요가 있어요.

해적들이 나타나는 소말리아 인근 해역 지도

해적만큼 무서운 바다 위의 침탈자들

소말리아 앞바다의 해적도 문제이지만, 진짜 무서운 것은 외부의 침탈자들이다. 소말리아 앞바다를 제멋대로 드나들며 해산물들을 마구잡이로 가져가는 외국 어선들, 소말리아 정부에 적은 돈을 주고 인근 바다에 산업 폐기물을 버리는 다국적 기업 등 외부의 횡포로 소말리아 앞바다는 '죽음의 바다'가 되었다. 어부들이 해적이 된 것은 바로 이와 같은 침탈자들이 있기 때문이다.

전 세계는 해적 활동을 막기 위해 유엔 평화 유지군을 보낼 것이 아니라 해적이 생기기 시작한 원인부터 생각해 봐야 한다. 소말리아의 정치적 혼돈과 중앙 정부의 통제력 상실을 빌미로 이익을 챙기는 외국 어선과 다국적 기업의 문제 등을 다방면으로 고려하여 해양 안보를 지켜야 할 것이다.

사회 6-2 1. 세계 여러 나라의 자연과 문화 2) 세계의 다양한 삶의 모습

#지역 축제

지역마다 축제가 조금씩 다른 이유는 무엇인가요?

30초 해결사

지역의 대표 축제들은 그 지역의 기후와 문화, 역사가 함께 어우러져서 만들어졌어요. 우리나라의 보령 머드 축제, 스페인의 부뇰 토마토 축제(라 토마티나)와 독일의 뮌헨 맥주 축제(옥토버페스트) 등은 해당 지역의 특성을 바탕으로 시작되었답니다. 지역의 특별한 축제는 전 세계 사람들이 함께 참여하는 세계적인 행사가 되고 있어요.

#보령 머드 축제   #라 토마티나   #옥토버페스트   #동물권

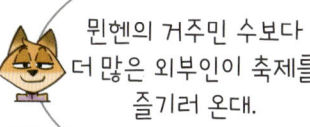

뮌헨의 거주민 수보다 더 많은 외부인이 축제를 즐기러 온대.

수천 명이 들어갈 수 있는 천막촌, 음악과 춤, 독일의 전통 맥주가 어우러져 볼거리가 풍성하지.

독일 뮌헨에서 매년 가을에 열리는 맥주 축제인 옥토버페스트

옥토버페스트는 1810년 바이에른 왕세자의 결혼식 축하 행사로 열렸던 경마 경기에서 유래되었어요. 오늘날의 옥토버페스트는 유럽에서 열리는 가을 축제 중 규모가 가장 크답니다.

지역 축제는 과거 풍습을 보존하고 계승한다는 데 그 가치가 있어요. 또한, 지역의 문화 자원을 관광 상품으로 만들어 판매할 수 있으므로 지역 경제에도 도움이 돼요. 전 세계의 재미있는 축제들을 좀 더 살펴볼까요?

스페인의 도시 부뇰에서 열리는 토마토 축제는 1940년대 토마토 값 폭락에 분노한 농민들이 시의원들을 향해 토마토를 던지며 항의한 사건에서 유래되었다는 이야기가 있어요. 축제 때는 120톤가량의 토마토가 거리에 쌓여 있고, 참가자들은 한 시간 동안 으깬 토마토를 자유롭게 던져요.

충청남도 보령의 보령 머드 축제는 1994년 보령 지역 경제 활성화를 고민하던 지자체가 대천 해수욕장 인근의 머드를 활용한 관광 상품을 기획한 데서 시작되었어요. 이후 우리나라를 대표하는 여름 축제로 자리 잡았어요.

개념 연결 동물 축제에 반대하는 축제

전 세계에서 그 지역의 역사를 알리고 경제를 살리기 위한 동물 축제가 열리고 있다. 울산 고래 축제, 화천 산천어 축제 등을 들 수 있다. 그러나 이를 둘러싸고 동물 학대 문제가 꾸준히 제기되고 있다. 축제에 쓰이는 동물들은 사람들이 잡거나 싸움을 붙이고 심지어 요리의 대상으로 희생되기 때문이다.

이에 2018년 7월 7일 국내에서는 '동물 축제 반대 축제(동축반축)'가 열렸다. '동축반축'은 동물의 일반적인 희생을 막고 참가자들이 직접 동물의 입장에서 생각하고 이해해 보는 프로그램으로 구성되었다. 해외에서도 동물의 권리를 보호하기 위한 축제들이 이어져 오고 있다. 동물과 사람이 함께 공존하면서 살아가는 방법을 배우는 새로운 축제에도 관심을 기울여 보자.

#중앙아시아

중앙아시아에는 왜 우리 동포들이 많이 살고 있을까요?

30초 해결사

1937년 소련(현재 러시아) 정부는 일제의 지배를 피해 나라 밖인 연해주에 살고 있던 한인들을 일본의 스파이가 될 수 있다는 이유를 들어 중앙아시아의 카자흐스탄, 우즈베키스탄 등으로 떠나보냈어요. 이 과정에서 수천 명의 한인이 목숨을 잃는 등 피해를 입었어요. 과거 소련의 강제 이주 정책에 대해 한인 후손들은 배상과 사과를 요구했지만 러시아 정부는 아직까지 제대로 된 반성과 조치를 취하지 않고 있어요.

#연해주 #한인 강제 이주 #고려인

중앙아시아는 높은 산맥, 사막, 초원 지대로 이루어져 있어요. 키르기스스탄과 타지키스탄에는 파미르고원 지대, 톈산산맥이 있고, 우즈베키스탄과 투르크메니스탄에는 사막보다는 덜 건조한 반사막 지대가 많으며, 카자흐스탄에는 숲과 초원이 많아요. 그리고 중앙아시아, 러시아, 이란 등에 둘러싸인 카스피해가 있어요.

중앙아시아 5개국

중앙아시아 국가들을 보면 '…스탄'으로 끝나는 이름이 많아요. '스탄(stan)'은 땅, 나라를 뜻하는 접미사로, 각 민족명에 '스탄'이 더해져 국가 이름이 된 것이지요. 카자흐스탄은 '카자흐족의 나라'라는 뜻이에요.

역사적으로 중앙아시아는 동서양의 교역로였던 고대 실크 로드의 길목이었고, 유럽과 아시아 대륙의 이동로 역할을 했어요. 또 풍부한 에너지 자원과 지하자원을 갖고 있는 지역이기도 해요. 카자흐스탄은 석유, 우즈베키스탄과 투르크메니스탄은 가스, 키르기스스탄은 금과 수자원, 타지키스탄은 수자원이 풍부해요.

개념연결 고려인과 당근 김치

1937년 소련의 강제 이주 정책으로 영문도 모른 채 중앙아시아 지역으로 끌려온 한인들은 러시아어로 '카레이스키(고려인)'라고 불렸다. 그들은 척박한 땅을 개간해 농사를 지으며 한인 사회를 꾸려 나갔다. 일제 강점기 대한 독립군 총사령관으로 봉오동 전투와 청산리 대첩을 이끈 홍범도 장군(1868~1943) 역시 고려인 강제 이주 정책으로 카자흐스탄에 정착한 한인 중 하나다.

낯선 타향에서 고향 음식이 그리웠던 고려인들은 현지의 재료로 김치를 만들었다. 마르코프차라고 불리는 당근 김치는, 구하기 힘든 배추 대신 쉽게 구할 수 있었던 당근을 채 썰고 소금과 식초 등의 양념으로 버무려서 새콤달콤하게 만든 것이다. 당근 김치는 주로 기름진 고기를 주식으로 하는 현지인들의 입맛을 사로잡았으며 식문화로 자리 잡았다.

당근 김치(출처: Off-shell)

사회 6-2 | 1. 세계 여러 나라의 자연과 문화 | 1) 지구, 대륙, 그리고 국가들

#남아메리카

라틴 아메리카는 영화 제목인가요?

30초 해결사

라틴 아메리카의 '라틴'은 이탈리아 남부 지방 '라티움'이라는 지역 이름에서 따온 것이에요. 15세기 유럽 국가들은 신항로 개척에 몰두했고, 그 과정에서 라틴족 국가인 에스파냐(스페인)와 포르투갈이 현재 남아메리카 지역을 침략해 오랫동안 지배했어요. 이 과정에서 라틴 아메리카라고 불리게 되었지요. 중남부 아메리카 지역은 오랜 식민 지배로 포르투갈어와 에스파냐어를 사용하고 가톨릭교를 믿는 등 남부 유럽과 비슷한 문화적 특성을 갖게 되었어요.

#라틴 아메리카

"아메리카 대륙은 여러 가지 이름으로 나눠 부를 수 있어!"

앵글로아메리카와 라틴 아메리카라는 지역명은 15세기 유럽의 신항로 개척의 흔적이라고 할 수 있어요. 당시 아메리카 대륙에 정착한 이주 민족 명칭에서 유래가 되었거든요.

하지만 이주 민족의 명칭에 따라 아메리카 대륙을 앵글로-라틴으로 분류해 부르는 것은 원주민을 고려하지 않은 것이에요. 콜럼버스가 아메리카 대륙을 처음 발견했을 때 여기에는 이미 8,000여 만 명이나 되는 원주민들이 살고 있었어요. 그러나 유럽의 정복자들은 아메리카 땅을 식민지로 만들고 원주민 고유의 역사와 전통을 무시한 채 유럽인의 언어, 종교 등을 강제로 전파했어요. 이들의 만행은 여기서 그치지

않고, 1,200여 만 명이나 되는 아프리카 흑인을 강제로 데려와 노예로 살게 했어요. 그렇기에 유럽의 이주자를 중심으로 아메리카를 구분하는 것은 바람직하지 않다는 주장이 있는 것이지요. 현재 아메리카에는 아시아 등의 이주민을 포함해 다양한 사람들이 함께 모여 살고 있어요. 그래서 지리적으로 파나마 지협을 기준으로 북아메리카, 남아메리카로 구분한답니다.

개념연결 전염병으로 한순간에 사라진 문명

중앙아메리카와 남아메리카에는 과거 마야, 아스테카, 잉카 등 다양한 문명이 존재했다. 이 세 문명은 시기는 다르지만 발달한 언어 체계와 높은 수준의 예술과 건축, 천문학 기술 등 과학적 지식을 바탕으로 문명사회를 이룩했다. 그러나 아스테카 문명과 잉카 문명은 비슷한 이유로 허망하게 무너졌다. 전문가들은 유럽인들과 함께 들어온 전염병 때문이었다고 말한다. 천연두, 홍역 등에 면역력이 없었던 원주민들은 속수무책으로 목숨을 잃었다. 잉카 제국은 기후학자들의 연구에 따르면 기후 이상 현상인 '엘니뇨'로 식량이 부족해졌고 이로써 전염병이 퍼지기 좋은 기상 조건이 되었을 것이라고 추정된다. 이러한 상황에서 아스테카 제국과 잉카 제국은 에스파냐(스페인) 군대의 침략으로 멸망에 이르렀다.

마야 문명은 위의 두 문명에 비하면 멸망 원인이 정확하게 밝혀지지 않았는데, 마야 문명을 연구하는 과학자들은 심각한 가뭄으로 농업 시스템이 붕괴한 것을 그 원인으로 추정하고 있다. 기후 재난과 전염병으로 인류의 역사가 바뀐 것이다.

| 사회 6-2 | 1. 세계 여러 나라의 자연과 문화 | 1) 지구, 대륙, 그리고 국가들 |
| 사회 6-2 | 2. 통일 한국의 미래와 지구촌의 평화 | 2) 지구촌의 평화와 발전 |

#아프리카의 자원

고릴라는 왜 핸드폰을 미워할까요?

30초 해결사

핸드폰의 핵심 부품 중 '콜탄'은 아프리카 콩고 등 몇 나라에서만 채굴할 수 있어요. '회색 금'이라고 불릴 정도로 가치가 높아 일부 아프리카 지역에서는 콜탄을 구하기 위해 불을 지르고 자연을 파괴하고 있어요. 이로 인해 고릴라의 서식지인 숲이 대거 파괴되면서 고릴라가 멸종할 위기에 처하게 되었어요.

#콜탄 #팜유 #콩고 민주 공화국 #피 묻은 다이아몬드

자원이 많은 것이 항상 좋은 것만은 아니랍니다. 아프리카에 있는 콩고 민주 공화국은 세계에서 11번째로 국토 면적이 넓은 나라로, 핸드폰의 핵심 부품인 콜탄을 비롯해 금, 구리, 주석, 코발트 등 풍부한 광물 자원을 보유하고 있어요. 하지만 콩고 민주 공화국의 1인당 국내 총생산(GDP)은 세계 최하위권 수준이에요. 자원이 이렇게 많은데도 가난에서 벗어나지 못하는 이유 중 하나는 자원을 둘러싼 분쟁 때문이에요. 콜탄 광산을 차지하기 위하여 콩고를 비롯해 르완다, 앙골라 등의 국가들이 전쟁을 벌이고 있을 뿐만 아니라 지속된 내전으로 나라가 분열되면서 국민들은 가난과 기아로 고통받고 있어요.

　콜탄 채굴 등을 위해 무분별하게 숲을 없애면서 멸종 위기에 처한 고릴라처럼 서식지가 파괴되어 위험에 내몰리는 동식물이 늘고 있어요. 야자나무 기름인 팜유 생산을 위해 기존에 있던 열대 우림을 없애고 야자나무를 심으면서 인도네시아와 말레이시아에서는 오랑우탄이 위기에 처했어요. 팜유 생산에 도움이 안 되는 동물이라며 사냥을 당하고, 서식지인 열대 우림이 파괴되어 10만 마리가 넘는 오랑우탄이 목숨을 잃었어요.

파괴된 열대 우림(출처: 환경 운동 연합)

피 묻은 다이아몬드

　서아프리카에 있는 다이아몬드 생산국 시에라리온은 최빈국 중 하나로 손꼽힌다. 정부와 군부 쿠데타를 일으킨 반군이 1991년부터 2002년까지 다이아몬드를 자금원으로 삼아 내전을 벌였기 때문이다. 이처럼 전쟁 지역에서 생산되어 전쟁 자금이 되는 다이아몬드를 '피 묻은 다이아몬드 blood diamond'라고 부른다. 다이아몬드로 인해 발생하는 분쟁에 대한 비판 여론이 커지자 국제 연합UN은 2003년 분쟁 지역의 다이아몬드 거래를 금지하는 킴벌리 프로세스를 발효했다.

#바이오 에너지

바이오 에너지가 사람들을 굶주리게 한다고요?

30초 해결사

국제 식량 농업 기구(FAO)의 자료에서는 2021년 먹을 것이 없어 목숨이 위태로운 사람을 약 8억 2,800만 명으로 추정하고 있어요. 놀라운 것은 그 원인 중 하나가 굶주린 사람들에게 필요한 음식이 가축 사료나 바이오 연료로 쓰이기 때문이에요. 미국에서는 옥수수 생산량의 약 20퍼센트가 바이오 에탄올을 생산하는 데 사용될 정도로 바이오 연료를 만드는 데는 많은 곡식이 필요해요.

- 바이오 연료: 옥수수나 콩과 같은 식물을 활용하거나, 음식물 쓰레기, 가축 분뇨에서 발생하는 가스 등을 이용해서 에너지를 생산해요.

#기아 문제   #나이바샤 호수   #플랜테이션

석유, 석탄 같은 화석 연료는 사람이 살아가는 데 꼭 필요한 에너지원이지만 그 양이 한정되어 있어요. 특히 석유는 그 가격이 전 세계 경제에 영향을 끼칠 정도예요. 게다가 화석 연료를 쓸 때 발생하는 탄소는 환경 문제를 일으켜요. 자원 고갈과 환경 오염 등의 문제로 인류는 친환경 에너지를 찾기 시작했고 그렇게 해서 나온 것이 바로 바이오 에너지예요.

바이오 에너지는 대기 중 탄소 배출량 증가를 막아 주므로 화석 연료 대신 바이오 연료를 이용하면 환경 오염을 줄일 수 있을 것으로 생각되었어요. 하지만 옥수수, 사탕수수 같은 곡물을 이용하는 바이오 연료를 얻으려면 곡물 생산을 위해 오히려 숲을 파괴해야 했고, 재배를 위해 화학 비료를 많이 사용해야 했어요. 숲에서 살던 사람들과 생물들이 삶터를 잃고 온실가스 배출량이 오히려 늘자, 바이오 에너지 개발에 대한 비판의 목소리가 높아지고 있어요.

1994년 6월 17일 국제 연합(UN)은 '사막화 방지 협약'을 채택하고, 6월 17일을 '사막화 방지의 날'로 정했어요. 유엔 사막화 방지 협약(UNCCD)은 '기후 변화 협약', '생물 다양성 협약'과 함께 국제 연합(UN)의 3대 환경 협약으로 꼽혀요. 우리나라도 1999년부터 유엔 사막화 방지 협약(UNCCD)에 참여하여 뜻을 모으고 있지요.

유엔 사막화 방지 협약(UNCCD)은 식량과 바이오 연료 수요가 증가하면서 2050년까지 남아메리카 면적에 해당하는 16억 헥타르의 토지가 추가로 훼손될 수 있다고 경고했어요. 바이오 연료의 강점을 살리면서 또 다른 환경 오염이 일어나는 것을 막기 위해 세계 각국의 과학자와 정부가 고민하고 있어요.

장미와 맞바꾼 호수

아프리카 케냐에는 호수가 많아 물을 많이 필요로 하는 꽃을 재배하기에 알맞다. 특히 케냐의 나이바샤 호수 주변에서 생산되는 장미는 대부분 유럽에 수출되어 높은 인기를 끌고 있다. 장미의 수익성이 증명되자 나이바샤 호수 인근에 장미 농장이 크게 늘었고, 이 장미들을 재배하기 위해 막대한 물이 소모되었다. 또 제초제와 농약 등 유독 성분이 고스란히 호수로 흘러 들어가 생태계를 위협하고 있다. 원래 나이바샤 호수는 람사르 습지로 지정될 정도로 생태계가 잘 보존된 지역이었지만, 이제 주민들은 물 부족과 오염수로 인한 건강 위협에 시달리고 있다.

사회 6-2 | 1. 변화하는 세계 속의 우리 | 2) 세계화의 모습과 우리의 역할

#유럽 연합(EU)

유럽이 하나의 나라처럼 지내고 있다고요?

30초 해결사

유럽의 27개 국가들은 하나의 국가처럼 자유롭게 여행을 하거나 경제 활동을 할 수 있어요. 유럽에 속한 27개 나라 사이의 정치 및 경제 통합체를 유럽 연합(EU)이라고 해요. EU의 공동 화폐는 유로(€)로 지정되어 있어요. EU를 상징하는 찬가는 「환희의 송가」예요. 이 노래에는 국가와 이념의 장벽을 넘어 모두가 한 형제라는 내용이 담겨 있어요. 자유와 단결, 평화를 염원하는 EU 회원국 간의 바람이 잘 표현되어 있지요. 베토벤 교향곡 9번 4악장 「환희의 송가」를 들으며 평화로운 유럽을 떠올려 보세요.

#브렉시트

"EU에 속한 이웃 나라에서 일할 수 있고, 언제든 편하게 국경을 넘나들 수 있어서 좋아."

"원한다면 유럽의 다른 대학에서 공부할 수 있어!"

유럽에는 국경선을 맞대고 있는 나라들이 많아요. 국경선이 맞닿아 생활 반경이 겹칠 정도로 가깝지만 나라와 나라 사이를 지날 때 검문소를 통과해야 하고, 각 국가마다 화폐도 달라서 환전을 해야 하는 등 번거로운 점이 많았지요. 유럽 국가들은 두 차례 세계 대전을 겪으면서 서로를 잘 이해하고 함께하는 방안을 찾기 시작했어요. 자원을 함께 공동 관리하는 것에서 시작하여 차츰 경제적 협력과 정치적 통합을 이루면서 유럽이 하나의 나라처럼 지내는 유럽 연합(EU)이 탄생했어요.

EU가 자리를 잡으면서 EU 회원국들은 국경을 넘을 때 추가 세금을 내지 않고 물건을 구매할 수 있게 되었어요. EU 회원국 국민들은 유럽 건강 보험 카드가 있으면 다른 EU 회원국에 머무는 동안 질병에 걸리거나 사고를 당하더라도 빠르고 편리하게 의료 서비스를 받을 수 있어요. 또한 EU는 1987년부터 유럽 전역을 다니며 학문을 연마했던 에라스무스의 이름을 딴 '에라스무스 프로그램'을 운영하고 있어요. 이는 EU의 교환 학생 프로그램으로 교육 기관은 교육의 질을 높이고, 참가자들은 국가 간의 문화적 이해와 협력을 배우는 미래 지향 프로그램이지요.

EU는 서로 다른 나라들이 연합한 만큼 갈등도 있지만 공동의 가치를 만들어 가며 서로의 다양성을 인정하고 새로운 국제 질서를 만들어 가고 있어요.

브렉시트

브렉시트Brexit는 영국이 유럽 연합EU를 탈퇴한다는 의미로, 영국을 뜻하는 '브리튼Britain'과 탈퇴를 뜻하는 '엑시트exit'를 합쳐서 만든 합성어다.

EU 회원국은 공동 정부 운영을 위해 경제 규모에 따라 부담금을 내야 하는데, 영국으로서는 내는 부담금에 비해 EU로부터 받는 예산의 규모가 적은 것이 탈퇴의 이유 중 하나였다. 여기에 늘어난 이주민으로 인한 자국민의 실업률 증가와 시리아 난민 문제 등 복합적인 이유로 탈퇴를 결정했다. 영국 정부는 2016년 EU 탈퇴를 위해 국민 투표를 실시했고, 탈퇴 52퍼센트, 잔류 48퍼센트라는 개표 결과에 따라 2020년 1월 31일 공식적으로 EU에서 탈퇴했다.

사회 6-2 1. 세계 여러 나라의 자연과 문화 3) 우리나라와 가까운 나라들

#아시안 하이웨이

한국에서 유럽까지 차로 갈 수 있다고요?

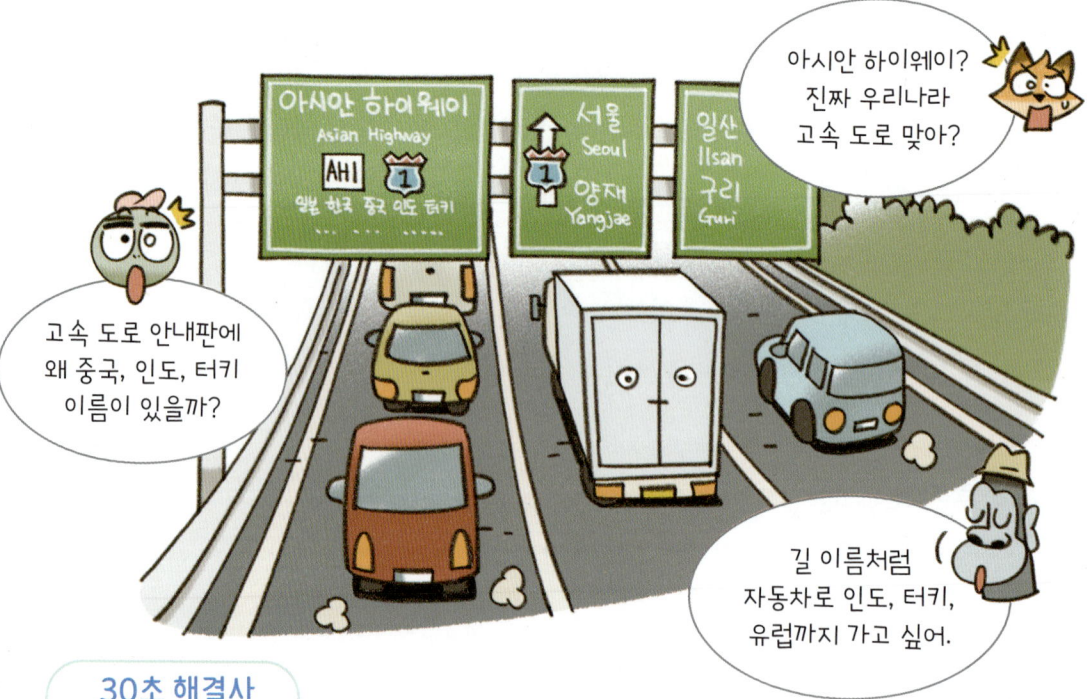

30초 해결사

서울과 부산을 연결하는 경부 고속 도로에는 '아시안 하이웨이'라는 표지판이 있어요. 아시안 하이웨이는 아시아에서 중동, 유럽까지 대륙을 관통하는 프로젝트로, 14만킬로미터의 66개 노선이 아시아 지역 32개 나라를 통과하는 도로망으로 구성되어 있어요. 이러한 프로젝트를 기획한 이유는 국제 협력을 통해 경제 성장을 이루기 위해서예요.

#휴전선 #실크 로드

아시안 하이웨이가 현실화된다면 자동차와 기차로 유럽까지 여행할 수 있는 길이 열려 인적, 물적 자원의 자유로운 이동에 따른 경제 발전을 기대할 수 있어요. 이 모든 것이 가능하려면 북한의 협조와 협력이 필요해요. 우리나라는 분단국가이므로 남북 교통망이 연결되어야 하거든요. 그 시작으로 우리나라와 북한은 휴전선 근처의 지뢰들을 없애고 새로 길을 만들기도 했어요. 그런데 남북한의 사이가 나빠지면서 아시아를 잇는 이 길들이 다시 휴전선으로 막힐 상황이 되었어요. 아시안 하이웨이 프로젝트를 통해 좀 더 넓은 시선에서 북한을 생각해 보고 통일에 대해 고민해 볼 수 있어요. 하루빨리 우리나라와 북한의 사이가 좋아져서 유럽까지 갈 수 있는 아시안 하이웨이가 펼쳐지면 좋겠어요.

우리나라를 거쳐 유럽으로 가는 아시안 하이웨이 노선도(출처: 국토 지리 정보원)

실크 로드

아시안 하이웨이에 앞서 역사적으로 실크 로드라 불리는 비단길이 있었다. 한나라 황제 무제 때, 고대 중국과 서양이 아시아 내륙을 따라 서로 무역을 하면서 정치, 경제, 사회, 문화를 함께 교류한 길인데, 당시 중국의 주요 수출 상품이 비단이었기에 비단길이라는 이름이 붙었다. 이 길로 중국의 도자기, 종이, 화약 기술이 서양에 전해졌고, 서양의 유리, 후추, 모직 등이 중국에 전해졌다. 물자 교역로의 역할을 하고 여러 문명권을 연결하는 중요한 통로였다고 할 수 있다.

사회 6-2 / 1. 세계 여러 나라의 자연과 문화 / 3) 우리나라와 가까운 나라들

#일본 헌법 제9조

일본의 헌법에 세계 평화와 관련된 조항이 있다고요?

30초 해결사

일본 사회에는 과거 일본 정부가 저질렀던 침략 전쟁을 반성하고 이웃 나라와의 평화를 지키기 위해 활동하는 시민들이 있어요. 제2차 세계 대전 패전 직후 제정된 헌법 제9조는 평화 헌법이라고도 불리는데, 시대에 뒤처진 일부 헌법 항목을 개정하자는 정부 의견에 반대하는 일본 시민들이 전쟁 반대 시위 등을 하며 평화 유지에 적극적으로 의견을 내고 있어요.

• 교전권: 국제 문제 시 전쟁으로 해결하는 권리라고 할 수 있어요.

#평화 헌법 #9조회

일본 정부는 과거 침략 전쟁과 식민 지배로 고통받은 조선인들의 상처를 아직까지도 제대로 인정하고 있지 않아요. 일본군 '위안부' 문제, 일본 교과서 왜곡 등 한국과 풀어 가야 할 문제들이 여전히 많이 남아 있지요. 심지어 일본 정부는 일본 헌법 제9조의 원칙을 깨고 군사 무장을 준비해 국제 사회의 많은 비판을 받고 있어요. 평화 헌법으로도 불리는 일본 헌법 제9조의 핵심 내용이 무엇이기에 국제 사회가 이토록 뜨거운 것일까요? 일본 헌법 제9조는 태평양 전쟁을 일으켰던 일본의 재무장을 막기 위한 무력 행사 포기, 군대 보유 불가, 교전권 불인정 등이 주요 내용이에요. 그러나 2000년대 들어서며 일본 정부에서는 평화 헌법의 항목 일부를 개정하자는 이야기가 나오기 시작했어요. 개헌이 된다면 일본이 다시 '전쟁을 할 수 있는 나라'가 될 수 있어요.

이러한 일본 정부의 의견에 반대하고 평화 헌법을 지키려는 일본의 지식인과 시민 들이 있어요. '9조회'라는 단체를 만들어 일본 헌법 제9조 개헌에 반대하는 대규모 시위로 평화의 목소리를 내고 있지요. 우리나라를 비롯해 전 세계 사람들과 연대하면서 과거 일본의 침략 전쟁을 반성하고 세계 평화를 위한 활동을 펼치고 있답니다.

 노벨 평화상 후보로 선정된 '9조회'

일본에서는 평화 헌법의 핵심인 제9조를 지키자는 뜻으로 1994년 노벨 문학상 수상자인 오에 겐자부로, 도쿄대 명예 교수 오쿠다이라 야스히로 등 9명의 지식인의 주도 아래 '9조회'가 만들어졌고 전국에 5,000개 이상의 모임이 조직되어 있다. 9조회는 천황만 있고 인권은 없었던 대일본 제국의 헌법으로 복귀하려는 움직임을 강하게 반대한다. 이들은 전쟁으로 주변국뿐만 아니라 일본 스스로를 파멸로 몰고 갔던 과거를 되풀이하는 일을 멈추고 전쟁을 영구히 포기한다는 평화 헌법 제9조를 꼭 지켜 나가기 위해 뜻을 모으고 있다. 9조회의 활동은 일본과 한국뿐만 아니라 평화를 꿈꾸는 전 세계 많은 이의 지지를 받고 있다. 이를 증명하듯 9조회는 노벨 평화상 후보로도 추천된 적이 있다.

9조회 로고
(출처: 참여연대, 德島弁護士9条の会)

사회 6-2 2. 통일 한국의 미래와 지구촌의 평화 1) 한반도의 미래와 통일

#태극기

태극기에 숨겨진 뜻이 있다고요?

30초 해결사

태극기는 대한민국을 상징하는 깃발이에요. 흰색 바탕에 가운데에는 태극 문양이 있고, 네 모서리에는 검은색 띠가 있어요. 태극기의 흰색 바탕은 순수함과 희망 그리고 평화를 뜻하고, 태극 문양은 음과 양의 조화를 상징해요. 네 모서리에 있는 검은색 띠는 '건곤감리'라고 불러요. 각각 하늘과 땅, 물과 불을 상징하지요. 태극기에는 우주와 더불어 끝없이 발전하길 바라는 뜻이 담겨 있어요.

• 국기國旗: 한 국가를 상징하는 기旗(깃발)를 말해요.

#국기 #한반도기 #오륜기

우리나라 국가 상징 중 하나인 태극기는 우리나라 근현대사에서 중요한 역할을 맡아 왔어요. 1919년 3·1 운동 때 조선인들은 태극기를 손에 들고 독립 만세를 외쳤어요. 해외에 있는 이주 동포들과 독립운동가, 한국광복군도 태극기를 들고 우리나라의 독립을 외쳤고요. 광복 이후에도 4·19 혁명, 5·18 민주화 운동, 6월 민주 항쟁처럼 민주 시민 사회로 가는 역사적 길목마다 우리 국민들은 태극기를 들고 목소리를 높여 민주주의를 외치며 행진했어요. 태극기가 국민에게 한층 더 가깝게 다가온 사건은 2002 FIFA 월드컵 대회였어요. 국민들은 얼굴에 태극 무늬를 그리고 태극기를 활용한 응원복을 만들어 국가 대표 선수들을 응원했지요.

국제 스포츠 대회에서는 태극기가 아닌 '한반도기'를 사용하기도 해요. 한반도기는 우리나라와 북한이 국제 운동 경기에서 단일팀을 구성하거나 공동으로 입장할 때 사용하는 깃발이에요. 그 밖에 통일을 바라는 행사 등에도 사용되고 있어요. 평화롭게 남북이 통일된다면 과연 어떤 국기를 만드는 것이 좋을지 함께 생각해 볼까요?

2018년 평창 동계 올림픽에서 한반도기를 함께 들고 입장하는 남한과 북한 대표팀의 모습

개념 연결 올림픽에서 세계를 대표하는 깃발

오륜기는 올림픽에서 사용하는 깃발이다. 올림픽기라고도 불리며, 1914년 근대 올림픽의 창시자인 쿠베르탱이 처음 선보였다. 백색 바탕에 각각 다른 색의 링 5개가 영문 알파벳 'W' 자 모양처럼 연결되어 있다. 5개의 링은 아메리카, 아시아, 아프리카, 오세아니아, 유럽 등 5대륙을 상징하는 것으로 알려져 있다. 오륜기의 링에 사용된 색들은 세계에서 가장 많이 사용되는 색을 담아낸 것이다. 5개 원이 조화롭게 구성된 이 디자인에는 5대륙이 모두 평화롭게 지내며 함께하자는 뜻이 담겨 있다.

오륜기(올림픽기)

사회 5-1 — 1. 국토와 우리 생활 — 1) 우리 국토의 위치와 영역
사회 6-2 — 2. 통일 한국의 미래와 지구촌의 평화 — 1) 한반도의 미래와 통일

#독도

독도의 날이 있다고요?

30초 해결사

1900년 10월 25일 대한 제국의 황제 고종은 '칙령 제41호'를 내려 독도가 우리 땅임을 선포했어요. 이를 기념하고자 2000년 민간 단체인 '독도 수호대'가 처음으로 10월 25일을 '독도의 날'로 지정했고, 2010년 다양한 단체에서 국권 피탈 100주년을 맞아 독도의 날을 선포하여 지금까지 독도의 역사와 의미를 되새기고 있어요.

• 칙령: 임금이 내린 명령을 뜻해요.

#독도의 날   #칙령 제41호

독도는 섬 전체가 천연기념물 제336호로 지정되어 있어요. 철새들이 이동하는 길목에 있고, 동해안 지역에서 바다제비, 슴새, 괭이갈매기가 번식하는 유일한 지역이며, 왕해국, 땅채송화, 섬초롱꽃처럼 보기 드문 식물들도 자라요. 그런데 일본 정부는 우리 땅 독도를 자기네 땅이라고 억지 주장을 하고 있어요. 대나무가 자라지 않는 독도를 '죽도竹島(다케시마)'라는 일본식 이름으로 부르고, 2012년부터는 일본 초등학교, 중학교 사회 교과서에서 독도를 일본 땅이라고 가르치고 있어요. 일본 정부는 왜 거짓 주장을 하면서 독도를 탐내는 것일까요?

첫째, 독도 인근 해역이 황금 어장이기 때문이에요. 독도는 북쪽에서 내려오는 한류와 남쪽에서 올라오는 난류가 만나는 곳이기 때문에 플랑크톤이 풍부하고 물고기와 해산물이 많아요.

둘째, 독도 인근 바다에 '메탄 하이드레이트'라는 귀한 자원이 매장되어 있기 때문이에요. 석유가 고갈되면 대체 에너지로 쓰일 수 있을 만큼 미래 에너지 산업에서 무척 중요한 자원이라고 할 수 있어요.

셋째, 독도는 동해의 중요한 길목이기 때문이에요. 독도가 있는 동해는 북한, 러시아, 한국, 일본이 함께 쓰는 바닷길이에요.

매년 10월 25일 독도의 날을 떠올리며, 우리 땅 독도의 가치와 소중함을 기억해요.

독도 특별 담화문

"존경하는 국민 여러분, 독도는 우리 땅입니다! 그냥 우리 땅이 아니라 특별한 역사적 의미를 가진 우리 땅입니다. (중략) 지금 일본이 독도에 대한 권리를 주장하는 것은 한국의 완전한 해방과 독립을 부정하는 행위입니다. 우리는 결코 이것을 용납할 수가 없습니다. 우리 국민에게 독도는 완전한 주권 회복의 상징입니다. 우리에게 독도는 단순히 조그만 섬에 대한 영유권의 문제가 아니라, 일본과의 관계에서 잘못된 역사의 청산과 완전한 주권 확립을 상징하는 문제입니다."
2006년, 당시 일본 총리가 독도에 대한 역사를 왜곡하고, 독도 영유권을 주장하자 노무현 전 대통령은 특별 담화문을 발표했다. 이 연설은 독도가 우리나라와 국민들에게 어떤 의미인지를 잘 보여 준다.

사회 6-2　2. 통일 한국의 미래와 지구촌의 평화　3) 지속 가능한 지구촌

#미얀마 민주화 운동

미얀마 민주화 운동에서는 왜 세 손가락을 드나요?

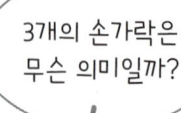
3개의 손가락은 무슨 의미일까?

미얀마 군인들이 무력으로 권력을 빼앗았어.

미얀마의 평화와 민주주의가 이루어지길 응원하자!

30초 해결사

오른손의 검지, 중지, 약지 세 손가락을 펴는 '세 손가락 경례'는 미얀마 군사 독재에 저항한다는 뜻이에요. 자유·선거·민주주의 혹은 프랑스 혁명의 자유·평등·우애를 의미하지요. 세 손가락 경례는 영화로도 유명한 소설 『헝거 게임』에서 처음 쓰였어요. 소설 속 시민들이 독재에 대항하는 표시로 세 손가락을 들었거든요.

- 시민 불복종 운동: 정권의 부당함에 따르지 않으며, 비폭력 수단으로 사회 전체에 문제점을 알리는 것이에요.

#시민 불복종 운동　#헝거 게임　#민주주의　#임을 위한 행진곡

2021년 미얀마에서는 군인들이 반란을 일으켜 권력을 차지하는 일이 발생했어요. 군부 세력은 국민들이 선거를 통해 세운 정부를 위협하고, 민주주의를 외치는 시민들을 과도한 무력으로 진압하고 있어요. 미얀마 시민들은 민주주의를 지키기 위해 군인 정권에 맞서 '시민 불복종 운동'을 펼치고 있어요. 시민 불복종 운동을 뜻하는 '세 손가락 경례'는 시위 현장 너머 SNS(사회적 의사 소통망)에서도 이어지고 있어요. 미얀마 시민 운동가들뿐만 아니라 전 세계에서 세 손가락을 치켜든 사진, 그림, 시위와 관련된 단어들을 함께 올리며, 미얀마의 시민 불복종 운동을 지지하고 있음을 적극적으로 알리고 있거든요.

미얀마의 군부 독재에 반대하는 시위는 전 세계에서 일어나고 있다.

우리나라에서 1980년 5·18 민주화 운동이 일어났을 때도 독일을 비롯한 전 세계에서 격려와 응원을 보내 주었어요. 해외에서 보내는 관심과 응원은 우리나라가 민주주의를 이루는 데 큰 도움이 되었지요. 지금도 미얀마에서는 군인의 부당한 폭력에 맞서 많은 시민이 민주주의를 외치고 있어요. 미얀마 사태 해결은 미얀마의 민주주의와 평화뿐만 아니라 세계 평화를 열어 가는 중요한 일이에요.

개념연결 미얀마와 아시아 민주화 현장에 울려 퍼지는 「임을 위한 행진곡」

한국은 동남아시아 국가들의 시민 항쟁에서 문화적으로 의미 있는 역할을 하고 있다. 미얀마 등 시민 항쟁을 전개한 국가의 시민들은 한국이 5·18 광주 민주화 운동과 1987년 6월 민주 항쟁으로 독재 정치를 무너뜨리고 민주주의 정부를 수립한 역사에 공감을 느끼고 있다. 5·18 광주 민주화 운동 희생자를 추모하는 「임을 위한 행진곡」은 태국과 미얀마, 홍콩의 시위 현장에 울려 퍼졌다.

임을 위한 행진곡
사랑도 명예도 이름도 남김없이 / 한평생 나가자던 뜨거운 맹세 / 동지는 간데없고 깃발만 나부껴 / 새날이 올 때까지 흔들리지 말자 / 세월은 흘러가도 산천은 안다 / 깨어나서 외치는 뜨거운 함성 / 앞서서 나가니 산 자여 따르라 / 앞서서 나가니 산 자여 따르라

#꿀벌

꿀벌이 사라지면 벌벌 떨어야 한다고요?

30초 해결사

지구 상에서 꿀벌이 사라지면 식물이 멸종하고 인류도 4년 안에 사라질 것이라는 말이 있어요. 정말일까요? 꿀벌은 부지런히 꽃들을 오가며 수술의 꽃가루를 암술머리로 옮기는 '꽃가루받이' 역할을 해요. 주요 농작물 100종 중 무려 70퍼센트가 꿀벌의 역할로 생산되고 있어요. 꿀벌이 사라지면 농작물은 물론이고 생태계가 무너지면서 지구가 멸망할 수 있다는 말이 과장이 아닌 셈이에요.

#지속 가능 발전 #박쥐 #기후 위기

'세계 벌의 날(World Bee Day)'이 있다는 것을 알고 있나요?

국제 연합(UN)은 5월 20일을 '세계 벌의 날'로 지정했어요. 야생벌 2만여 종 가운데 8,000여 종이 멸종 위기이고, 세계 여러 지역에서 꿀벌의 30~40퍼센트가 사라지고 있거든요.

벌들이 사라지는 이유에는 기후 변화, 서식지 감소, 농약 및 화학 약품 사용의 증가 등 다양한 요인이 있어요. 이 중에서도 기후 변화가 큰 영향을 미쳤어요. 꽃이 피고 지는 기간이 짧아지자, 벌이 꿀을 모을 수 있는 기간도 짧아지면서 벌들의 개체 수가 급속도로 줄어들었어요. 꽃의 생장을 돕는 꿀벌이 없어지면 양봉업자들은 벌꿀을 얻기 어렵고 농작물은 열매를 맺지 못해서 야생 동물과 인간의 생존에 심각한 문제가 일어날 수 있어요. 유엔 환경 계획(UNEP)은 2011년 3월 긴급 보고를 통해 세계에서 벌이 감소하는 현상이 심각하며, 벌 감소 현상이 빠르게 진행될 경우 생태계 교란은 물론 세계 식량 안보에 심각한 문제가 생길 것이라고 경고했어요.

생태계가 무너지면 결국 인간에게 그 피해가 돌아와요. 전 세계는 기후 변화에 민감하게 대응하며 환경 오염을 줄이는 노력을 통해 지구 생태계가 지속 가능하도록 보호해야 해요.

지구 생태계를 위해 중요한 역할을 하는 박쥐

박쥐는 꿀벌과 마찬가지로 지구 생태계에 필요한 생물 중 하나로 꼽힌다. 열대 지방에서 열대 과일의 꽃가루를 수정시켜 열매가 맺힐 수 있게 도와주기 때문이다. 열대 과일은 대부분 밤에 꽃을 피우므로 낮에 활동하는 벌은 그 역할을 하지 못한다. 야행성인 박쥐가 있어서 우리는 코코넛, 망고, 바나나 같은 과일을 먹을 수 있다.

또한, 박쥐는 해충을 없애 준다. 박쥐는 어둠 속에서도 모기떼 등 곤충을 정확히 사냥한다. 박쥐 한 마리가 하룻밤 잡아먹는 해충은 3,000~6,000마리로 이는 수십억 원어치의 살충제를 뿌린 결과와 비슷하다. 이러한 능력으로 농작물 피해뿐만 아니라 모기로 인한 풍토병을 막아 준다.

사회 6-2 | 2. 통일 한국의 미래와 지구촌의 평화 | 3) 지속 가능한 지구촌

#기후 위기

투발루와 섬나라들은 왜 가라앉고 있나요?

30초 해결사

태평양 한가운데 있는 작은 섬나라 투발루와 인근 섬나라들은 지구 온난화로 해수면이 조금씩 높아지고 있어요. 지금과 같은 추세라면 투발루는 바닷물에 잠길 수도 있어요. 투발루는 공장도 없고 자동차도 많지 않은 나라인데, 지구 온난화의 직접적인 피해를 보고 있어요. 투발루는 이상 기후로 인한 국가 위기를 극복하기 위해 국제 사회에 도움을 요청했어요.

- 이상 기후: 기온이나 강수량 따위가 정상적인 상태를 벗어난 기후를 말해요.
- 지구 온난화: 지구의 평균 기온이 계속 상승해서 점점 더워지는 것이에요.

#지구 온난화   #투발루   #기후 난민

"도와주세요! 우리나라가 가라앉고 있습니다."

기후 위기로 더 이상 자신의 나라에서 살 수 없는 사람들이 생겨나고 있어요. 이들은 이웃 나라에 자신들을 받아 달라고 요청하고 있어요. 실제로 투발루처럼 해수면이 낮은 나라인 키리바시 공화국은 높아진 해수면으로 침수 위협을 받는 자국민들을 새 땅으로 이주하도록 해서 안전하게 살 수 있는 대책을 준비하고 있어요.

이 밖에도 지구촌 곳곳에서 이상 기후 현상으로 인한 산불과 태풍 등의 자연재해가 계속 일어나고 있어요. 사계절이 뚜렷한 우리나라도 봄, 가을이 짧아지고 여름, 겨울이 길어지고 있지요. 인근 해역에는 아열대성 어류가 나타나기도 했어요. 이렇듯 이상 기후로 각종 천재지변이 발생하면 인간뿐만 아니라 환경 변화에 민감한 생물들은 개체수가 줄거나 멸종하는 등 생태계의 평형이 깨질 수 있어요.

이상 기후 현상을 막기 위해서는 전 세계가 이산화탄소를 비롯해 온실가스 배출을 줄이는 노력이 필요해요. 2019년 기준 이산화탄소 배출량과 온실가스 배출량은 중국과 미국이 1, 2위이고, 우리나라의 이산화탄소 배출량은 세계 9위예요. 산업화로 각 나라의 경제가 발전한 만큼 지구의 환경 문제에도 책임이 있음을 알 수 있는 지표이지요. 세계 여러 나라는 투발루와 섬나라 사람들의 삶의 터전이 바다에 잠기지 않도록 지금 당장 온실가스 배출을 줄이기 위해 노력할 필요가 있어요.

지구 온난화로 사진 속 빙하가 다 녹으면, 산 아래의 마을이 잠길 수도 있겠어.

이상 기후는 비단 해수면이 낮은 섬나라만의 이야기가 아니야.

기후 난민

난민은 정치적 의견이나 종교, 인종 등이 달라서 큰 피해를 입거나 생명의 위협을 느껴 다른 나라로 망명하는 사람을 뜻한다. 그런데 지구 온난화 등 이상 기후 현상으로 자신의 삶터를 떠나는 기후 난민이 늘어나고 있다. 해수면이 높아지면서 더는 자신의 고향에서 살 수 없게 된 투발루 사람들이 대표적인 경우다. 최근에는 이상 기후 현상으로 태풍과 산불 등이 자주 발생하면서 전 세계적으로 기후 난민이 늘어나고 있다. 특히 위기 상황에 대응 여력이 없는 가난한 지역의 사람들이 가장 큰 피해를 입고 있다.

채식 급식을 늘려야 할까?

육류 소비를 줄여 지구를 살리면 좋겠어!

" 기존의 급식은 고기 위주의 반찬이 많았어. 채식 급식은 오히려 불균형한 영양분을 보충하고, 건강한 식습관을 갖는 데 도움이 될 것이라고 생각해. 또 육류 소비가 줄어들면 탄소 배출도 줄어 들어 환경에도 긍정적인 영향을 줄 거야. 채식에 대한 긍정적인 인식을 갖는 데도 중요한 역할을 할 것이라고 생각해. "

서울 76개 초·중·고에서 학생들이 원할 경우 채식 급식을 선택할 수 있게 하는 등 최근 고기 위주의 급식에 변화의 바람이 불고 있다. 식단의 다양성을 보장하고 탄소 배출을 줄이는 등 채식 급식의 긍정적인 효과를 반기는 의견이 있는가 하면 충분한 영양분을 섭취해야 하는 성장기 학생들에 대한 우려의 목소리도 있다.

S 성장기 학생에게는 영양이 가장 중요해!

> 채식 급식을 확대한다고 해서 채식을 선택하는 학생이 늘 것 같지는 않아. 오히려 급식을 먹지 않고, 매점에서 인스턴트 음식을 사 먹게 되면서 음식물 쓰레기가 늘어날 것이라고 생각해. 또 성장기 학생들에게 꼭 필요한 영양분을 충분히 섭취하지 못할 수도 있어.

초등 사회 사전 찾아보기

ㄱ

가상 인플루언서 200
가성비 182
가옥 256
가족의 형태 102
가짜 뉴스 116
가치의 역설 204
개헌 52, 54, 56
갯벌 260
거품 경제 176
건조 기후 286
경사로 122
경제 성장 220
경제의 정의 164
경제의 호혜성 202
계절풍 272
고려인 302
고령화 106
고산 기후 286
곰 보금자리 프로젝트 132
곰돌이 푸 74
공공복리에 적합한 재산권 행사의 의무 68
공보험 222
공유 경제 210
공전 284
공정 거래 위원회 178
공정 무역 198
공화제 94
관광 지도 232
광고 190
교가 230

교육의 의무 68
국가 상징 282
국가 인권 위원회 40
국가의 역할 214
국기 282, 316
국내 총생산 220
국내 총행복 220
국립 중앙 박물관 30
국무총리 96
국민 주권 94
국민의 알 권리 72
국민의 의무 68
국방의 의무 68
국제 경제 협력 기구 220
국제 교류 224
국제 노동 기구 188
국제 연합(UN) 138, 150, 156
국회 90
국회 의원 90
권력 분립 32
권리 주체 62
권리의 충돌 66
권리의 한계 64
그레타 툰베리 158
그린 마케팅 170
근로의 의무 68
글로벌 154
금리 194
기본권 50, 60, 64
기아 문제 308
기회비용 168
기후 256, 286, 288

328

기후 구분　286
기후 난민　324
기후 위기　158, 322, 324
기후 행동　138
기후와 건축　288
김장 문화　258
김치　258, 296
꿀벌　322

ㄴ

나이바샤 호수　308
난민　58
난타　296
날씨　256
남반구　284
남아메리카　304
납세의 의무　68
내비게이션　232
냉대 기후　286
노동권　104, 188
노동법　188
노이즈 마케팅　170
녹색 만리장성　274
농촌　250

ㄷ

다문화 사회　144
다수결　78
다수의 횡포　78
대권 항로　268
대동여지도　240
대량 생산　166
대법원　48
대축척 지도　240
대통령　94, 96
대한민국 역사 박물관　148
도시 문제　248

도시와 동물　134
도시화　246
독과점　178
독도　318
독도의 날　318
독재　80, 84
돌고래　132
동물 복지　132
동물권　62, 108, 132, 300
동아시아　294
등고선　238
디즈니　74
디케　48

ㄹ

라 토마티나　300
라틴 아메리카　304
랜드마크　230
레몬 시장　180
로드킬　134
로컬 푸드　224, 250

ㅁ

마그나 카르타　36
마녀사냥　130
마녀재판　130
마르틴 니묄러　146
마이너스 금리　194
마케팅　170
매몰 비용　168
매몰 비용의 오류　168
메타버스　200
모두를 위한 디자인　122
모두를 위한 화장실　124
몬순　272
몽고메리 버스 보이콧 운동　38
무궁화 수 지도　252

무역　224
무죄 추정의 원칙　72
묵비권　70
문간에 발 들여놓기　170
문화 교류　296
문화 다양성　118
문화 상대주의　118
물류　206
미국 독립 선언문　60
미란다 원칙　70
미래를 위한 금요일　158
미얀마 민주화 운동　320
미키 마우스　74
민주 공화국　94
민주주의　26, 30, 80, 98, 320

복지　214
복지 국가　214
본초 자오선　270
부가 가치세　192
북반구　284
분리배출　136
분업　166
불의 고리　292
브렉시트　310
비밀 선거　86
비정부 조직　28
비트코인　208
빅 데이터　114, 234

ㅂ

바이럴 마케팅　170
바이오 에너지　308
박정희　84
박쥐　322
반려동물　108
반려식물　108
방관　146
방관자 효과　146
방위표　238
방정환　142
방탄소년단　148
배리어 프리　42, 120, 122
버스 전용 차로　248
법복　46
베르타 폰 주트너　150
베를린 장벽　152
베버리지 보고서　76
벨트 컨베이어　166
보령 머드 축제　300
보통 선거　86
보험　222
복수 정당제　92

ㅅ

사막화　274
사법부　46, 98
사보험　222
사용자　188
사이테스 협약　134
사헬 지대　274
사형 제도　66
사회권　76
사회적 기업　184
사회적 소수자　124, 128
산지촌　250
산토리니　288
삼권 분립　98
상대적 평등　38
새벽 배송　206
생명권　66
생태 통로　134
서머 타임　270
서비스　164
서프러제트　82
석유　276
선거 4대 원칙　86
선거권　82
선물 경제　202

세계 보건 기구   130, 156
세계 여성의 날   34
세계 이주민의 날   144
세계 지도   244, 268
세계화   154, 224
세금   192
소말리아   298
소비 기준   182
소축척 지도   240
소크라테스   54
수에즈 운하   298
수요 공급의 법칙   216
스리랑카   272
시민 단체   28
시민 불복종 운동   54, 320
시장   176, 216
시장의 한계   178
시차   270
식량 안보   276
식민 사관   252
신용 불량   196
신용 카드   196
실크 로드   312
심상 지도   236
심야 버스   114
쓰레기   136

ㅇ

아동 인권   40
아리스토텔레스   26
아시안 하이웨이   312
아이스크림 고지   254
아프리카 국경선   280
아프리카의 자원   306
안내도   232
안전 지도   236
알고리즘   110
암호 화폐   208
애니깽   144

애덤 스미스   216
야당   92
야생 동물   134
양성평등   34, 126
어린이날   142
어촌   250
언택트   200
에스키모   264
여당   92
여론   28
여성 인권   82, 126
연해주   302
열대 기후   286
열대성 저기압   290
예금   194
오륜기   316
옥토버페스트   300
온대 기후   286
올빼미 버스   114
왕거누이강   62
왼손잡이   128
위캔쿠키   184
위헌   56
유교   294
유네스코 무형 유산   258
유네스코 세계 유산   260
유네스코 세계 자연 유산   262
유니버설 디자인   42, 104, 122, 124, 128
유니세프   156
유럽 연합(EU)   310
유리 천장   34
유리 천장 지수   34
유엔 난민 기구   58
유통   206
윤리적 소비   182, 198
은행   194
의회 민주주의   90
이누이트   264
이슈 하이재킹   190
이스라엘의 장벽   152
이승만   84

이주 144
인간 동물원 140
인공 지능 110
인구 밀도 246
인구 변화 106
인구 분포 246
인구 이동 246
인권 36, 42, 58, 72, 104, 128
인종 278
인종 차별 36, 38, 140, 278
인터넷 116
일본 헌법 제9조 314
일조권 76
잃어버린 10년 176
임을 위한 행진곡 320
입법권 90
입법부 98
잊힐 권리 116

정보화 110, 116
정부 부처 96
정의의 여신상 48
정치 참여 30
정치의 의미 26
제국주의 140, 280
제주도 262
조산 운동 292
주식 186
주식회사 186
준법정신 54
중산층 174
중앙아시아 302
중우 정치 78
지구 온난화 158, 256, 324
지구본 268
지구촌 58, 138, 154
지도 232, 234, 236, 238, 240, 252
지도 기호 238
지동설 78
지리 정보 체계(GIS) 242
지방 32
지방 분권 32
지방 자치 32
지속 가능 발전 322
지속 가능 발전 목표 138
지역 축제 300
지중해 288
지하철 노선도 244
직불 카드 196
직접 선거 86
집회 50
짜장면 296

ㅈ

자연권 60
자원 무기화 276
자유 경쟁 216, 218
자유권 70
장애인 120
장애인 마크 120
장애인 이동권 42
장애인 인권 42
재화 164
저상 버스 124
저작권 74
저작물 74
저축 194
저출산 106
저출생 106
적도 284
절대 왕정 80
정당 90, 92
정보의 비대칭성 180

ㅊ

차 없는 날 248
착한 사마리아인 법 146
착한 손잡이 104
찰리 채플린 166

참정권　82
천동설　78
천부 인권　60
청소년 선거권　82
청소년 정치　30
청소년기후행동　158
체리 피커　180
촌락　250
최저 임금　188
축의금　202
축척　240, 244
치킨 게임　218
칙령 제41호　318

ㅋ

커뮤니티 매핑　242
콜럼버스 데이　264
콜탄　306
콩고 민주 공화국　306
쾨펜　286

ㅌ

타임캡슐　148
탄소세　192
태극기　282, 316
태풍　290
토머스 제퍼슨　80
톨레랑스　50
투발루　324
튤립 파동　176

ㅍ

판사　46
팔레스타인　152
팜유　306

패스트패션　136
편견과 혐오　264
평등 선거　86
평등권　34, 38
평화 수호　150
평화 헌법　314
포틀래치　202
폴리스　26
표준시　270
표현의 자유　70
푸드 마일리지　224
품앗이　202
플랜테이션　272, 308
플랫폼 경제　210
피 묻은 다이아몬드　306
피고인　72
피선거권　82
피의자　72
픽토그램　120
핑크 칼라 게토　34

ㅎ

학생 인권　40
학생 인권 조례　40
한강의 기적　220
한계 효용　174
한계 효용 체감의 법칙　174
한대 기후　286
한류　148
한반도 비무장 지대　254
한반도 지도　252
한반도기　316
한인 강제 이주　302
한자 문화　294
합리적 선택　168, 174, 182
해적　298
핵가족　102
행복 추구권　60
행정부　96, 98

허생전 178
헌법 50, 52, 56
헌법 재판소 56, 64, 66
헝거 게임 320
헨리 포드 166
혐연권 66
협동조합 186
호주제 폐지 54
홈 쇼핑 206
홍범 14조 52
화물차 206
화폐 208
확대 가족 102
환경 136
환경 보전의 의무 68
환경권 76
환태평양 조산대 292
휴전선 152, 254, 312
흡연권 66
희소성 204
희소성 마케팅 204

1, 2, 3

1인 가구 102
1차 산업 226
2차 산업 226
3B 법칙 190
3심제 46
3차 산업 226
4·19 혁명 84
5·18 민주화 운동 84
6411번 버스 114
6월 민주 항쟁 84
6차 산업 226
9조회 314
DMZ 254
ESG 경영 184
NGO 28
PPL 190

초등 사회 사전

글 | 배성호·주수원
그림 | 김영화

초판 1쇄 발행일 2023년 4월 7일
개정판 1쇄 발행일 2024년 7월 19일

발행인 | 한상준
편집 | 김민정·강탁준·손지원·최정휴·김영범
디자인 | 김경희
마케팅 | 이상민·주영상
관리 | 양은진

발행처 | 비아북(ViaBook Publisher)
출판등록 | 제313-2007-218호(2007년 11월 2일)
주소 | 서울시 마포구 월드컵북로 6길 97(연남동 567-40)
전화 | 02-334-6123 전자우편 | crm@viabook.kr
홈페이지 | viabook.kr

ⓒ 배성호·주수원·김영화, 2023
ISBN 979-11-92904-79-5 73300

- 비아에듀는 비아북의 교육 전문 브랜드입니다.
- 이 책은 저작권법에 따라 보호받는 저작물이므로 무단 전재와 복제를 금합니다.
- 이 책의 전부 혹은 일부를 이용하려면 저작권자와 비아북의 동의를 받아야 합니다.
- 잘못된 책은 구입처에서 바꿔드립니다.
- KC 마크는 이 제품이 공통안전기준에 적합하였음을 의미합니다.(제조국: 대한민국)
- 이 책은 바이러스나 세균에 안전한 항균 필름으로 코팅되어 있습니다.
- 책 모서리에 찍히거나 책장에 베이지 않게 조심하세요.